LES TRENTE GLORIEUSES

DU MÊME AUTEUR

L'Économie française dans le monde, PUF, coll. « Que sais-je ? », n° 191.
La Civilisation de 1995, PUF, coll. « Que sais-je ? », n° 279.
Histoire du confort, en collaboration avec Françoise Fourastié, PUF, coll. « Que sais-je ? », n° 449.
La Productivité, PUF, coll. « Que sais-je ? », n° 557.
Pourquoi nous travaillons, PUF, coll. « Que sais-je ? », n° 818.
Le Grand Espoir du XXe siècle, Gallimard, coll. « Idées ».
Les Conditions de l'esprit scientifique, Gallimard, coll. « Idées ».
Pouvoir d'achat, prix et salaires, Gallimard, coll. « Idées ».
Machinisme et bien-être, Éditions de Minuit.
Économie et société, Denoël.
Les Quarante Mille Heures, Robert Laffont.
Idées majeures, Denoël, coll. « Médiations ».
Comment mon cerveau s'informe, Robert Laffont.
Le Long Chemin des hommes, Robert Laffont.
La Réalité économique. Vers la révision des idées dominantes en France, en collaboration avec Jacqueline Fourastié, Robert Laffont.

JEAN FOURASTIÉ
de l'Institut

LES TRENTE GLORIEUSES

ou la révolution invisible
de 1946 à 1975

Introduction de Daniel Cohen

Pluriel

Collection fondée par Georges Liébert
et dirigée par Joël Roman

Couverture : Rémi Pépin.
Illustration : © Paul Almasy/akg-images

ISBN 978-2-8185-0199-3

Dépôt légal : juin 2011
Librairie Arthème Fayard/Pluriel, 2010.

Sommaire

Préface de Daniel Cohen

« La Révolution française a baptisé ce qu'elle a aboli. Elle l'a appelé "l'Ancien Régime". » Ces mots de François Furet viennent à l'esprit pour commenter le livre de Jean Fourastié. Il a baptisé une époque que son œuvre a sinon abolie du moins refermée. La France, de 1946 à 1975, a connu une « révolution invisible », le sous-titre du livre, et, à la manière des révolutions, celle-ci laisse le pays deux fois orphelin : du monde perdu et du souffle révolutionnaire qui a provoqué sa chute. Le livre de Jean Fourastié est désormais un classique, une lecture obligée pour qui veut se pencher sur l'histoire de la France au XXe siècle, pour cette double raison. Il fait comprendre, dans le détail de la vie courante, l'intensité de la révolution économique et sociale qui traverse la France au cours de ces années ; il marque aussi ce que cette période a d'exceptionnel, au double sens d'avoir été inédite et sans lendemain.

La fin inéluctable

Le plus troublant quand on se penche sur cette époque est d'y trouver la conviction de ses contemporains qu'elle durerait toujours. Aujourd'hui encore, les Trente Glorieuses demeurent la référence obligée pour accabler les mauvaises performances de la France. Même les économistes les mieux avertis des tendances longues se sont laissés aller à croire que la croissance pourrait durer longtemps aux mêmes rythmes. Il suffit pourtant de regarder les chiffres pour mesurer ce que la période a d'exceptionnel.

	1820-70	1870-1913	1913-50	1950-73	1973-2000
Taux de croissance (en %)	1,27	1,63	1,15	5,05	2,10

Croissance française (en %)

Source : A. Maddison[1]

Jamais auparavant la croissance française ne s'était rapprochée des chiffres enregistrés au cours des Trente Glorieuses. Sans même compter la période tourmentée qui s'ouvre après la Première Guerre mondiale, la croissance française a longtemps connu des rythmes qu'aujourd'hui on considérerait comme faibles, inférieurs à 2 % l'an. La naïveté de ceux qui ont pensé qu'on pouvait durablement briser ces tendances longues est démasquée, dès son titre, par l'ouvrage de Jean Fourastié et lui assure sa place au panthéon des œuvres qui ont marqué leur époque. Il referme cette illusion : « Depuis 1968 ou 1970, écrit-il à la fin du livre, j'attendais la fin des " Trente Glorieuses ". » Écrit en 1979, le livre prédit une croissance de 2-2,5 % pour les vingt années à venir. Le chiffre exact pour la période 1980-2000 sera

[1] Angus Maddison, « The world economy, a millenium perspective », OCDE, Centre du développement, 2001.

de 2,1 %. Bien vu ! Avec Alfred Sauvy, Jean Fourastié saisit très tôt que le moteur de la croissance économique n'est pas l'accumulation du capital, comme on le croyait au XIXe siècle, mais le progrès des techniques. De la machine à vapeur à l'électricité et au moteur à explosion, ce sont les technologies nouvelles qui permettent au travail humain d'être toujours plus productif. Or, sauf à imaginer une inventivité inouïe, la productivité horaire des ouvriers ne pouvait durablement tripler tous les trente ans. Tel est, en substance, le cœur de la démonstration proposée.

Les autres causes attribuées par Fourastié à l'arrêt inéluctable des Trente Glorieuses sont plus discutables. On ne peut continuer de croître à ce rythme, écrit-il aussi, parce qu'il est inconcevable que nous consommions les masses qui seraient ainsi produites. Fourastié répète ici l'erreur qu'il dénonce pourtant souvent ailleurs : l'idée qu'il y aurait une limite physique à l'appétit humain. Tout montre au contraire combien l'estomac humain s'agrandit lorsqu'il est bien nourri. Un autre argument est également avancé par Fourastié. La croissance indéfinie, surtout si elle doit entraîner celle du tiers-monde, ajoute-t-il, crée de nouvelles tensions pour l'appropriation des ressources rares, écologiques, de la planète. Le choc du prix du pétrole résonne ici dans le diagnostic, qui fait écho au rapport du Club de Rome sur la « croissance zéro ».

La cause retenue aujourd'hui par les économistes pour expliquer l'arrêt inéluctable des Trente Glorieuses est toutefois à peine évoquée par Fourastié : la fin du rattrapage américain. On comprend en effet aujourd'hui que les Trente Glorieuses marquent en réalité une période de convergence vers les États-Unis. Le tableau ci-après donne le niveau de revenu français par habitant, relativement au niveau correspondant aux États-Unis.

Rapport français/revenu américain (par habitant)

France/ États-Unis	1820	1870	1913	1950	1973	1990	2000
PIB/habitant	0,98	0,76	0,65	0,55	0,79	0,78	0,71

Source : A. Maddison « The world economy : a millenium perspective. »

L'écart de niveau de vie entre les deux pays n'a en fait jamais cessé de se creuser depuis la seconde moitié du XIXe siècle. Le niveau de vie des Français est déjà d'un tiers inférieur à celui des Américains en 1913. Le passé s'est creusé encore davantage sous l'effet des deux guerres mondiales et du dynamisme plus fort de l'économie américaine pendant les années 1920. En 1945, le niveau de revenu par tête des Français dépasse à peine la moitié du niveau américain. En 1973, pourtant, la France est revenue à environ 80 % du niveau de vie d'outre-Atlantique. Tel est le véritable miracle des Trente Glorieuses. La France a crû à 5 % l'an, mettant trente années pour rattraper les États-Unis. Eût-elle mis quinze ans pour le faire qu'elle aurait pu croître à 10 % l'an. Cela n'aurait préjugé en rien de la dynamique à long terme de son économie. La croissance fondée sur l'imitation du *leader* ne peut se poursuivre indéfiniment. Le Japon en fera pour sa part l'amère expérience dans les années 1990. Il est tout à fait différent de rattraper un pays qui a déjà constitué un stock élevé de savoirs techniques et organisationnels, et de continuer de croître soi-même au même rythme, une fois parvenu à la frontière des connaissances. Au cours de la même période, la croissance américaine, qui fut elle-même très soutenue par comparaison à ses niveaux antérieurs, n'a valu pourtant que 2,5 % l'an en moyenne. Imaginer que la croissance française puisse durablement en valoir le double était évidemment naïf. C'est pourtant une naïveté qui fut partagée par quasiment tous les contemporains des Trente Glorieuses.

La fin du fordisme

Bon nombre des institutions sociales dont la France s'est dotée sont issues de cette période et en portent la marque. Croissance vigoureuse et chômage bas ont façonné nos systèmes de retraites et le fonctionnement du marché du travail. Leur adaptation à un régime de croissance lente et de chômage élevé a été d'autant plus difficile que la nostalgie d'un âge d'or restait aussi prégnante.

Les économistes de l'école de la régulation[2] (Michel Aglietta, Robert Boyer) ont désigné les Trente Glorieuses comme le miracle d'une régulation dite « fordiste ». Celle-ci scelle la simultanéité des gains de productivité et des hausses de salaires. Au XIXe siècle, les progrès des techniques et de la productivité étaient toujours en avance sur ceux des salaires, créant un climat permanent de surproduction. Parce que les gains de productivité ne s'accompagnaient pas de hausses de salaires concomitantes, la consommation était toujours en deçà de l'offre potentielle, ce dont témoigne la baisse

[2] L'ouvrage classique est *Crises et régulation du capitalisme,* de Michel Aglietta ; rééd. Odile Jacob, coll. « Opus », 1997.

tendancielle des prix au cours de cette période. Le fordisme a évité de manière toute keynésienne ces crises de surproduction. Mais il l'a fait en partie sur la base d'un malentendu. Quand Ford explique qu'il paie bien ses ouvriers pour qu'ils puissent acheter ses voitures, il plaisante, évidemment. L'enjeu véritable, pour ce qui le concerne, est de bien payer ses ouvriers pour mettre fin à l'absentéisme, au désintérêt des ouvriers pour des tâches ingrates, bref, pour acheter leur assentiment à un monde industriel difficile. En un sens, il est certes possible de dire que les hausses de salaires provoquent ainsi l'amélioration de la productivité ouvrière. Sous-jacents à ce processus, toutefois, les gains de productivité sont indissociables de la hausse du progrès technique, qui est la condition, sinon suffisante, du moins nécessaire de la productivité ouvrière. La fin des Trente Glorieuses retire le tapis sous les pieds du syndicalisme, du mouvement ouvrier, mettant un terme brutal à un monde où les ouvriers négociaient fièrement avec les patrons des augmentations de salaires qui s'imposaient ensuite à l'ensemble de la société.

La tertiarisation de l'économie

Le raccourci littéraire qui permet à l'auteur de comparer deux villages qu'il a « chacun bien connu », Madère et Cessac, est une merveille didactique. Madère, c'est le prototype d'un village pauvre, dans un pays en voie de développement. La population est à majorité rurale. Il compte 534 habitants dont 279 sont réputés actifs ; 208 d'entre eux sont agriculteurs, 27 sont artisans et l'on compte, pour le reste : 12 commerçants, 19 employés et 12 ouvriers agricoles. Cessac, à l'inverse, c'est la vie moderne. Il est quatre fois plus riche que Madère, la productivité agricole y est douze fois plus élevée. Rien ne manque des attributs du monde moderne : télévision, congélateur, « les W.C. intérieurs à chasse d'eau »... Le village ne compte, sur les 215 personnes actives, que 53 agriculteurs ; la majorité des travailleurs est employée dans les services. Or ces deux villages n'en sont qu'un, il s'agit dans les deux cas de Rouelle, village du Quercy, avant et après les Trente Glorieuses. Madère, c'est Rouelle en 1946, Cessac, c'est le même village en 1975. Ce village est emblématique de toutes les transformations accomplies au cours des Trente Glorieuses. Le passage d'une société où l'essentiel des ressources est consacré à se nourrir, à un monde où l'on part en vacances, où l'on regarde la télévision...

À travers cet exemple, Fourastié dévoile *ce qui peut compter comme sa découverte majeure, qu'il partage dans le monde anglo-saxon avec Colin Clark.* Le monde moderne ne se résume pas au passage d'une société rurale à une société industrielle. Elle tend en fait vers un troisième terme : une société de services. Dès son premier ouvrage célèbre *Le Grand Espoir du XXe siècle* paru, en 1948, il désigne ce qui lui apparaît comme le véritable sens du progrès : « Tout se passe comme si le travail humain était en transition de l'effort physique vers l'effort cérébral. » Daniel Bell, dans un ouvrage non moins célèbre, *La Société post industrielle* ne dira pas autre chose, trente ans après Fourastié.

Les chiffres, tout d'abord, sont sans ambiguïté. En reprenant la typologie « primaire, secondaire, tertiaire » dans laquelle le secteur primaire compte le secteur agricole, le secondaire inclut l'industrie et la construction, et le tertiaire le reste, on trouve la tendance longue suivante.

L'emploi en France (en %)

	1821	*1872*	*1911*	*1949*	*1974*	*1990*	*2003*
Primaire	62.6	49.4	38.8	29.8	11.2	6.4	4.1
Secondaire	22.4	29.8	33.8	37.8	45.7	38.2	22.7
Tertiaire	15.0	20.8	27.4	32.4	43.2	55.4	73.2

Primaire : agriculture ; *secondaire* : industrie et bâtiment ; *tertiaire* : services marchands et non marchands. *Source : O. Marchand et Claude Thélot, Le Travail en France, Paris, Nathan, 1997. Tableau de l'économie française, pour le chiffre 2003, INSEE.* [3]

Le tertiaire ne représentait que 15 % des emplois en 1820. Il en représente environ les trois quarts aujourd'hui. Le tableau serait plus saisissant encore si l'on limitait le secteur secondaire à la seule industrie. Celle-ci se réduit en effet aujourd'hui à 16 % de l'emploi intérieur ! En fait, à l'exception de l'Angleterre au XIXe siècle, aucune société « industrielle » n'a jamais été majoritairement industrielle. Les services sont déjà là au premier jour de nos sociétés dites industrielles. Dès 1946, ils font jeu égal avec l'industrie ; les chiffres américains étant à cet égard « en avance » sur les nôtres, puisque la part de l'industrie vaut aujourd'hui 12 % de l'emploi.

Alfred Sauvy caractérisait cette évolution par ce qu'il appelait le « déversement » de l'emploi de l'industrie vers les services. À supposer en effet qu'il soit plus facile de robotiser le travail qui permet de fabriquer une voiture que celui qui permet de soigner un patient ou d'éduquer un enfant, il est inéluctable que le travail se « déverse » vers

[3] O. Marchand et Claude Thélot, *Le Travail en France : 1800-2000*, Paris, Nathan, 1997.

les activités humaines qui sont les moins propices à la mécanisation. L'exemple du coiffeur, « qui a fait le tour du monde », dit fièrement Fourastié dans le livre, illustre les implications *a priori* paradoxales de cette théorie. Le coiffeur fait à peu près le même travail que les barbiers de l'Ancien Régime. C'est un métier où les gains de productivité sont beaucoup plus minces que ceux enregistrés dans l'industrie automobile par exemple. À travers les siècles, pourtant, le salaire des coiffeurs est toujours resté à peu près égal à celui de l'artisan ou du manœuvre. Le coiffeur profite tout autant que l'ouvrier du progrès technique. Pourquoi ?

Pour comprendre cette logique paradoxale, on peut suivre ici comment William Baumol[4], dans un livre célèbre où il annonçait le déclin du spectacle vivant, faisait le même raisonnement, mais *a contrario*. Le spectacle vivant (le théâtre, les salles de concert…) profite peu, relativement aux autres activités, du progrès technique. Il faut aujourd'hui comme hier, disait Baumol, le même temps pour que Richard II conte « la triste histoire de la mort d'un roi ». À la différence du coiffeur, pourtant, l'acteur d'un spectacle vivant est en concurrence directe avec des procédés qui bénéficient, eux, des nouvelles technologies, tels le cinéma, la télévision, les DVD… La rivalité est mortelle pour les professionnels des arts vivants, alors qu'elle ne l'est pas pour les coiffeurs. Les salons de coiffure sont protégés de la concurrence des machines, pas les théâtres.

---

[4] W. Baumol et W. Bowen, *Performing arts : the economic dilemma*, The Twentieth Century Fund, 1966.

La tertiarisation aujourd'hui accomplie est-elle à la hauteur du grand espoir qu'elle a fait naître ? La condition ouvrière s'est bel et bien tertiarisée. Mais elle signifie aujourd'hui davantage de tâches de réparateurs, de manutentionnaires[5]. Le grand espoir est devenu un grand désespoir. Les ouvriers sont soumis à la dictature du client, du « juste à temps », plutôt qu'à celle des patrons. L'entreprise protégeait hier ses salariés des aléas de l'existence, assurait des carrières. Aujourd'hui, les hiérarchies au sein des entreprises sont devenues beaucoup plus plates. Les emplois les moins qualifiés sont externalisés, et privés de promotion. Le « nouvel esprit » du capitalisme valorise l'autonomie en théorie, et multiplie l'insécurité, le *stress,* en pratique. On oublie aujourd'hui combien était acerbe la critique de « l'organisation scientifique du travail », du travail à la chaîne et de l'aliénation ouvrière. La nostalgie des Trente Glorieuses est celle d'un monde dur mais rassurant, et ce dernier terme, parce qu'il a disparu, l'emporte dans les mémoires. Les Trente Glorieuses brillent comme la lumière du paradis perdu, effaçant dans leur légende les critiques qu'elles avaient en leur temps nourries.

---

[5] Sur tous ces points, lire Éric Maurin, *L'Égalité des possibles*, La République des idées/Le Seuil, 2002.

Avant-propos

Ce livre est une étude des mutations économiques et sociales qui sont survenues en France depuis la dernière guerre ; — et plus spécialement au cours des années 1946-1975, séparant la fin de cette guerre du début de la « crise » actuelle.

Or, il s'est passé tant de choses pendant ces trente années que, même si je mets, par restriction nécessaire, l'accent de mon étude sur les seuls faits habituellement appelés « économiques et sociaux », ceux-ci sont si nombreux, variés et divers que je risque d'égarer le lecteur — et de me perdre moi-même — dans des dédales inextricables ; il arrive souvent, en effet, que le cerveau humain n'acquière des informations précises qu'au prix d'une confusion générale. C'est pourquoi je commence par examiner deux simples villages d'un nombre restreint d'habitants. Là se voient, mieux que dans une nation de 50 millions, les lignes majeures d'une situation économique et sociale ; là, se perçoivent les « changements » et les différences d'une manière plus concrète ; là, apparaissent mieux les liens entre les facteurs dont parlent les économistes et les sociologues, et ceux de la vie quotidienne ; là, l'homme de chair et de cœur ne se laisse pas supplanter par les « catégories socio-professionnelles » et par « l'homo oeconomicus ».

Après ce premier contact avec la réalité intime, nous aborderons l'immense et complexe réalité nationale [1].

1. Je remercie mes collaborateurs et collaboratrices du Laboratoire d'économétrie du Conservatoire national des Arts et Métiers qui m'ont aidé dans la fabrication de ce livre, et notamment ma fille Jacqueline, qui m'a soutenu dans la recherche et les calculs des indices statistiques reproduits dans les 47 tableaux du texte. Je remercie également ma femme Françoise, qui a relu les manuscrits et les épreuves, et y a ajouté mainte observation pertinente.

PRÉLUDE

Deux villages

Je connais bien ces deux villages, et depuis longtemps. Non seulement pour y avoir vécu en moyenne plus de deux mois par an depuis un demi-siècle, mais pour avoir réuni sur eux une masse d'informations écrites, issues des archives publiques, privées, notariales ou familiales, de l'état civil, des recensements, d'enquêtes d'économistes, de sociologues et de démographes et, bien entendu, de tous les documents imprimés traitant sinon d'eux-mêmes, du moins de leur région.

Ces deux villages s'appellent l'un Madère, l'autre Cessac. Le lecteur reconnaîtra sans peine dans le premier un village « sous-développé », de type Portugal, Yougoslavie, Grèce, voire Turquie, Algérie, Amérique latine ou Asie du Sud-Est ; dans le second éclatent les traits majeurs du « développement économique » et du haut niveau de vie. Je préciserai plus loin leur situation géographique. De l'examen de chacun, je souhaite que le lecteur tire d'abord une image concrète de leur état économique et social ; qu'il envisage la vie quotidienne de leurs habitants ; qu'il considère à la fois la cohérence de chacun des deux états et leur contraste : l'état « traditionnel » ou « pré-industriel », d'une part ; l'état « économiquement développé » ou « post-industriel », d'autre part. Par la confrontation des deux villages, le lecteur ressentira l'abîme qui les sépare dans un grand nombre de domaines et qui fait des hommes qui y vivent des êtres non seulement économiquement différents, mais encore socialement, culturellement et même, non pas biologiquement, mais physiologiquement...

Cette grande aventure du développement est vraiment, pour le meilleur et pour le pire, l'avènement d'une nouvelle humanité...

Madère

Le village de Madère — je pourrais écrire la *paroisse* de Madère, car tous ses habitants sont chrétiens baptisés, la majorité pratique chaque dimanche, et de mémoire d'homme, l'on n'y a encore vu que quatre enterrements civils [1]. Il a, d'après les chiffres du recensement, 534 habitants. De ces 534 habitants les quatre cinquièmes sont nés à Madère ou dans des paroisses voisines, distantes de moins de 20 km, soit moins de quatre heures de marche. Cela marque déjà un certain acheminement vers des temps nouveaux car, cinquante ans plus tôt, c'étaient 97 % des habitants qui étaient nés sur le terroir, et, vingt ans plus tôt, encore 90 %.

Sur ces 534 habitants, 40 ont plus de 70 ans, et 210 moins de 20 ans. Il y a environ 12 naissances en moyenne par an, et 8 décès, dont près de 3 chaque deux ans sont des décès de bébés de moins d'un an. Tous ces chiffres sont très inférieurs à ceux qui étaient enregistrés à Madère au siècle précédent, où la mortalité infantile dépassait 30 ‰, la natalité 40 ‰. Calculée sur l'ensemble de la région où se trouve Madère, la mortalité infantile est de l'ordre de 10 ‰ et l'espérance de vie à la naissance, de 60 à 62 ans. Ceci confirme que Madère n'est plus dans son état traditionnel millénaire, et a nettement commencé son « développement ».

Mais la plupart des autres éléments du niveau de vie et du genre de vie des habitants de Madère sont restés très proches de ce qu'ils étaient au XIXe siècle, du moins à la fin du XIXe siècle. Par exemple, la taille

1. Le premier en 1894 et les trois autres dans les trente dernières années.

moyenne des adolescents à l'âge de 20 ans est de 165 cm pour les garçons et de 155 cm pour les filles. Les caractères généraux de la morphologie physiologique des bébés, des enfants et des adolescents, restent ceux du XIXe siècle. Très peu d'enfants dépassent le niveau de l'école primaire élémentaire, où l'on apprend à lire, à écrire la langue nationale et à compter. J'ai sous les yeux la liste des enfants nés à Madère depuis 1921 et qui ont atteint ou dépassé le « niveau baccalauréat » : ils sont moins de 50 sur environ 4 000 nés vivants.

Des 534 habitants de Madère, 279 sont recensés dans la population active ; les autres étant des jeunes de moins de 14 ans, des femmes « ménagères », et une quinzaine de personnes désignées comme « retraités » : ces retraités sont le petit nombre des hommes, nés pour la plupart à Madère, qui ont fui la misère dans leur jeunesse en obtenant des postes dans l'administration publique (postes, contributions fiscales...) et dans l'armée.

De ces 279 « actifs », 208 sont agriculteurs, 27 artisans (maçons, menuisiers, charpentiers, un tonnelier, maréchaux-ferrants, meuniers, cordonniers, tailleurs...) et 12 commerçants : il y a en effet un très petit commerce, trois ou quatre « boutiques », deux épiceries-merceries, une boulangerie, une boucherie. Le boucher ne travaille d'ailleurs qu'à temps partiel ; il ne vend en général que du mouton, et seulement deux jours par semaine. Les 19 personnes recensées comme « employés » sont 5 instituteurs ou institutrices, le receveur des postes et le facteur, la secrétaire de mairie, le garde champêtre et quelques femmes de ménage journalières, laveuses et « bonnes à tout faire ». Une douzaine d'ouvriers non agricoles (cantonniers, mécaniciens...) complètent les 279, qui ne comprennent que 2 « cadres ou techniciens », le curé et un docteur en médecine, qui, d'ailleurs, a quitté Madère peu après le recensement, non bien sûr faute de malades, mais faute de clients solvables.

Les 208 agriculteurs sont groupés en 92 « exploitations agricoles » dont la superficie moyenne en culture est de l'ordre de 5 ha.

Aucune exploitation, d'ailleurs, ne dépasse le quadruple de cette moyenne. Le reste du territoire de la commune est hors culture, stérile, quasi désertique. Ces 208 travailleurs agricoles ne disposent en tout que de deux tracteurs, souvent hors d'usage par bris d'une pièce dont la « rechange » manque et ne peut être obtenue qu'après des délais variant de quelques jours à quelques semaines. L'auxiliaire fondamental du travailleur reste le bœuf (parfois la vache mi-laitière, mi-charretière), quelques chevaux et encore plusieurs ânes et mulets.

L'engrais chimique est très peu utilisé ; on « fume » la terre avec le fumier des grands animaux, avec appoint des poules, lapins, canards et dindons... La production par tête de travailleur agricole et par hectare cultivé ne peut, dans ces conditions, qu'être très faible. Elle l'est en effet : à peine supérieure aux chiffres du XIXe siècle. En année moyenne, le blé rend 7 à 8 fois la semence (12 quintaux bruts à l'hectare) ; la vigne, 25 hectolitres ; le tabac, 20 quintaux...

Cependant, à part les rares entrées provenant du très petit nombre des retraités et des fonctionnaires de l'État — la « Sécurité sociale » étant encore dérisoire — tous les revenus dont dispose le village sont issus de sa terre et proviennent de la vente ou de l'autoconsommation des produits de cette terre. L'irrégularité climatique accentue encore cette médiocrité du niveau de vie.

L'alimentation forme les trois quarts de la consommation totale. Elle est cependant pour sa moitié composée de pain et de pommes de terre ; chaque exploitation agricole élève un porc et une trentaine de têtes de petits animaux, dont la consommation fournit les trois quarts de la consommation de viande de la famille ; quelques agriculteurs élèvent ou engraissent des brebis, mais pour la vente ; des pauvres font brouter des chèvres sur les landes, ce qui, avec les coupes de bois nécessaires aux foyers, a pour résultat d'y supprimer la végétation herbacée ou arborescente qui pourrait à la longue s'y implanter.

Une seule fois par semaine, en moyenne, on achète et on consomme de la viande de boucherie, en petite quantité et, s'il s'agit de bœuf, en qualité très médiocre. Le beurre est inconnu ; le fromage n'est consommé que dans sa forme locale et en petite quantité. Les aliments étrangers au pays ne sont ni connus, ni même appréciés ou désirés : on les trouve suspects, écœurants... La base de l'alimentation, plus de la moitié des calories absorbées, est la soupe de pain et de légumes, à la graisse de porc.

Le reste de la consommation personnelle est vestimentaire pour plus de sa moitié. Les dépenses de loisirs sont très faibles ; ni les jeunes ni les adolescents ne reçoivent d'argent de poche. En dehors du service militaire et de la guerre, la grande majorité des habitants de Madère n'a fait de voyage que son voyage de noce et quelques pèlerinages.

On aura une image concrète du niveau de consommation de cette population, si l'on apprend que pour acheter 1 kilo de pain, le travailleur moyen de Madère doit travailler 24 mn ; pour 1 kg de sucre : 45 mn ; pour 1 kg de beurre : 7 h ; pour un poulet de 1 kg : 8 h. Que le lecteur compare avec le pouvoir d'achat de son propre revenu !

Les produits manufacturés sont encore plus chers. Un petit poste de radio vaut 300 salaires horaires de manœuvre ; une ampoule électrique de 15 watts coûte plus d'un salaire horaire...

Cessac

Le contraste entre Madère et Cessac éclate si l'on écrit les prix des mêmes objets à Cessac. Pour le pain, ce qui coûte 24 mn de travail à Madère n'en coûte que 10 à Cessac. Mais la plupart des prix diffèrent plus encore : pour le sucre, l'écart est de 45 mn à 13 ; pour le beurre, de 7 h à 1 h 25 ; pour le poulet, de 8 h à 45 mn ; pour la radio, de 300 à 20... *(tableau 5, p. 19).*

Ainsi le paysan moyen doit travailler une journée entière de 8 h à Madère pour gagner l'équivalent du prix d'un poulet, que le Cessacois moyen gagne en 11 fois moins de temps ! L'écart est encore plus fantastique pour certains produits manufacturés...

C'est dire que Cessac appartient à un pays hautement développé, où le niveau de vie moyen est de 4 à 5 fois plus élevé qu'à Madère. Toutes les autres données confirment ce fait, dont le lecteur aura une vue concrète et détaillée en prenant connaissance des *tableaux 1 à 5*, ci-après.

Mais bien d'autres faits accusent de fortes différences entre les deux villages. Alors qu'à Madère les agriculteurs sont largement majoritaires (ils forment les trois quarts de la population active), ils sont très minoritaires à Cessac, où ils ne sont que 53 sur 215 personnes actives. Le groupe dominant à Cessac est tertiaire (employés de bureaux, de banque, d'administrations publiques ou de commerce, commerçants, instituteurs, etc.) ; ces tertiaires sont 102 sur les 215 personnes actives. A Cessac, le total des tertiaires et des artisans donne 127 personnes actives ; le total des agriculteurs et des ouvriers agricoles n'étant que de 88 (total 215) *(tableau 1)*.

TABLEAU 1 — MADÈRE ET CESSAC

Population totale et population active

	Madère	**Cessac**
Population totale	534	670
Population active	279	215
dont :		
Agriculture	208	53
Ouvriers non agricoles	12	35
Artisanat	27	25
Tertiaire	32	102
Taux d'activité (nombre d'actifs pour cent inactifs)	109	48

Les 53 agriculteurs sont répartis en 39 exploitations « ainsi déclarées » ; plusieurs de ces exploitations sont presque fictives, étant tenues par des personnes ayant d'autres revenus que l'agriculture et ne cultivant que 1 ou 2 ha ; l'exploitation moyenne a cependant 14 ha en culture, contre 4 à 5 à Madère. Les rendements à l'hectare vont du triple au quadruple de ceux de Madère ; et comme le nombre des travailleurs à l'hectare est près de 4 fois plus faible, *la productivité* du travail agricole est à Cessac *de l'ordre de douze fois plus forte qu'à Madère*. C'est-à-dire qu'en une heure de travail moyen l'agriculteur moyen de

Cessac tire du sol environ douze fois plus de produit que celui de Madère... *(tableau 3)*.

TABLEAU 2 — MADÈRE ET CESSAC

Données démographiques ramenées à 1 000 habitants

	Madère	Cessac
Nombre annuel moyen de naissances.	21	14
Nombre annuel moyen de décès	14	11
Nombre moyen de décès de bébés de moins d'un an	2 par an	1 tous les 5 ans
Espérance de vie à la naissance	62	72
Espérance de vie à 20 ans	45	53
Nombre, pour 1 000 habitants, des personnes nées dans le village	750	310
Nombre, pour 1 000 habitants, des personnes nées dans le village ou à moins de 20 km	900	440
Taille moyenne des adolescents de 20 ans (données issues d'enquêtes régionales) (cm)	165	174

TABLEAU 3 — MADÈRE ET CESSAC

L'agriculture

	Madère	Cessac
Nombre d'exploitations agricoles ...	92	39
Nombre d'hectares cultivés en moyenne par exploitation	5	13
Nombre moyen de travailleurs par exploitation	2,0	1,4
Rendements à l'hectare (moyenne de trois années) :		
blé	12	35
tabac (poids récolté en quintaux)	20	30
vin de « consommation courante » (hl)	25	100
vin « d'appellation contrôlée » (hl)	0	60
Nombre de travailleurs pour 100 hectares	28	8
Nombre d'animaux de labour	100	1
Nombre de tracteurs	2	40

Ce fait presque incroyable ne s'explique, on le verra, ni par des différences dans la nature du sol, ni par des différences climatiques ; elle tient à la *technique* agronomique, à l'utilisation de l'énergie mécanique (énorme utilisation de pétrole et d'électricité à Cessac), de machines puissantes (40 forts tracteurs à Cessac, 2 minables à Madère), d'engrais, — à la bonne sélection des plants et des semences : à Madère, l'agriculteur prélève la semence sur sa propre récolte, pendant des dizaines d'années... ; à Cessac, la semence est fournie chaque année par les services agricoles qui donnent les meilleurs produits de la recherche génétique ; etc.

Les autres traits majeurs de la situation économique de Cessac sont à l'avenant. Sur les 243 foyers de Cessac plus de 230 ont le « confort moderne » ; allant de la cuisine parfaitement équipée (210 réfrigérateurs, 50 congélateurs, 180 machines à laver le linge, etc.), aux W.-C. intérieurs à chasse d'eau, aux lavabos, à la salle de bain à eau courante chaude et froide ; 110 téléphones pour 670 habitants à Cessac,

TABLEAU 4 — MADÈRE ET CESSAC

Habitat, niveau de vie, équipement

	Madère	Cessac
Nombre de logements (maisons individuelles)	163	212
Dont : nombre de maisons « neuves » (moins de 20 ans d'âge)	3	50
Equipement ménager :		
Atre traditionnel à bûches et fagots	150	5
Cuisinières à bois ou à charbon	10	10
Cuisinières à gaz butane ou électrique	3	197
Réfrigérateurs	5	210
Machines à laver le linge	0	180
W.-C. intérieurs à chasse d'eau	10	150
Chauffage central	2	100
Téléphones	5	110
Automobiles pour le transport des personnes	5	280
Radio	50	250
TV	2	200

contre 5 pour 534 à Madère ; 280 automobiles à Cessac, contre 5 à Madère... *(tableau 4).*

TABLEAU 5 — MADÈRE ET CESSAC *Durées de travail nécessaire pour acheter des aliments usuels*	**Madère**	**Cessac**
1 kg de pain	24 mn	10 mn
1 kg de sucre	45 mn	13 mn
1 kg de beurre	7 h	1 h 25
1 kg de poulet	8 h	45 mn

On ne s'étonnera pas des différences sociologiques profondes qui séparent les deux villages ; à Madère on l'a dit, une majorité de « messalisants » ; à Cessac une petite minorité (15 à 20 % de la population totale) ; l'église de Cessac, qui contient environ 250 personnes, et qui se remplissait deux fois chaque dimanche matin il y a cinquante ans, ne se remplit plus que les jours de fête et pour la sépulture des notables.

Sur les 534 habitants de Madère, 400 y sont nés, et en outre 80 sont nés à moins de 20 km (c'est-à-dire à moins de 4 h de marche à pied du centre de la paroisse) ; seuls 54 sont donc « étrangers ». A Cessac, sur 670 habitants, 210 seulement sont nés à Cessac, et 84 à moins de 20 km ; de sorte que les « étrangers » sont nettement majoritaires (376) ; de ces 376, 328 sont nés hors du département où se trouve Cessac. Ces chiffres donnent une image du brassage de population qui accompagne le « développement » économique...

Alors que 150 des 163 maisons de Madère ont plus de 50 ans d'âge, et sont dans un état médiocre, 50 des 212 maisons de Cessac ont été construites depuis 20 ans et toutes les maisons anciennes ont été rénovées...

Les habitants de Cessac ont — pour le meilleur et pour le pire — tous les caractères sociologiques des citoyens de pays très développés. La rue du village est presque aussi frénétique que celle d'une grande ville (intense circulation automobile dans des rues restées étroites, difficultés de parking, bruits de moteurs et de radios...). Les habitants sont sans cesse dans leur voiture, soit pour aller acheter leur pain ou leur tabac à 500 m de chez eux, soit pour aller à leur travail ou à leurs plaisirs. Presque tous les « tertiaires » du village — et on a vu leur nombre — travaillent en dehors de Cessac, soit dans les environs et à la ville, voisine de 11 km, soit beaucoup plus loin ; le tohu-bohu qui en résulte est bien caractéristique du « développement économique » : tels habitants de Cessac ont leur travail professionnel à 100 ou 150 km (des membres de l'enseignement, des agents de commerce) ; tandis que la secrétaire de la mairie de Cessac habite elle-même à 40 km...

A ces déplacements quotidiens s'ajoutent les déplacements de plaisirs, de fin de semaine, de vacances, les voyages professionnels et les voyages d'études ou de documentation. Le nombre de kilomètres parcourus en une année, en moyenne, par un Cessacois, peut être estimé aux alentours de 60 à 80 fois ce qu'il était il y a trente ans : c'est-à-dire que l'on fait aujourd'hui 700 km comme on en faisait 10 naguère. Des routes sur lesquelles il passait 10 voitures par jour en 1939 et en 1950 en voient passer 600. Un grand nombre de Cessacois âgés de 15 à 65 ans ont aujourd'hui pris plusieurs fois l'avion, pour aller en Tunisie, au Maroc, en Terre Sainte, à Rome, voire en Amérique ou en U.R.S.S. ; beaucoup font chaque week-end de printemps et d'été des promenades de 30 à 50 km — voire 150 ou 200 — pour déjeuner dans un restaurant à la mode et parcourir du pays (eux qui, il y a trente ans, ne pouvaient dépasser que très exceptionnellement les bornes cantonales). Les congés de printemps ou d'été se prennent en Espagne, sur la Costa Brava ; ou en France sur la Côte d'Argent ou sur la Côte d'Azur ; on y loue pour cela de petits appartements, en général pour 15 jours. Les adolescents connaissent en outre le Portugal, la Norvège, la Sicile, la Grèce, les U.S.A., l'Egypte... et cent autres lieux où les conduisent les colonies de vacances et les « voyages organisés ».

Douelle

Le moment est maintenant venu de préciser les lieux et les dates des observations précédentes. Madère pourrait bien être un village d'aujourd'hui au Portugal, en Espagne intérieure, en Grèce ou Yougoslavie... De fait, et certains lecteurs ont pu le deviner, ces deux villages que j'ai appelés Madère et Cessac sont le seul et même village de Douelle en Quercy, saisi à deux dates différant de trente années et décrit à l'aide des *recensements* de ces deux dates : 1946 et 1975.

Douelle est situé sur la rivière Lot à 11 km en aval de Cahors. Madère, c'est Douelle en 1946. Cessac, c'est Douelle en 1975. Et c'est Douelle qui est passé en trente ans, d'un état que l'on appelle aujourd'hui « sous-développé » ou « en voie de développement », à la situation, aujourd'hui normale en France, d'économie industrielle et tertiaire.

Cela étant, certains lecteurs, et surtout des jeunes pourront penser que j'ai noirci la situation du Douelle de 1946. La suite de ce livre leur montrera qu'il n'en est rien. Car j'ai choisi ce village pour représenter la France, non seulement parce que je l'ai beaucoup aimé et étudié — et qu'ainsi je parle de ce que je connais —, mais encore et surtout parce que les circonstances géographiques et sociologiques de Douelle en font un village bien représentatif, à ces deux dates, de l'ensemble de la France. Sans prétendre en effet que les données statistiques de Douelle soient exactement la moyenne nationale, on constate que quantité de facteurs ont, de 1946 à 1975, varié dans le même sens et selon des ordres de grandeur analogues à Douelle et dans l'ensemble de la nation.

Mais pour réduire le soupçon que peuvent spontanément ressentir certains lecteurs quant à ma description du Douelle de 1946, il suffit d'une visite aux Archives départementales du Lot à Cahors, où chacun peut, pour Douelle comme pour toute autre commune, consulter les feuilles communales du recensement de 1946, les enquêtes agricoles et quantités d'autres études et statistiques.

Pour compléter cette description que je crois donc

correcte, j'ajouterai ici un extrait d'un rapport du service social de la Mutualité agricole du Lot. Ce rapport date de 1959, et donc est *de 13 années plus tardif* que le recensement de « Madère » ; il décrit la situation type, en 1959 donc, des villages du secteur de Limogne ; ces villages, étant sociologiquement et économiquement un peu en retard sur Douelle, la situation qu'il décrit pour 1959 correspond assez bien au Douelle de 1946-1950, sauf pour la nourriture qui a déjà de 1946 à 1959 fait d'importants progrès ; le lecteur pourra voir ainsi, d'une part, que je n'ai pas noirci les traits de ma description, et d'autre part, que, en 1946, Douelle n'était en rien au bas de l'échelle du développement français.

Rapport de la Mutualité sociale du Lot, daté de 1959, et décrivant une situation type dans le secteur de Limogne (extraits) [1]

« On accède dans les maisons d'habitation, par un escalier aux marches taillées dans la pierre et terminé par une terrasse large, mal abritée des intempéries, et surmontée d'un auvent obscurcissant la cuisine.

« La cuisine est spacieuse, peu entretenue et éclairée par une ou deux fenêtres étroites. La porte d'entrée, de bois plein, est constamment ouverte, ce qui donne un peu plus de clarté dans la pièce, qui est en réalité le lieu de séjour de toute la famille.

« Le parquet est en bois, aux larges planches de chêne disjointes. On rencontre encore certaines cuisines au rez-de-chaussée, à larges dalles...

« Les placards de très grandes dimensions atteignent le plafond. Etagères le long des murs, sur lesquelles sont disposés les pots contenant la graisse du cochon et les quartiers d'oies. La cuisine du cochon et des oies a lieu à partir de la Noël, dès que la lune lui est favorable.

« La cheminée est très vaste. La nourriture des gens et des animaux est confectionnée à l'âtre, mal éclairé — chaudrons et marmites (oules) sont pendus à la crémaillère. L'âtre est mal protégé et les enfants sont nombreux qui pourraient se brûler en tombant dans le feu ou les chaudrons contenant les légumes bouillants destinés à l'alimentation du bétail.

1. Document dactylographié : Archives du Lot.

« Très peu de cuisinières, mais usage de “potagers” (poêle à charbonille), généralement situés dans l'embrasure de la fenêtre, où l'on fait fricasser lapin ou poulet.

« Le centre de la pièce est occupé par une table de chêne aux lignes massives à l'extrémité de laquelle est le tiroir contenant le pain. Bien souvent elle a vu naître les propriétaires des lieux. Les chaises remplacent peu à peu les bancs.

« Dans chaque maison on trouve une ou deux chaises basses sur lesquelles on s'assied le soir au coin de l'âtre, dites “cadières basses”. Les mères s'en servent pour langer leurs enfants sur leurs genoux. Contre le mur, la grande horloge, partie intégrante du mobilier de chaque ferme.

« Les poutres mal équarries et noircies supportent les anneaux de saucisses et les épis de maïs.

« L'électricité est dans toutes les maisons, mais l'installation est assez rudimentaire. Tous les services qui pourraient en être tirés ne sont pas exploités. Une ampoule unique et de puissance insuffisante éclaire la grande cuisine...

« Dans presque tous les cas, on peut déplorer une mauvaise organisation du travail, d'où accroissement de la peine, de la fatigue, des pertes de temps. Cette mauvaise organisation est due : aux dimensions exagérément grandes de la pièce ; à une mauvaise disposition des différents postes de travail (espace important entre les uns et les autres) ; aux conditions inconfortables dans lesquelles s'effectue le travail : cuisine à l'âtre, vaisselle faite sur un évier absolument inadapté ; peu de matériel utilisé.

« *La nourriture*

« Peu de femmes savent faire la cuisine et établir des menus rationnels.

« La cuisine est toujours faite rapidement. La soupe de campagne, aux multiples légumes, qui bout à l'âtre toute la matinée, est l'alimentation de base. Il est fait un usage abondant de lard, de petit salé, de quartiers d'oies, de saucisse. Les mets sont très gras.

« La femme n'achète de viande de boucherie que le dimanche. Elle prend de préférence du pot-au-feu. Elle ne sait accommoder la viande que d'une autre façon : à la poêle.

« Dans certaines fermes, selon les moments de l'année les laitages pourraient occuper une place importante dans l'alimentation. Le lait n'est presque jamais consommé que sous la forme de fromages blancs dits “cabécous”.

« Les menus sont établis de façon irrationnelle. Ils doivent être réalisés très rapidement. L'éventail des mets est assez réduit, la femme ayant surtout à sa disposition les produits de la ferme, qu'elle accommode de façon toujours semblable.

« Le repas du soir laisse beaucoup à désirer ; une assiette de soupe, une cuillerée de confiture, quelques noix, telle est une de ses compositions fréquentes.

« Les menus du dimanche sont presque exclusivement basés sur la viande. La femme prévoit deux ou trois plats, pas de légumes.

« Ces carences se retrouvent dans l'alimentation des enfants.

« Le nourrisson consomme une quantité abondante de lait. Pendant de longs mois, son alimentation est exclusivement basée sur le lait et les bouillies qui font peu à peu place à la nourriture de l'adulte, soupe du pays, plats de légumes et saucisse.

« L'alimentation de l'enfant d'âge scolaire est également carencée. L'enfant mange à sa faim et souvent trop. Il consomme beaucoup trop de pain. Le repas du soir, pour lui, devrait être plus riche et comporter un légume ou un laitage. Les confitures sont davantage en faveur...

« *Vêtements*

« L'aspect physique des femmes est calqué sur le sol, façonné par leur mode de vie. On voit encore quelques vieilles paysannes, de taille moyenne, plutôt minces, ridées, voûtées et édentées. Vêtues de noir, elles portent un caraco très ajusté à la taille, s'évasant sur une ample jupe de lainage, plissée ou froncée, atteignant jusqu'à leurs chevilles.

« Leurs cheveux sont emprisonnés sévèrement dans la "cravate" noire du pays [à Douelle, on disait "le mouchoir" — mutsadu —] nouée sobrement sur le côté de la tête. Par-dessus la jupe, pour travailler, elles revêtent le tablier noir ou bleu foncé rayé fait dans un tissu solide. Elles sortent peu de leurs mas [1], si ce n'est pour aller à la foire et à la messe, soucieuses uniquement du travail de la terre et de l'économie. Leurs mains calleuses et rêches témoignent de leurs multiples travaux.

« La paysanne plus jeune ne porte plus aujourd'hui le costume local. Elle est encore vêtue de noir, sans élégance, ni souci de mode. Le costume du dimanche est porté tant qu'il peut faire usage. La forme de la veste, les chapeaux n'ont pas de date.

---

1. *Mas* est le mot languedocien pour hameau ou quartier excentré d'un bourg.

« Jeune fille, la femme est plus coquette et porte des vêtements aux tons clairs et aux formes plus seyantes, mais classiques. Son manque d'élégance semble être dû au souci d'économie et au peu de choix des boutiques environnantes. Gracieuse même et parfois bien faite, la jeune fille, une fois mariée, va être rapidement déformée par les maternités et le travail de la terre. Peu à peu, elle se vêt de noir, et ne consacre à l'entretien de ses vêtements que le temps indispensable. Elle va de moins en moins chez le coiffeur et ne se farde plus. Beaucoup de jeunes femmes ramassent leur chevelure en un chignon sévère.

« La femme qui a atteint la cinquantaine n'est jamais allée chez le coiffeur. Elle ne se lave que très rarement la tête, n'en ressentant pas le besoin.

« Pour effectuer les gros travaux, les femmes protègent leurs blouses ou leurs jupes de couleur sombre, d'un tablier de drap gros bleu ou à rayures bleu foncé. Suivant la saison elles sont chaussées de souliers montants type galoches, ou l'été d'espadrilles. Seules les personnes âgées portent des pantoufles.

« La tenue pour aller aux champs est semblable à la tenue d'intérieur.

« Pour soigner les bêtes (basse-cour, porcs), parfois traire les vaches, la femme revêt un tablier qu'elle noue à la taille. C'est la seule pièce de son vestiaire qui est sujette à modifications durant la journée... Les vêtements que la femme porte ne sont pas toujours propres ni correctement raccommodés. Sur la commune, on peut noter une proportion de 10 % seulement de femmes propres, soignées et raccommodées.

« Il est à remarquer que deux facteurs justifient en partie cet état de fait :

« 1. Le manque de temps ; outre les travaux d'intérieur, la femme doit s'occuper de la basse-cour, du jardin, et parfois aider son mari aux champs, et même assurer quelquefois la garde du troupeau. Lorsqu'il y a des personnes âgées, cette garde est assurée par elles.

« 2. Le manque d'eau. L'eau sous pression n'est installée qu'aux écoles et dans quatre foyers. Dans tous les autres, soit soixante-cinq, la femme va chercher l'eau à la citerne ou au puits à des distances variables, et l'usage qui en est fait est parcimonieux. » [A Douelle, l'eau courante de distribution communale a été installée en 1943. Dès 1946, tous les foyers en étaient pourvus, mais il n'y avait en général qu'un seul robinet par maison.]

« La femme accomplit toutes ses besognes dans de très mauvaises conditions. Elle fait la lessive pliée en deux, sur un baquet qui n'est même pas à sa portée et qu'elle doit vider ou remplir au fur et à mesure des besoins. Elle fait bouillir son linge à l'âtre, dans un chaudron, tout comme elle y fait cuire l'alimentation du bétail.

« Pas d'endroit réservé pour faire la toilette. Parfois, on trouve une table de toilette, un broc et une cuvette dans un coin de la chambre à coucher. La pièce n'est pas chauffée ou l'est insuffisamment.

« Le lavage des mains avant le repas n'est pas systématique. On utilise la fontaine en cuivre ou "l'oyère" (pierre plate et creusée de l'évier) que l'on remplit d'eau avec la "casse" (louche en cuivre).

« En général, la femme ne fait appel aux conseils d'un médecin que lorsqu'elle est vraiment malade. Fatiguée, elle prend des potions, des remèdes de bonne femme, des comprimés d'aspirine.

« Pourquoi ? — parce que cela entraîne des frais ; par négligence ; parce que la femme est dure à la peine ; parce que le travail commande.

« La femme n'a pas été préparée à soigner des malades. Il lui manque la façon de s'y prendre, l'art des petits soins et la délicatesse avec laquelle ils doivent être dispensés. La présence d'un malade au foyer la désoriente.

« Les enfants sont actuellement mieux soignés. Médicalement plus suivis, les parents sont moins hostiles à un placement éventuel, en aérium, par exemple. Peut-être, pouvons-nous constater que, dans les foyers où le mari est assuré social, le médecin est plus facilement appelé que consulté dans son cabinet. Malade, la mère de famille est mal secondée, le foyer désorganisé, les enfants livrés à eux-mêmes.

« L'entraide entre voisins est nettement insuffisante...

« La dentition de la femme n'est l'objet que de très peu de soins. Même les jeunes femmes font preuve de beaucoup de laisser-aller. Nous pouvons presque écrire que la femme ne soigne pas sa dentition...

« La femme, tout comme l'homme, lit peu. Il n'y a pas de bibliothèque municipale, dont les lecteurs seraient certainement en nombre insuffisant. Elle lit : *Le Villefranchois, La Vie Quercynoise,* journaux hebdomadaires que l'on parcourt le dimanche, à la veillée le soir, ou en gardant le troupeau. Ils contiennent, sommairement résumées, toutes les nouvelles de la région. Les personnes âgées en font une lecture plus consciencieuse.

« Une quinzaine de femmes sont abonnées à la revue *Clair Foyer* et la font circuler.

« La presse du cœur n'a pas beaucoup d'adeptes à Promilhanes, du moins à notre connaissance. Peut-être est-ce dû au fait qu'il n'y a pas de marchands de journaux sur la commune. M. le curé a dû renoncer à la vente de revues à la sortie de la messe, les acheteurs étaient vraiment peu nombreux.

« Les voyages organisés, les excursions, les sorties n'ont guère de succès. Former un car pour une visite touristique est très difficile. La population quitte très peu la commune. Certaine femme, mère de famille, encore jeune, n'a jamais pris le train.

« Villefranche-de-Rouergue est proche : dix-neuf kilomètres. Il n'y a guère qu'une famille qui s'y rend le dimanche, de temps en temps, pour voir un film.

« Le problème : dépense et argent de poche, retient beaucoup la jeune fille et le jeune homme. »

⁂

Les trente glorieuses

Ne doit-on pas dire glorieuses les trente années qui séparent Madère de Cessac, et ont fait passer et Douelle et la France de la pauvreté millénaire, de la vie végétative traditionnelle, aux niveaux de vie et aux genres de vie contemporains ? — A meilleur titre certainement que « les trois glorieuses » de 1830 qui, comme la plupart des révolutions, ou bien substituent un despotisme à un autre, ou bien, et ce sont de meilleurs cas, ne sont qu'un épisode entre deux médiocrités...

Libre à quelques adolescents sympathiques mais mal informés, bénéficiant du niveau de vie et du genre de vie actuels de la France, de l'hygiène, de la santé, de la Sécurité sociale, et de tous les moyens modernes de transport, d'information, de communication... de critiquer, voire de détester la « société de consommation ». Après les descriptions qu'on vient de lire, leurs opinions et leurs sentiments paraissent hâtifs. En fait, les peuples ont toujours ardemment désiré échapper aux pauvretés, aux duretés, aux misères traditionnelles ; aucun n'a pu le faire plus rapidement et plus nettement que la France en ce troisième quart du XXe siècle, poursuivant et complétant brillamment un mouvement engagé dès le XVIIIe siècle. Nous en reparlerons plus loin. Pour le moment, comprenons que le développement économique n'a été voulu et réalisé par l'homme que pour le développement de la vie. Et l'écart qui sépare Cessac de Madère, et plus encore, du Douelle de 1830 et de 1750, l'élévation de l'espérance de vie, la réduction de la morbidité et des souffrances physiques, la possibilité matérielle pour l'homme moyen d'accéder aux formes naguère inaccessibles de l'information, de l'art, de la culture, suffit, même si cet homme moyen s'avère souvent indigne de ces bienfaits, à nous faire penser que la réalisation au XXe siècle du *Grand Espoir* de l'humanité est une époque glorieuse dans l'histoire des hommes.

Mais il n'en est pas moins certain que cette étape glorieuse ne débouche pas sur un arrêt de l'histoire, ne débouche pas sur un avenir figé par l'avènement d'une prospérité permanente et d'un bonheur immuable. Ce que nous venons de dire, ce que nous avons dit de la *frénésie* à Cessac, et ce que nous savons tous de l'état du monde, nous évite de telles erreurs. Nous savons bien que la condition humaine reste tragique, et qu'elle sera peut-être même d'autant plus ressentie comme telle que l'homme disposera de plus de temps pour s'informer, pour comprendre (pour tenter de comprendre) et pour réfléchir. Là encore, la situation de Douelle pourrait nous servir de base pour étudier les crises politiques, sociales, culturelles et spirituelles de notre temps. Douelle fut probablement plus heureux dans sa misère qu'il ne l'est dans son opulence ; Douelle vote à gauche aujourd'hui ; il votait à droite sous Napoléon III, au moment où 3 bébés sur 10 mouraient avant leur premier anniversaire ; au moment où 600 de ses habitants travaillaient à bras « de l'étoile du matin à l'étoile du soir », pour tirer de son sol moitié moins de produit que ne le font les 50 agriculteurs qui lui restent aujourd'hui [1]. Les adolescents, les femmes, dans ma jeunesse encore, chantaient le long des chemins, en allant et en revenant de leur dur travail...

Mais cependant, en vérité, ces trente années sont glorieuses. Elles ont résolu des problèmes tragiques et millénaires — quoiqu'elles soient loin d'avoir

1. Sous le Second Empire, Douelle avait 1 200 habitants, dont 600 étaient actifs dans l'agriculture. Les surfaces cultivées étaient plus grandes qu'aujourd'hui, mais les rendements dérisoires (voir plus loin).

résolu tous les problèmes tragiques et millénaires de l'humanité ; quoique même elles en aient fait naître de nouveaux, qui ne se posaient pas dans un monde où les hommes étaient pauvres et impuissants.

*
* *

Ce premier contact avec le troisième quart du XXe siècle en France dicte le plan de cet ouvrage. Dans une première partie nous étudierons « les deux France », celle des années 1946-1950 et celle des années 1975-1978. Dans une seconde partie nous étudierons les causes, facteurs, mécanismes et procédures de ce mouvement prodigieux. Dans une troisième partie enfin, nous étudierons les multiples « crises » du temps présent et les problèmes de proche avenir. La réflexion sur le présent et le récent passé nous permettra, je l'espère, de mieux comprendre et de mieux orienter notre avenir.

PREMIÈRE PARTIE

LES DEUX FRANCE

Comme nous venons de le faire pour un village, nous prendrons d'abord conscience de l'évolution économique et sociale de la France de 1946 à nos jours en confrontant la situation de 1946-1950 avec celle de 1975-1978.

Nous le ferons en nous référant aux facteurs primordiaux qui font l'essentiel de la vie quotidienne de l'homme vivant, et dont les annuaires statistiques, forêts inexplorées de chiffres, nous donnent des images qui ne sont abstraites que pour ceux qui ne savent pas les lire — et qui ne sont fausses que si l'on n'a pas éliminé les œuvres des faux statisticiens — ou pour ceux qui veulent y trouver une précision évidemment illusoire.

Pour nous, nous prendrons, pour décrire le niveau de vie et le genre de vie, des indices dont les ordres de grandeur sont hors de discussion et dont les variations sont suffisamment fortes pour écarter toute erreur grave sur le sens et l'ampleur des mouvements. La convergence de ces mouvements donne au tableau d'ensemble une cohérence sûre.

CHAPITRE PREMIER

Les grands traits de l'évolution

Pour avoir et pour poser des problèmes économiques et politiques, il faut d'abord vivre. La démographie est donc l'élément majeur de toute science humaine et de toute étude historique. C'est pourquoi les informations sur le nombre et les caractères de la population française tiendront une grande place dans ce livre, et notamment dans ce chapitre.

Les éléments du genre de vie des hommes sont nombreux. Nous ne retiendrons ici que les plus évidents, ceux qui conditionnent le plus fortement la vie quotidienne de chacun d'entre nous. Ce sont la nature de la profession, la durée du travail, l'habitat, l'enseignement, les loisirs, les moyens de transport, et surtout la santé, les taux de mortalité, la durée de la vie moyenne. Nous les étudierons dans cet ordre après avoir pris conscience des contrastes qui font ressortir des différences presque incroyables entre la France de 1946-1949 et la France de 1975-1978.

1. *Les facteurs majeurs*

La France de 1975 diffère de la France de 1946 autant et plus que « Cessac » de « Madère ». On s'en convaincra en réfléchissant sur le *tableau 6*.

D'abord, la population totale a beaucoup augmenté ; elle est passée de 40 millions à près de 53, alors qu'elle

TABLEAU 6 — LA FRANCE DE 1946
ET LA FRANCE DE 1975

Indices majeurs de la population et du genre de vie

	1946	1975
Population totale (millions)	40,5	52,6
Population active (millions)	20,5	21,8
Taux d'activité (%)	51,4	41,4
Nombre d'adolescents de plus de 14 ans, poursuivant des études (milliers)	650	4 000
Répartition de la population active (%) :		
Primaire (agriculture et pêche)	36	10,0
Secondaire (industrie et bâtiment)	32	38,6
Tertiaire (autres travaux)	32	51,4
Durée annuelle moyenne du travail dit à temps complet (heures)	2 100	1 875
Nombre de logements construits au cours des 7 années précédant le recensement [1] (milliers)	450	4 000
Nombre de voitures particulières en circulation (milliers)	1 000	15 300
Mortalité infantile, pour 1 000 nés vivants	84,4 [2]	13,8
Durée de la vie moyenne H	61,9 [3]	69,1
Durée de la vie moyenne F	67,4 [3]	77,0
Espérance de vie à 60 ans H	15,3 [3]	16,4
Espérance de vie à 60 ans F	18,1 [3]	21,4
Niveau de vie de la nation (1938 = 100) [4]	87	320
Pouvoir d'achat du salaire horaire moyen des femmes de ménage (1939 = 100)	125 [5]	420 [6]

Sources : *Recensements* de l'INSEE et *Annuaires statistiques de la France.*

1. Années de guerre (1940-1945) exclues.
2. 1945 et 1946.
3. 1946-1950. Les valeurs antérieures à 1946 sont nettement plus faibles ; par exemple, pour la vie moyenne immédiatement avant la guerre, c'est-à-dire en 1933-1938 : H. 55,9 — F. 61,6.
4. Revenu national réel moyen par tête. Cf. *Annuaire statis-*

était restée voisine de 40 millions depuis 1906, et atteignait déjà 38 millions en 1866. Ensuite, la population active a monté beaucoup moins que la population totale, chaque actif prenant en charge un nombre croissant d'inactifs. Et surtout, la structure de cette population active (c'est-à-dire sa répartition selon les travaux professionnels) a changé prodigieusement. La France de 1946 a une structure professionnelle de pays « en voie de développement » ; les agriculteurs n'y sont plus majoritaires, mais représentent encore plus du tiers de la population active ; en 1975, ils ne sont plus qu'un dixième. Il avait fallu 150 ans pour que l'agriculture réduise de moitié son poids dans la population active ; en trente ans, ce poids est réduit de 36 à 10.

Inversement, l'industrie progresse de 20 %. Mais c'est le tertiaire qui devient à lui seul majoritaire, bondissant de 19 points en 30 ans, alors qu'il lui avait fallu antérieurement 45 ans, de 1900 à 1946, pour en gagner 4 !

La structure de la population active, dans une grande nation, est l'indicateur de développement le plus instructif. Il est en effet, nous le verrons, lié d'une manière étroite au niveau de production et de consommation, donc au niveau de vie ; il commande par ailleurs les éléments les plus importants du genre de vie : la nature du travail, sa localisation, et donc l'habitat, et, de proche en proche, quantité de facteurs de la vie quotidienne. Par exemple, l'expansion du tertiaire favorise l'emploi féminin ; à l'heure actuelle, sur 3 femmes qui ont un emploi professionnel, 2 l'ont dans le tertiaire. J'ai porté au *tableau 6* (p. 36) quelques autres indicateurs caractéristiques de la situation économique et sociale d'un peuple, évoquant tous des faits concrets de la vie quotidienne, très vivement ressentis par l'homme et la femme moyens.

On peut y lire que, sur 100 Français vivants, 51 travaillaient professionnellement en 1946 (la population

---

tique de la France, 1977, p. 762. Le chapitre v ci-après est affecté à l'étude du niveau de vie et du pouvoir d'achat.

5. 1949.

6. Octobre 1976.

active est en effet définie comme celle qui a un emploi professionnel rémunéré par un salaire ou un profit) ; 41 seulement travaillent ainsi en 1975. Cette baisse du taux d'activité exprime que, dans l'ensemble, 41 personnes suffisent à assurer la production nécessaire à 100 ; tandis qu'il en fallait 51 en 1946 (pour une consommation par tête cependant beaucoup plus faible).

Ce *surplus* de production a permis de laisser à l'école tous les adolescents de 15 et 16 ans ; au total, 4 millions d'adolescents de plus de 14 ans révolus sont aujourd'hui élèves ou étudiants, contre 0,6 trente ans plus tôt. Nous étudierons plus loin ce fait capital de l'élévation des âges scolaires ; nous préciserons aussi l'autre versant de cette réduction des taux d'activité, celui qui concerne les vieilles gens.

*
* *

Pour ce qui est des actifs, la durée moyenne annuelle du travail a été réduite d'environ 10 %. On n'a de chiffres précis que pour les salariés, qui travaillaient en moyenne 2 100 h par an en 1946-1948, et 1 875 h en 1975 (1 800 h en 1978). On sait que la durée des congés payés annuels, qui était de 2 semaines depuis 1936, a été portée à 3 en 1956 et à 4 en 1969. La durée moyenne du travail hebdomadaire, pour une semaine sans jour férié, était de 44 h en 1946 ; elle est montée à 46,1 h en 1962 puis redescendue à 42,1 h en 1975.

*
* *

Nous étudierons plus loin tous ces faits avec un peu de détail ; prenons seulement conscience ici des indices majeurs du changement. L'habitat est un facteur évidemment fondamental de la vie quotidienne. En 1946, l'habitat des Français était vétuste et étriqué ; non seulement parce que la guerre venait de détruire un million de logements ; mais surtout parce que, de 1935 à 1939, la France n'avait construit en 5 ans qu'un total de 350 000 logements. La France réparait au lieu de construire — et réparait très médiocrement. Ce que l'on appelait déjà le confort moderne (eau courante, salle de bain et W.-C. intérieurs) restait exceptionnel en dehors des beaux quartiers de Paris et de quelques villes. Le nombre d'automobiles en service est un bon rappel de l'immense effort d'équipement en machines et appareils ménagers que nous décrirons plus loin.

*
* *

Pour avoir le confort moderne ou jouir d'équipements ménagers, il faut d'abord être vivant, redisons-le. Le facteur *sine qua non* du genre de vie d'un peuple, c'est donc son espérance de vie et ses taux de mortalité. De 1750 à 1946, la France avait déjà accompli une fantastique évolution, que les millénaires antérieurs n'avaient pu réaliser. La mortalité infantile (nombre d'enfants nés vivants et mourant avant leur premier anniversaire) était tombée de 250 à 300 pour 1 000 au XVIIIe siècle et aux siècles précédents [1], à 150 vers 1905, à 75 en 1935-1937 et à 85 en 1945-1946, mauvaises années. Ces chiffres sont tombés à 14 en 1975. De même l'espérance de vie à la naissance, qui est aussi la vie moyenne selon la mortalité du moment, atteint aujourd'hui 69 ans pour les hommes et 77 ans pour les femmes, contre 25 à 26 au XVIIIe siècle.

2. *La population et son travail*

Une société, ce sont des hommes qui vivent ensemble et qui travaillent. Aucun ensemble d'hommes n'a pu ni ne peut subsister, en effet, sans un minimum au moins d'entraide sociale (la famille) et d'échanges sociaux (affectifs, culturels, économiques), ni sans un effort plus ou moins pénible de *travail*. En effet la nature naturelle (c'est-à-dire la nature non transformée, non modifiée par l'effort de l'homme) ne satisfait que d'une manière infime aux besoins humains.

1. Je cite ici les chiffres relatifs aux garçons. La mortalité des filles a toujours été un peu plus faible (de 10 à 20 % en moins).

L'animal même, dont les besoins sont pourtant limités, non extensibles, doit développer de grands efforts, pratiquement toute son activité physique disponible, pour trouver dans la nature naturelle de quoi subsister, pour chercher et s'approprier le peu qui lui est nécessaire pour se nourrir et s'abriter.

Décrire une société d'hommes, c'est donc d'abord décrire sa population et son travail.

En présentant *les deux France,* celle de 1946 qui contient Madère et celle de 1975, qui comprend Cessac, nous nous rendrons très vite compte de l'importance primordiale du facteur *durée,* du facteur *temps ;* le temps, c'est ce qui fait que l'espace se modifie ; ou plus exactement, la modification de l'espace engendre ce que nous appelons le temps.

Ainsi, 1975 ne peut être compris qu'en fonction de 1946 ; mais aussi 1946 ne peut être compris qu'en fonction du passé antérieur — et 1975 ne peut être compris qu'en fonction du futur. La seule réalité est la modification de l'espace ; mais cette modification de l'espace ne se fait pas sans que l'homme même se modifie — naisse, vieillisse, meure...

Ce qui, en langue familière, peut s'exprimer par ces phrases à la fois banales et bien méconnues (surtout par ceux qui ont peu vécu) :

1. La *situation* d'une société ne peut être séparée de son *évolution.*

2. L'évolution, modification de l'espace, des êtres, des sociétés et des choses, n'est pas instantanée ; à la fois *elle engendre et elle exige du temps.* Et souvent beaucoup plus de temps que ne le voudrait l'imagination des hommes.

Nous verrons d'abord *les très grandes lignes* des deux situations France 1946 et France 1975. Puis nous entrerons dans un plus grand détail, à la fois pour satisfaire un peu mieux notre curiosité et nos besoins d'information, pour surmonter des obstacles dus aux insuffisances ou à l'absence de continuité des sources statistiques, et pour envisager les facteurs de l'évolution.

En effet, nous ne nous préoccupons dans ce chapitre que de décrire les situations sans les juger, ni les expliquer. Nous ne perdrons cependant pas de vue que percevoir implique *comprendre ;* notre objectif ultime n'est pas seulement d'accumuler des informations décousues, mais d'en acquérir l'intelligence.

Les très grandes lignes

Une population doit d'abord se nourrir. Pour cela elle doit accomplir un travail agricole. Le travail agricole est donc l'un des traits majeurs de toute société humaine. D'après les données brutes des deux recensements, la France avait, en 1946, 7 millions et demi d'agriculteurs ; celle de 1975, 2 millions. Le contraste entre les deux chiffres caractérise les deux France.

Le travail agricole est lié au terrain ; le travail secondaire l'est encore quelque peu aux mines et aux fleuves ; le travail tertiaire est largement indépendant du sol. La France de 1946 était (encore) largement rurale ; la France de 1975 est (déjà) fortement tertiaire.

Le *tableau* 7 montre que la France de 1975 a une population de 30 % plus forte que la France de 1946. Cela conduit déjà à poser des questions sur le passé et sur l'ailleurs ; comment la population d'une nation qui existe depuis 1 000 ans peut-elle se multiplier ainsi par 1,3 en 30 ans, ce qui ferait une multiplication par 13,8 en 300 ans et par 190 en 600 ans ? Nous reparlerons de ces problèmes plus loin.

TABLEAU 7 — LES DEUX FRANCE

Population (en millions)

	1946	1975
Population totale	40,5	52,7
Population active	20,5	21,8
Population active agricole	7,4	2,0
Population rurale	19,0	14,3
Population urbaine	21,5	38,4

Sources : *Recensements,* chiffres bruts.

Mais ce tableau peut être la base de bien d'autres réflexions. Par exemple, nous voyons que la population active a progressé beaucoup moins que la population totale. Comme nous savons bien que chaque

Français de 1975 consomme beaucoup plus que chaque Français de 1946, on doit s'étonner que 20 aient été naguère nécessaires pour subvenir assez mal aux besoins de 40, tandis que, aujourd'hui, 22 suffisent à approvisionner 53 beaucoup plus largement...

Mais la considération de la population active *agricole* nous conduit à des constatations plus étonnantes encore ; en 1946, 7,4 nourrissent assez mal 40,5 ; en 1975, 2,0 nourrissent très largement 52,7. Ce qui revient à dire qu'en 1946 un agriculteur nourrissait (mal) 5 à 6 personnes, tandis qu'en 1975 un agriculteur en nourrit (très bien) 26.

Ces chiffres sont grossiers et bruts. Ils exigent des vérifications, des précisions, des comparaisons (voir plus loin, p. 48). Mais c'est sûrement d'un fait capital qu'il s'agit [1]. Nous devrons le replacer dans l'évolution séculaire et le confronter avec les résultats d'autres nations.

Un plus grand détail

On voit ainsi comment quelques chiffres suffisent à éveiller la curiosité, et à provoquer des questions « en chaîne ». Et, par exemple, ces chiffres sont-ils sûrs, comparables, « homogènes » d'une date à l'autre ? Leur ordre de grandeur autorise-t-il des conclusions solides ?

Ces réflexions nous conduisent à faire la critique « technique » de nos chiffres, et à les replacer dans des séries plus longues et plus nombreuses, qui leur donneront à la fois plus de signification et moins d'arbitraire. Un homme est moins prisonnier d'une série statistique longue, que d'une courte — et de séries nombreuses que de séries isolées : car il peut confronter ces chiffres, tester leur cohérence... Dès que l'on se préoccupe ainsi de la valeur des chiffres du *tableau 6* (voir p. 36), on est conduit à lire dans les annuaires statistiques que les « définitions » qui

1. Fait capital dont on chercherait en vain la mention dans les 666 pages de *l'Histoire de la France rurale*, publiée en 1977, aux éditions du Seuil, par un maître de recherches à l'Institut national agronomique et un maître de conférences à l'Institut d'études politiques de Paris...

président aux recensements ne sont pas toujours fixes à travers le temps ; notamment, sur un point important : en 1954, la définition de la population active agricole a changé assez pour que des différences de l'ordre de 20 % lui soient imputables. Cela exige l'attention... On examinera dans cet esprit les résultats des cinq recensements auxquels la France a procédé de 1946 à 1975.

TABLEAU 8

Population des ménages d'agriculteurs et population active agricole dans les recensements de 1946 à 1975

	1946	1954 [1]	1954 [2]	1962	1968	1975
Population des ménages agricoles	10,2	9,5	9,5	8,1	7,3	5,9
Population active dans l'agriculture	*7,4*	*6,3*	*5,1*	*3,9*	*3,0*	*2,0*
dont :						
Exploitants	2,3	1,9	1,9	1,7	1,4	1,1
Aides familiaux [3]	5,1	4,4	2,1	1,4	1,1	0,5
Salariés [3]			1,1	0,8	0,6	0,4

Source : *Recensements* et études citées p. 45 (*Economie et statistique*, n°s 91 et 100).

La première ligne du *tableau 8* donne, d'après ces recensements, le nombre des personnes vivant dans des *ménages* (groupes familiaux occupant le même logement) dont le chef est agriculteur. Cette population est aussi souvent appelée « population des ménages agricoles » ou « population vivant de l'agriculture », quoique bien des membres de cette population (adolescents ou vieillards) puissent aujourd'hui toucher des salaires, secours ou retraites qui viennent de l'Etat, de la Sécurité sociale ou d'entreprises non

1. Résultats strictement comparables aux *Recensements* antérieurs.
2. Résultats strictement comparables aux *Recensements* postérieurs.
3. Avant 1954, aides familiaux et salariés sont mal distingués.

agricoles. La seconde ligne groupe les personnes qui, aux recensements, se déclarent individuellement actives dans l'agriculture, en se classant selon les trois états qui suivent : exploitants, aides familiaux, salariés. Cette nomenclature est valable : elle correspond à des réalités importantes. Mais, avant 1954, cette terminologie n'était pas en usage, et de recensement en recensement, avant 1954, la coutume fut tantôt de déclarer actifs dans l'agriculture à peu près tous les adolescents et adultes des ménages d'agriculteurs (« ménages agricoles »), tantôt de ne déclarer ainsi que les hommes ayant cessé de fréquenter l'école et les femmes mariées ; tantôt encore et le plus souvent, de suivre des coutumes locales variables d'un lieu et d'une date à l'autre. Le recensement de 1954 fixa des définitions nettes et claires, qui ont prévalu depuis lors, mais qui sont restrictives par rapport à ce qui fut retenu en 1946. Notre tableau contient donc, pour 1954, une colonne 1 qui donne les chiffres homogènes de ceux de 1946, et une colonne 2 qui donne les chiffres homogènes de ceux de 1962 et ultérieurs.

On voit que, pour la population active, la différence est forte (de 6,3 à 5,1). Elle devrait *a priori* faire perdre confiance dans la comparabilité des chiffres de 1946 (7,4 millions) et de 1975 (2 millions) et conduire le lecteur à réduire de 20 % le chiffre de 1946 pour le considérer comme comparable à celui de 1975. On aurait ainsi à comparer :

6 et 2, et non : 7,4 et 2.

On observera alors que l'écart reste très fort ; disons qu'il est au moins de 1 à 3. Mais un examen attentif et détaillé de la situation me conduit à retenir 7,4 comme correctement comparable à 2. Cela tient à ce que la procédure codifiée en 1954 est effectivement conforme aux réalités de 1975, mais était *en avance* sur la réalité de 1954 et plus encore, sur les réalités de 1946 et des dates antérieures. En fait, avant 1946, pratiquement tous les membres des ménages agricoles (et, au XIXe siècle, dès 7 ou 8 ans), travaillaient *dans la mesure même de leurs forces*, à l'exploitation de laquelle ils vivaient ; sans doute ce travail d'enfants, d'adolescents ou de vieillards, était-il très peu productif, mais ce que doivent enregister ces statistiques, ce n'est pas l'efficacité, c'est le dévouement. Aujourd'hui, au contraire, beaucoup de femmes d'agriculteurs ne sont plus actives dans l'agriculture ; elles sont maîtresses de maison (ce qui est, hélas ! catalogué comme « sans profession »), ou actives dans une autre profession. De même, la plupart des personnes ayant dépassé 65 ans sont retraitées ; de même, enfin, de nombreux jeunes, même s'ils ne vont plus à l'école, ne donnent plus leur travail à l'agriculture. Il apparaît donc que les « définitions » du recensement de 1954 ont un peu trop « brusqué » les chiffres. Mais la référence aux états nominatifs — que j'ai assidûment pratiquée — permet d'assurer que, même si la définition réglementaire n'avait pas brusquement changé en 1954, les chiffres de 1975 seraient devenus ceux qui sont publiés aujourd'hui.

Ces observations montrent à la fois que le maniement des chiffres des recensements exige de l'attention et une réflexion critique — et que, par cette critique, on peut aboutir à des informations sérieuses. La statistique n'appelle ni une confiance infantile, ni un scepticisme non moins infantile. Son usage implique une critique sévère, mais aboutit dans beaucoup de cas à des informations sûres et souvent primordiales.

C'est le cas pour les statistiques françaises de population totale et de population active. Les séries de long terme ont fait l'objet d'études appronfondies, et mes propres études me permettent d'accorder toute ma confiance à plusieurs d'entre elles. C'est à partir de ces études [1] que je présente le *tableau 9*,

---

1. Bien entendu, les questions relatives à l'activité des jeunes, des femmes et des vieillards dans les ménages agricoles ne sont pas les seules embûches des recensements. Les statisticiens en reconnaissent et en surmontent bien d'autres.

Parmi les études publiées dans *Economie et statistique* auxquelles je suis largement redevable, je cite particulièrement ici : « L'évolution de la population agricole du XVIIIe siècle à nos jours », par Jean Molinier (*Ec. et Stat.*, n° 91), « Les catégories sociales en 1975. L'extension du salariat », par Laurent Thévenot (*Economie et statistique,* même livraison), « De moins en moins d'agriculteurs », par Monique Gombert (*Economie et statistique,* n° 100).

TABLEAU 9

La France de 1946 et de 1975 considérée dans l'évolution séculaire [1]

Date	Population totale	Population rurale	Population vivant de l'agriculture	Population active totale	Population active agricole
1700	20 à 19 [2]	17 à 16	16 à 15	14	11
1801	27,5	21,2	19	16	13
1846	35,4	26,8	20	17	14
1872	36,1	24,9	19	16	13
1901	38,9	23,0	16	20	11
1931	41,8	20,4	11,5	21,1	7,7
1946	*40,5*	*19,0*	*10,5*	*20,5*	*7,4*
1968	49,8	17,2	7,3	20,4	3,0
1975	*52,6*	*17,2* [3]	*5,9*	*21,8*	*2,0*
1983 [4]	54	18	4,5	22,1	1,5

1. Chiffres en millions.

2. Comme je l'ai écrit dans le texte, les chiffres de ce tableau sont, pour la plupart, soit reproduits, soit fortement inspirés des études publiées dans *Economie et statistique*, n° 91, par Jean Molinier et Laurent Thévenot. Ce sont donc, de 1801 à 1975, *les chiffres issus des recensements*, mais dont certains ont été modifiés par une critique pertinente, rendus homogènes aux autres.

Les chiffres des recensements, et plus généralement les informations de base qui nous ont servi dans l'élaboration de ce livre se trouvent dans les publications de l'Institut national de la statistique et des études économiques, que tout Français devrait connaître, du moins tout Français qui désire acquérir une connaissance personnelle de la société et de la politique françaises. Je me réfère particulièrement aux *Annuaires statistiques de la France*, dont le 84e vient de paraître, et notamment aux *Annuaires* rétrospectifs, qui sont malheureusement trop peu nombreux.

Notamment, le recensement de 1975 a fait l'objet de plusieurs publications très accessibles au grand public, dont la brochure *Principaux résultats du recensement de 1975*, sept 1977.

Il n'y a pas de science économique sans observation de la réalité sensible. Toute observation des réalités économiques et sociales n'est pas nécessairement statistique ; mais, inversement, une large part de cette observation revêt nécessairement la procédure statistique. Il n'y a donc pas de science économique, ni de réflexion sérieuse sur notre temps, sans référence

qui résume les traits majeurs de l'évolution de la population française de 1700 à nos jours, avec des chiffres dont les ordres de grandeur sont certains.

L'examen de ce tableau est riche d'enseignements fondamentaux.

Le caractère « glorieux » des trente années 1946-1975 y apparaît d'abord nettement (pour le meilleur ou pour le pire). On voit aisément que, de 1946 à 1975, la France a changé plus que de 1846 à 1946, et, à plusieurs points de vue, plus que de 1700 à 1946.

En effet, si la population totale a varié, en un siècle, de 1846 à 1946, un peu plus qu'en trente ans de 1946 à 1975, à l'inverse les autres éléments majeurs se sont modifiés davantage en ces trente ans, et parfois bien davantage. De même, de 1700 à 1946, la population totale a plus que doublé, alors qu'elle n'a été multipliée que par 1,3 de 1946 à 1973 ; mais cependant la nation de 1946 ressemble plus à celle de 1700 qu'à celle de 1975.

La France de 1946, quoique n'étant plus à 85 % rurale comme celle de 1700, l'est encore à près de 50 %. Alors que celle de 1975 ne l'est plus qu'au tiers, et que donc, les ruraux, longtemps majoritaires, sont devenus fortement minoritaires. En 1946, la population active agricole était encore les 65 % de ce qu'elle était en 1700 ; en 1975, elle n'est plus que les 27 % de ce qu'elle était en 1946.

Les chiffres marquent, de 1946 à 1975, une fantastique accélération des tendances antérieures. On s'en rend mieux compte encore en confrontant les chiffres horizontaux. Je viens de parler du taux d'urbanisation, en parlant de son inverse, la réduction de la

assidue à la statistique. A la limite, la science économique n'est et ne peut être que le commentaire rationnel des informations issues des statistiques.

3. Le chiffre fourni par le recensement de 1975 est 14,3 ; mais il n'est pas homogène à la série antérieure (définition restrictive). Nous donnons ici le chiffre de 17,2 qui résulte d'un « raccordement » critique, à notre avis correct : la population rurale a cessé de décroître à partir de 1967-1969.

4. La plupart des chiffres de cette ligne sont issus de l'étude collective intitulée « Une projection de l'économie française à l'horizon 1983 » publiée dans *Economie et statistique*, n° 100.

population rurale. Mais ce sont surtout les rapports des populations actives aux populations totales qui sont significatifs.

Pour fournir à la population ce qu'elle consomme, il faut, je l'ai déjà rappelé, du travail. En 1701, pour fournir aux 19 millions de Français les maigres consommations de l'époque, il fallait 14 millions de travailleurs. Chaque producteur n'avait donc en charge que $\frac{19}{14} = 1{,}36$ personne (lui-même et à peine plus d'un tiers d'autre en moyenne) ; c'est dire que 100 travailleurs ne pouvaient suffire à plus de 136 consommateurs. On comprend aisément pourquoi les enfants de 6 à 8 ans devaient « gagner leur pain ». En 1946, ce sont seulement encore 1,98 (écrivons plutôt : 2) personnes que chaque producteur « actif » prend en charge. En 1978 : 2,40. Ainsi, un gain de 45 % en 150 ans, suivi d'un gain de 20 % en trente ans, ce qui est un rythme triple [1].

Mais ce calcul ne tient pas compte (il ne le peut à lui seul) de l'énorme croissance du volume de la consommation par tête. C'est pourquoi le rapport de la population totale à la population active *agricole*, considérée seule, est plus suggestif pour les imaginations paresseuses.

Ici, le mouvement est en effet beaucoup plus « spectaculaire ». En 1700, 10 agriculteurs moyens nourrissaient fort mal 17 personnes ; en 1846, 25 seulement encore, mais un peu moins mal ; en 1946, 55. En 1975, 263. Le gain de 1846 à 1946 est de 1 à 2,2 ; de 1946 à 1975, il est de 1 à 4,8. Nous reviendrons sur ces changements fantastiques et sur leurs immenses conséquences.

Leur ampleur, de 1 à 13 en 150 ans, de 1 à 5 en 30 ans, en fait un trait majeur de l'évolution économique et sociale contemporaine. Comment pourrait-on comprendre ce qui arrive et au monde rural, et à

1. 20 % chaque trente ans font en effet 44 % en 60 ans, et 149 % en 150 ans.
Si l'on compare 1846-1946 avec 1946-1975, on trouve 23 % en 100 ans, contre 20 % en 30 ans, rythme également un peu plus que triple.

l'ensemble de la France, si l'on n'a pas médité les chiffres du *tableau 10* [1].

***

3. *Le niveau de vie*

Enfin, le tableau des éléments majeurs de l'évolution économique et sociale (*tableau 6, p. 36*), se termine par deux indices caractéristiques de l'objectif

TABLEAU 10

Nombre de personnes nourries par personne active dans l'agriculture (calcul brut [2]), 1700-1975

Date	**Nombre de personnes nourries (millions)**	**Nombre de travailleurs dans l'agriculture (millions)**	**Nombre de personnes nourries par 10 travailleurs**
Vers 1700	19	11	17
Vers 1800	27,5	13	21
1840-50	35	14	25
1872-80	37	13	28
1901	38,9	11	35
1931	41,8	7,6	55
1946	*40,5*	*7,4*	*55*
1968	49,8	3,0	165
1975	52,7	2,0	260

1. C'est pourtant ce que font les auteurs de *L'Histoire de la France rurale* dont j'ai parlé plus haut — et nombre d'autres publicistes.

2. Les mots « calcul brut » signifient que les nombres de la dernière colonne sont les quotients de la population totale par la population active, sans correction pour le travail indirect des producteurs de machines, d'énergie mécanique, d'engrais, ni pour les mouvements du commerce extérieur, ni pour les volumes et qualités des aliments. Nous en reparlerons plus loin.

majeur de toute activité économique : la capacité de consommation des citoyens. Le niveau de vie national (revenu national moyen réel par tête de population), après une baisse profonde au cours de la guerre et dans les années suivantes, se trouve en 1975 au triple de sa valeur de 1938, tandis que les salaires horaires les plus faibles (femmes de ménages en province) ont dépassé le quadruple.

Ces faits seront étudiés en détail au chapitre V[1].

1. Ils sont aussi l'objet de notre livre *Pouvoir d'achat, prix et salaires*, coll. « Idées », n° 374. Gallimard.

CHAPITRE II

La vie, la santé, le calendrier démographique de l'homme moyen

1. *La vie*

La France d'aujourd'hui a 55 millions d'hectares et sa population approche de 55 millions de personnes. Les hommes de ma génération ont appris à l'école que la densité de la France était de 75 habitants par km² ; elle est donc de 100 aujourd'hui. Cette croissance du tiers (multiplication par 1,33) a été entièrement acquise en 30 ans, de 1946 à 1975 ; en effet, dans les frontières actuelles, la France avait atteint les 40 millions dès 1891, et le chiffre du recensement de 1946 était encore de 40 millions, tandis que 1975 a donné 53 millions.

TABLEAU 11

Nombre de survivants de 40, 65 et 80 ans

	Naissances	à 40 ans	à 65 ans	à 80 ans
XVIIIe siècle	1 000	400	140	50
Aujourd'hui :				
Femmes	1 000	965	850	523
Hommes	1 000	937	689	277

Sources : *Annuaires statistiques de la France.*

Nous allons voir que c'est de 1954 à 1975 que la hausse a été la plus vive, qu'il y a depuis lors un ralentissement sensible, et que la tendance 1975-1985 semble ne devoir être que très lentement croissante (*voir graphique p. 280*).

*
* *

Le nombre total de la population appelle quelques remarques. Pendant des siècles, le territoire actuel de la France n'a pu, malgré la très forte natalité, dépasser 20 à 22 millions d'habitants. Cela tient au fait qu'avec les techniques de l'époque, un hectare de terre arable ne pouvait fournir que l'aliment minimum vital de plus de 0,5 personne ; autrement dit, il fallait 2 ha en culture pour nourrir (très mal) 1 personne ; la France ayant 55 millions d'ha, mais seulement 40 cultivables, ne pouvait donc dépasser de beaucoup les 20 millions d'habitants [1]. Ce maximum semble avoir été atteint trois fois, de l'an 1000 au XVIIIe siècle. Une première fois dans les années 1300-1340, une seconde fois de 1560 à 1630, une troisième fois de 1680 à 1709. Mais chaque fois, la fragilité de ce maximum fut marquée par un très faible niveau de vie des salariés et des paysans non propriétaires de leurs terres, et par de fortes rentes foncières ; surtout, ce « monde plein », où la campagne apparaissait « prospère » au voyageur (parce que les terres les plus pauvres étaient cultivées), était ravagé par des famines et des épidémies plus ou moins atroces. La densité de population étant alors portée au maximum compatible avec la récolte moyenne, il suffisait de conditions climatiques inférieures à la moyenne pour provoquer une *disette ;* lorsque plusieurs *mauvaises* années se suivaient, et (ou) lorsque la récolte tombait à des niveaux de l'ordre de la moitié de la moyenne (ce qui arrivait tous les neuf ou douze ans), la disette de subsistance se transformait en *famine,* mort d'hommes par la faim. De toute manière, dans un peuple excessivement sous-alimenté, la nuptialité et la fécondité s'abaissent, la résistance aux maladies s'effondre, les migrations de « pauvres

1. Ce fait très simple est ignoré de beaucoup de nos savants historiens, qui constatent la barrière des 20 à 22 millions d'habitants, mais s'essoufflent à l'expliquer par des facteurs secondaires.

mendiants » déclenchent des « contagions » catastrophiques.

Un texte de Georges Douart, écrit vers 1958, évoque cette atmosphère économique et sociale qui est encore celle de plusieurs pays du tiers monde. L'auteur, jeune ouvrier engagé dans les chantiers internationaux pour construire la maison des autres, a pu vivre, en travaillant, de la vie même de l'Inde.

OPÉRATION AMITIÉ [1]

« Si vous étiez né Indien...

« Imaginez un petit peu, ça ne coûte rien... Votre mère vous aurait mis au monde dans un coin de la cabane, allongée sur un tas de guenilles. Le cordon ombilical, on vous l'aurait coupé avec un tesson de bouteille ou un couteau rouillé. On vous aurait appelé Raj. A sept ans, votre mère vous ficelle un vieux torchon autour des hanches : finis les jeux insouciants dans la poussière et le soleil. Vous êtes un petit homme, on vous envoie aider votre père aux champs et garder les chèvres. Il n'y a pas d'école pour les petits paysans indiens : vous ne savez ni lire ni écrire... et encore heureux que vous soyez en vie : la moitié de vos petits copains d'enfance sont déjà dans l'autre monde. Il vous reste à peu près une vingtaine d'années devant vous et il s'agit de vous dépêcher si vous voulez en profiter un peu.

« A quinze ans, on vous marie avec une fille de treize, et vous voilà bientôt père de famille ; vous l'aimez bien votre petit Profulla, vous en êtes fier, mais tant de maladies et de maléfices rôdent. Un jour, il reste allongé dans un coin de la hutte, et vous êtes là à vous morfondre, impuissant, ne sachant que faire. Pas de docteur ni de médicaments. Malgré l'aide des voisines, malgré les prières, les herbes et les tisanes, votre gosse, il crève là, sous vos yeux, d'on ne sait quoi.

« Et vous continuez à exister. Vêtu d'un simple pagne, miné de paludisme, toujours à la merci des bêtes fauves, abruti de chaleur et de faim, vous grattez quand même votre lopin de terre, bienheureux encore si vous en avez un. Et si la mousson a tardé, votre unique repas disparaît. Dans votre tanière en torchis, vous avez faim, vos gosses ont faim, votre femme a faim, toute leur vie ils auront faim et vous les voyez se décharner sous vos yeux, vous voyez mourir à petit feu les deux enfants qui restent des cinq ou six que votre femme a mis au monde.

1. Plon, éd.

« Mais ce n'est pas fini : l'usurier, le propriétaire veulent encore vous soutirer de l'argent, reprendre votre terre. Votre foi inébranlable, votre courage tranquille vous aident à surmonter toutes ces épreuves.

« Vous arrivez à vingt-sept ans. Vingt-sept ans ! Et c'est fini. Epuisé par la dysenterie et mille autres maux, vous cessez de souffrir. »

Les périodes de « monde plein » n'étaient donc ni heureuses, ni stables. Ces années de misère, hachées par les disettes et les famines, se terminaient normalement, hélas ! par des effondrements où manque de nourriture, épidémies, guerres et rapines, crises politiques, se conjuguaient tôt ou tard inéluctablement. Alors le nombre des hommes quittait les zones de maximum, et la dure humanité réduite en nombre, mais biologiquement améliorée par cette sélection naturelle, commençait un nouveau cycle [1]. A un moment où la France et, de manière générale, la terre tout entière forment un « monde plein » de plus de 4 milliards d'hommes, nourris, et quelques-uns très bien, par des techniques hautement efficaces et complexes, il ne me semble pas inutile de rappeler la fragilité de la condition humaine.

*
* *

La population française, que 18 millions d'hectares labourables et 14 millions d'hectares de prairies suffisent largement à nourrir aujourd'hui, d'une nourriture à forte composante carnée [2], a donc été multipliée par 1,33 en 30 ans. Cet accroissement global d'environ 13 millions d'âmes, est dû pour 9 millions environ à la supériorité de la natalité sur la

1. Les historiens d'aujourd'hui pensent que le « plein » de 1340 a été suivi d'un « creux » dont le fond a été atteint vers 1430 avec seulement 10 millions d'hommes. Après le nouveau maximum de 1560-1620 (20 à 22 millions) on retrouve 18 millions en 1632-1635, puis peut-être 21 vers 1700. Enfin la famine de 1709 fait mourir en un an 2 millions de personnes. Elle fut la dernière grande famine française. De sorte que l'on peut dater de 1710 l'ère des techniques modernes.

2. Pour produire 1 000 calories sous forme de viande, il faut de 2 à 3 fois plus de surface agricole que pour les produire sous forme de céréales.

mortalité, et pour le reste, 4 millions, à l'excédent des immigrants sur les émigrants [1].

Aujourd'hui, le nombre des étrangers résidant en France, et donc comptés dans « la population française » (on devrait dire : la « population de la France ») approche 3 millions et demi, quoique quarante mille étrangers environ acquièrent chaque année la nationalité française. Les étrangers forment ainsi 6,5 % de la population totale de la France ; mais 8,8 % de la population active *salariée*. Des 1 584 000 étrangers actifs, 770 000 sont O.S. ou manœuvres [2].

L'accroissement global de 13 millions d'âmes est donc dû pour 9 millions à l'excédent des naissances sur les décès, que l'on appelle « accroissement naturel ». Cet accroissement tient à la réduction de la mortalité générale, tombée de 15,3 ‰ en 1935-1937, et 13,1 ‰ en 1946-1950, à 10,6 en 1971-1975. La réduction de la mortalité infantile surtout a été l'un des grands triomphes de la période (*voir graphique* p. 281). De l'ordre, au XVIIIe siècle, de 300 décès au cours des premiers 365 jours, pour mille enfants nés vivants, le taux de la mortalité infantile était encore de 160 ‰ en 1900, de 71 en 1935-1937 ; il remonta jusqu'à 114 en 1945, pour la grande honte du premier gouvernement de la Libération [3]. Il est de l'ordre de 25 depuis 1961, inférieur à 20 depuis 1970, et fut en 1975 de 13,8. Voilà sans conteste le progrès le plus humain qu'aient réalisé les hommes.

Mais la réduction de la mortalité des jeunes, si forte qu'elle ait été, n'aurait pas suffi à engendrer une telle croissance démographique, si les taux de natalité étaient restés ce qu'ils étaient en 1935-1937. En fait, 1946 et les années postérieures virent un brillant renouveau de la fécondité des femmes. Le nombre annuel d'enfants nés vivants pour 100 fem-

---

1. Environ un million de ces *immigrants* sont des rapatriés d'Afrique du Nord et sont entrés en 1962 et 1963. Le solde migratoire annuel, supérieur à 100 000 de 1955 à 1973, est tombé à 25 000 en 1975.

2. Cf. *Economie et statistique*, n° 91. Nous reviendrons plus loin sur ce sujet.

3. Sous l'Occupation, les taux étaient restés compris entre 75 et 82.

mes de 15 à 49 ans, bondit de 8,9 en 1935-1937 à 12,6 en 1946-1947. Ce n'était pas seulement un « rattrapage » des stérilités forcées, puisque le taux reste supérieur à 11,6 jusqu'en 1965 et à 10,2 jusqu'en 1972. Il est ensuite tombé à 9,9 et à 9,1.

La démographie est un art délicat. Il faut de longs calculs pour passer des chiffres qui précèdent (et qui exigent déjà des dépouillements attentifs), à ceux qui précisent les taux de croissance qui en résulteraient pour une population de structure par âge stable, si ces taux s'y trouvaient durablement maintenus. De tels calculs sont pourtant possibles ; on donne aux taux qui en résultent les noms de « taux de Lotka » ; ils font apparaître qu'avec la fécondité de 1946-1950 la France pouvait voir croître sa population de 1 % par an. Avec les taux de 1974, elle la voit décroître de 1 ‰ [1]. Pis encore, le nombre d'enfants par femme tombe aujourd'hui (1978) en France nettement au-dessous de 2, nombre nécessaire au remplacement des générations, puisque les garçons aussi naissent d'une femme. En 1946-1950 le taux de remplacement ou de reproduction était remonté à 1,32 contre 0,9 en 1935-1937. Il retombe aujourd'hui à 0,9.

Ce n'est donc pas l'allongement de la vie moyenne qui fait la croissance démographique, c'est la fécondité instinctuelle ; lorsque l'instinct s'apaise, la volonté peut-elle s'y substituer ? Nous reparlerons plus loin de ces problèmes, qui commandent la survie, sans quoi tous les autres cessent de se poser.

*
* *

L'allongement de la vie moyenne n'en est pas moins, aussi longtemps que la vie se perpétue, un facteur majeur qui lui-même commande tous les autres. Pour avoir un niveau de vie, un pouvoir d'achat, un genre de vie, il faut, nous le disons souvent, d'abord être vivant.

---

2. Croître de 1 % par an, c'est doubler en 75 ans. C'est ce que font de très nombreuses nations dans le monde d'aujourd'hui : beaucoup doublent bien plus vite, en 25 ans, en 30 ans... De sorte que la population mondiale croît aujourd'hui au rythme du doublement en 40 ans.

On sait que, d'après les célèbres statistiques de Duvillard, l'espérance de vie à la naissance était de l'ordre de 29 ans en France au XVIIIe siècle ; encore ces statistiques furent-elles établies sur une période sans famine et même sans disette grave. On sait aujourd'hui que l'espérance de vie « traditionnelle », c'est-à-dire la durée moyenne de vie des enfants nés vivants, n'excédait pas en moyenne 25 ans. Cette vie moyenne était montée à 55 ans en France avec la mortalité de 1898-1903, et à 59 ans selon la mortalité 1933-1938, précédant la guerre. Elle est de 73 ans selon la mortalité de 1974-1975, fin de la période que nous étudions.

Cet allongement de la vie moyenne est surtout dû à la réduction de la mortalité infantile ; c'est pourquoi il a longtemps peu bénéficié aux personnes déjà parvenues aux âges élevés. Mais aujourd'hui, le gain est devenu sensible pour tous les âges, quoique la vie *maximale* soit restée fixe. Par exemple, avec la mortalité de 1933-1938 il ne restait en moyenne que 44 ans à vivre à un Français de 20 ans, aujourd'hui 51. Les femmes ont gagné plus encore, 10 années de vie, de 48 à 58. Les Françaises de 60 ans révolus mouraient en moyenne à 72 ans selon les tables de Duvillard, à 76 ans selon les tables de 1933-1938, à 81 selon les tables de 1970-1974.

Sur 1 000 femmes nées vivantes et soumises à la mortalité d'aujourd'hui, 965 parviennent à 40 ans, 850 à 65 ans et 523, donc plus d'une sur deux, à 80 ans. Les faits pour les hommes sont un peu moins brillants (937-689-277). Mais il faut se rappeler que, pendant des milliers d'années, ces chiffres furent 400-130 et 50.

Comparez ces chiffres !

***

Une des conséquences de cet allongement de la vie moyenne est évidemment l'accroissement du nombre des vieillards, que d'ailleurs et curieusement on semble refuser aujourd'hui d'appeler vieillards (de même qu'ont presque disparu les mots « aveugle », « sourd », « muet », « fou », « agonisant » ou même « malade » ou « cancre », comme si la suppression du mot supprimait la chose). Ainsi, de 1946 à 1975, tandis que la population totale s'accroissait dans la proportion de 100 à 132, le nombre des vieillards (65 ans et plus) était multiplié par 1,72, passant de 4 355 000 à 7 499 000.

TABLEAU 12

Nombre de personnes âgées de 80 ans et plus, en 1856, 1946 et 1975 [1]

Date	H	F	T	Coefficient de croissance
1856	100	132	232	
1946	181	355	536	2,31
1975	415	1 052	1 467	2,74

Mais, on s'en doute, le nombre des grands vieillards s'est accru plus encore. En 1856, il n'y avait en France que 100 000 hommes et 132 000 femmes ayant 80 ans et plus ; en 1946, 181 000 hommes et 355 000 femmes. En 1975, ces nombres sont devenus 415 000 et 1 052 000, soit une multiplication par 2,29 et 2,96. Sur le total de 1 467 000 âmes, la croissance est de 100 à 274, tandis que de 1856 à 1946, donc en 90 ans, elle n'avait été que de 232 à 536, soit de 100 à 231 [2].

On voit que les femmes âgées étaient déjà plus nombreuses que les hommes en 1856, mais aujourd'hui, l'écart atteint celui de 1 à 2,5. Cela est lié au fait, dont nous avons parlé ci-dessus, que l'espérance de vie des femmes est, à tous les âges, supérieure à celle des hommes. Voilà une inégalité entre les sexes dont Mme de Beauvoir ne parle pas ; j'aimerais savoir si elle considère cette inégalité comme due à la domination des hommes qui imposent aux femmes

1. En milliers.
2. Il est à noter que les évaluations courantes sous-estimaient de beaucoup, depuis 1960 et jusqu'au recensement de 1975, le nombre de personnes âgées. Par exemple, le recensement a trouvé 875 000 personnes dans « la tranche » d'âge 80-84, alors que le « mouvement de la population » ne donnait que 790 500. Cf. *Annuaire statistique, 1977*, p. 29 et p. 246.

de vivre plus longtemps qu'eux *afin de les mieux servir.*

Quoi qu'il en soit, les inégalités d'effectifs s'accroissent avec l'âge ; il y a en France 5 600 hommes de plus de 95 ans et 22 400 femmes, soit exactement 4 fois plus (une logique sûre d'elle-même en conclura que chaque homme a quatre femmes à son service). Ce sont au total 28 000 personnes, ce qui est évidemment très peu, mais elles n'étaient qu'un peu plus de 3 000 en 1946, soit 9 fois moins.

Le nombre des centenaires est resté infime en France jusqu'à la moitié du XXe siècle. La statistique générale de la France ne s'est risquée que très récemment à publier le nombre des personnes centenaires ; quoiqu'il fût très faible, il était en effet gonflé de déclarations inexactes. C'est pour l'année 1968 que je trouve pour la première fois le nombre de centenaires : 1 109 dont 117 hommes et 992 femmes [1]. Au 1er janvier 1975, le total est devenu 3 709 soit une multiplication par 4 en 7 ans [2] !

Le centenaire est donc beaucoup moins rare que naguère ; le mort le plus âgé de France, dont l'état civil soit authentique, reste une femme décédée à 109 ans et 11 mois dans l'Ardèche en 1954. Mais il est sûr que ce record sera prochainement battu, car plusieurs personnes de 110 ans sont aujourd'hui vivantes en France. Le record mondial sérieusement contrôlé de longévité appartient depuis 1928 à une Américaine avec 113 ans 214 jours. Un Canadien français décédé en 1815 avait vécu 90 jours de moins [3].

Roland Pressat a appelé l'attention des Français sur les soins matériels et affectifs qu'appellent les vieillards et surtout, évidemment, les grands vieillards.

On a vu plus haut qu'il est né un peu plus de 800 000 enfants chaque année en France, de 1946 à 1974. Ce seront, avec la mortalité actuelle et d'après

1. *Annuaire statistique, 1970-1971*, p. 17.
2. *Annuaire statistique*, p. 29. Le chiffre paraît pourtant inférieur à la réalité (voir note de la page précédente).
3. Voir *Quid ?* 1978, p. 1227 et Alfred Sauvy, *Coût et valeur de la vie humaine*, ch. 14, « Les limites de la vie humaine », Hermann, 1977.

les chiffres indiqués en début de chapitre, à partir de 2 026, des promotions annuelles de plus de 350 000 octogénaires...

Etrange inconscience que celle de ces générations qui, aujourd'hui en âge de procréer, refusent d'engendrer en nombres suffisants ceux sans lesquels leur vieillesse ne peut être que mesquine et morne, voire misérable !

*
* *

Il y a toujours eu une inégalité devant la mort. La vie moyenne est aujourd'hui de 73 ans, mais quantité d'enfants meurent à quelques mois ou à quelques années, d'autres dans l'adolescence ; et à l'inverse des hommes atteignent 95 et 100 ans ; la vie moyenne est de 73 ans, mais la vie moyenne des mâles est de 69 ans et celle des femmes de 77.

Sans doute, *la garde qui veille aux barrières du Louvre* n'en a jamais défendu nos princes, cependant la mortalité majeure des temps traditionnels ne frappait que les pauvres, les *prolétaires* au sens banal du terme (celui qui n'a pas de réserve). L'époque traditionnelle ne connaissait pas le prolétariat, parce que les prolétaires ne pouvaient pas subsister, ne survivaient pas aux famines. De sorte que nous sommes tous les fils, non de générations de misérables, mais de privilégiés (détenteurs de terres, de moyens de production, métayers), quoique très pauvres.

Le premier résultat de l'évolution a donc été de supprimer l'inégalité la plus dure, celle qui faisait mourir. *Les misérables,* sans postérité possible à l'échelle des grands nombres, ont pu devenir des pauvres, cette classe sociale que Karl Marx a nommée « prolétariat », et qu'il a cru *appauvrie* par les débuts du capitalisme, alors qu'elle fut en fait *créée* par lui, par la résorption des famines et la possibilité de subsistance de ceux qui, auparavant, ne subsistaient pas.

Mais il est clair que ces prolétaires ne sont pas devenus riches du seul fait qu'ils ne mouraient plus de faim ; de même, il ne faut pas s'attendre à ce que leur espérance de vie ait pu monter instantanément à 50 ou 73 ans ! Dans ses célèbres observations sur la ville de Mulhouse de 1823 à 1834, mon illustre confrère Villermé écrit que, dans la classe des ouvriers les plus pauvres, les « simples ouvriers des filatures », un enfant sur deux meurt avant son premier anniversaire, tandis que dans la haute bourgeoisie, la mortalité infantile n'est que 237 pour 1 000.

On serait horrifié aujourd'hui par la mortalité des hauts privilégiés du Mulhouse de 1830. Dans les quartiers les plus déshérités des grandes villes les plus mal classées au palmarès de la santé (Lille, Marseille...), la mortalité infantile ne dépasse pas aujourd'hui 25 ‰, le dixième de ce qu'il en était à Mulhouse dans les classes dirigeantes, les deux centièmes des taux des pauvres fileurs...

L'inégalité sociale devant la mort s'est donc considérablement réduite ; elle n'est toutefois pas annulée. Nous voudrions donner pour 1946 et 1975 des chiffres analogues à ceux de Villermé. Hélas ! les meilleurs modèles des sciences humaines sont encore moins suivis que ceux des sciences physiques, et, malgré la prolifération des chercheurs appointés par le CNRS et l'Université, on attend encore de tels dépouillements... Ici encore, l'INSEE a sauvé son honneur en publiant deux articles sur le sujet, mais deux seulement [1] ! Ces articles couvrent la période 1955-1965, déjà ancienne, et ne permettent la comparaison ni avec 1946, ni avec 1975.

On ne peut donc connaître l'évolution récente de la mortalité différentielle, mais seulement la situation moyenne de l'ensemble des années 1955-1965.

Il apparaît que, des 17 groupes socioprofessionnels étudiés par les chercheurs, ce sont les instituteurs qui ont la plus faible mortalité, suivis de près par les professions libérales, professeurs et cadres supérieurs considérés ensemble. A l'opposé ce sont les manœuvres qui ont la plus forte mortalité (4,1 ‰ à 35 ans, la moyenne nationale étant 2,75 pour cette période). Avec la mortalité de cette période donc,

1. « A 35 ans, les instituteurs ont encore 41 ans à vivre, les manœuvres 34 ans seulement », par Guy Desplanques, *Economie et statistique*, 1973, n° 49. L'étude antérieure (1955-1960) a pour auteurs G. Calot et M. Febvay et a été publiée dans *Etude et Conjoncture* de novembre 1965.

sur 1 000 vivants à 35 ans, il en mourait 669 avant 75 ans chez les manœuvres, seulement 428 chez les instituteurs, et 445 chez les cadres supérieurs. Le fait que les instituteurs arrivent en tête du palmarès, tandis que les commerçants et artisans sont mal placés, montre que la mortalité se différencie par niveau socioculturel, plutôt que par niveau de revenu (niveau socio-économique) ; il serait d'ailleurs étonnant que les cadres supérieurs, qui *a priori* savent faire correctement des tâches professionnelles difficiles, ne sachent pas mieux se soigner et avoir une meilleure hygiène que les manœuvres et les O.S.

Il nous suffit, pour prendre conscience du changement prodigieux de la condition humaine, de rappeler qu'en 1830 le taux de mortalité pour l'ensemble de la population française était de 11,5 ‰ (contre 4 donc chez les manœuvres aujourd'hui), et que Villermé a observé à Mulhouse que, sur 100 manœuvres de 20 ans, 96 mouraient avant leur soixantième anniversaire, tandis que sur 100 cadres supérieurs et chefs d'entreprise, il n'en mourait que... 22.

*
* *

Nous devons donc conclure ces informations générales sur *le mouvement naturel* de la population française en écrivant que la durée moyenne de vie des Français s'est radicalement allongée depuis la millénaire période traditionnelle, et qu'ainsi la condition humaine s'est radicalement transformée. De plus, la période 1946-1975 a joué un rôle décisif dans l'affaire en accélérant et, peut-on dire presque, en achevant l'évolution. On approche, en effet, de la situation où les gains de longévité seront de plus en plus consommateurs de travail humain (par les soins complexes, les machines et les drogues qu'ils exigeront), et de moins en moins sensibles à l'échelle des grands nombres (exemple bien net de la mortalité infantile : on vient de gagner, en 30 ans, 60 vies humaines sur 1 000 naissances, mais on ne peut plus en gagner que 14 au maximum dans l'avenir du monde).

Par ailleurs, les hommes sans patrimoine ne pouvaient parvenir à se reproduire et donc à former une classe sociale avant 1820. Non seulement ils le peuvent aujourd'hui, mais encore leur situation démographique, au début évidemment dramatiquement précaire, et radicalement distante de celle des classes possédantes et dirigeantes, n'en diffère aujourd'hui que par quelques points pour mille par an, et ainsi se rapproche très rapidement de la moyenne nationale.

Ce n'est donc plus, pour aucune classe sociale, la mortalité, qui met en question la reproduction. C'est la natalité. Et ainsi les classes les plus pauvres, ayant une natalité plus forte que la moyenne, ont une croissance naturelle plus forte que les classes riches.

Sur ces points également, les informations sont rares... Je ne trouve qu'une seule étude (Gérard Calot, *Population*, mars-avril 1972) et portant sur une seule enquête, réalisée en 1962.

Ce sont les salariés agricoles qui avaient le plus d'enfants par famille (3,45), suivis par les manœuvres du secteur privé (3,26), les O.S. (3,17) et les agriculteurs exploitants (3,11). La moyenne nationale était 2,73. Les industriels et gros commerçants étaient à 2,52, ainsi que les cadres supérieurs (2,50) ; les « techniciens » fermaient le ban avec 2,11. Une autre statistique corroborait ces informations, le nombre moyen d'enfants nés au cours des dix premières années de mariage était (toujours d'après l'enquête de 1962) de 2,86 chez les salariés agricoles et de 2,38 chez les ouvriers, contre 1,86 chez les patrons de l'industrie et du commerce.

Ainsi, les classes socioprofessionnelles à bas revenus se reproduisent surabondamment, tandis que les classes à hauts revenus ne s'accroissent que par les promotions venues d'en bas ; le solde des évasions par le haut réduit au contraire les effectifs des manœuvres.

A l'inverse, en situation traditionnelle, les classes misérables ne pouvaient se reproduire. Elles n'étaient formées que par les cadets en surnombre issus des classes pauvres et moyennes, liés à un patrimoine (petits propriétaires, métayers, tenanciers). Dans les années les plus favorables (« monde plein »), ces cadets survivaient au-delà de ce qui était nécessaire au remplacement des familles qui leur avaient donné naissance. Mais, le territoire étant fixe, ils ne trouvaient pas de terre qui pût assurer leur subsistance dans les mauvaises années. Ils disparaissaient donc au cours des épidémies et famines. Un nouveau cycle recommençait avec les années de meilleure récolte. Ce processus n'a pas été clairement décrit par les historiens.

2. *La santé, les services de santé*

L'allongement de la vie moyenne a évidemment parmi ses causes la qualité et l'abondance des services de santé (médecine, chirurgie, pharmacie, dentisterie, hôpitaux...), nous verrons d'ailleurs plus loin que cette cause, nécessaire, est loin d'être suffisante. Inversement, la croissance des services de santé est la conséquence nécessaire à l'allongement de la vie moyenne, car il est clair que ces hommes et ces femmes, qui seraient morts prématurément dans les conditions traditionnelles, ne sont pas nécessairement pour cela assurés de vivre sans soins jusqu'à leur centième année ; au contraire, beaucoup exigent une attention particulière, et d'autant plus qu'ils avancent en âge. Ainsi l'humanité, en s'affranchissant de la sélection naturelle, s'engage de plus en plus dans les voies de *l'artefact*.

*
* *

TABLEAU 13

Nombre de médecins, dentistes et pharmaciens en 1911, 1946 et 1975 [1]

	1911	1946	1975
Docteurs en médecine	20	29	81
Dentistes	2,8	9	26
Docteurs en pharmacie ..	11,6	12	31,5

Sources : *Annuaire statistique 1966*, p. 123 ; *Annuaire statistique 1977*, p. 82.

Le *tableau 13* montre quel bond fantastique a fait, de 1946 à 1975, le nombre de médecins établis en France. De 1911 à 1946, ce nombre avait été multiplié par 1,4 en 35 ans ; de 1946 à 1975, en 30 ans, il l'a été par 2,8.

Mais plus encore que leur nombre, l'efficacité des

1. En milliers.

médecins s'est accrue. Ceux de 1911 avaient peu de pouvoir, à peine plus, sauf pour quelques maladies exceptionnelles, que les médecins de Molière. Aujourd'hui, un grand nombre de maladies cèdent devant la technique médicale et chirurgicale ; *à l'échelle des grands nombres*, on peut dire que seules deux « maladies » n'ont pas cédé : le cancer et la vieillesse.

Le nombre de médecins, pour 1 000 habitants, était de 5 en 1920, de 7 en 1946, de 15 en 1975 ; les étudiants en cours d'étude annoncent plus de 18 en 1980.

Le personnel dit « paramédical » était peu nombreux et mal recensé jusqu'au cours des années cinquante ; on ne trouve donc pour les dates anciennes que des chiffres peu sûrs. Aujourd'hui, au 1er janvier 1975, l'INSEE annonce 358 000 personnes dans ces professions.

Les infirmiers et infirmières comptent dans ce chiffre pour 188 000, contre 122 000 en 1964, et leur nombre a augmenté de 15 700 au cours de l'année 1975.

*
* *

Ce dénombrement des médecins est un bon indice de la consommation de soins médicaux en France. En admettant 2 000 h de travail par an en 1975 comme en 1946 (car si la plupart des médecins salariés travaillent moins, la plupart des médecins « libéraux » travaillent plus), cela donne par habitant et par an :

> 1 h de consultation par an et par personne en 1920 ;
> 1 h et demie de consultation par an et par personne en 1946 ;
> 3 h de consultation par an et par personne en 1975,

avec, on vient de le dire, une efficacité non chiffrable de l'heure de consultation, mais très fortement croissante, et décisive, car des heures d'examen et de soins, hier, ne parvenaient pas à sauver des hommes que cinq minutes de diagnostic sauvent aujourd'hui.

Trois heures de consultation médicale par personne et par an, soit six séances individuelles d'une demi-heure, cela peut paraître énorme et surabondant pour un adulte bien portant, à qui suffit certainement une (ou au plus deux) consultation de contrôle par année. Mais bien sûr, la moyenne tient compte des malades, des précaires, des personnes âgées...

Ce n'est que depuis peu d'années que des informations étendues et sûres sont données sur les consommations médicales des Français. Des enquêtes détaillées ont en effet été faites en 1960 et en 1970. De 1970 à 1975 certains facteurs ont été suivis [1]. Ce n'est donc que la moitié de notre période qui est ainsi couverte, mais au moins l'est-elle. Nous ne pouvons retenir ici de cette abondante information que quelques traits. D'abord (on s'en doute aisément, mais autre chose est de savoir), la consommation médicale est très inégale d'une personne à une autre. L'âge et le sexe sont à cet égard des facteurs dominants. L'enquête de 1970 a apporté des évaluations précises en ce qui concerne surtout la « médecine de ville » (que les auteurs distinguent de la « médecine d'hôpital »). Les femmes sont à tous les âges, sauf au-dessus de 70 ans, plus fortes consommatrices que les hommes ; entre 20 et 30 ans, elles dépensent deux fois plus qu'eux ; entre 30 et 40 ans, une fois et demie. Par ailleurs, la dépense médicale est minimale de 3 à 20 ans, les moins de trois ans consomment à peu près autant, par tête, que les 20 à 40 ; ce sont les 70 à 80 ans qui consomment le plus ; l'échelle est à peu près la suivante, si l'on prend pour unité la moyenne nationale :

3 à 20 ans : 0,5
Moins de 3 ans et 20 à 30 : 0,9
40 à 60 : 1,2
60 à 70 : 1,7
50 à 60 et 80 et plus : 1,3.

Les auteurs de l'enquête pensent, avec raison je crois, que les dépenses des « 80 ans et plus » sont plus faibles que celles des 60-70 ans, non parce que

1. Y. Lemel et A. Villeneuve, *Les consommations médicales des Français*, collections de l'INSEE, M. 57, 1977. S. Sandier et F. Tonnelier, « Les soins médicaux de 1970 à 1975 », *Economie et Statistique*, n° 90.

leurs besoins sont effectivement plus faibles, ni parce que les remboursements sociaux sont moindres, mais parce que les habitudes et les informations de ces grands vieillards sont plus restreintes. Ces mêmes phénomènes jouent pour les inégalités entre catégories socioprofessionnelles, qui, personnes âgées exclues, vont du simple au double, quoique la Sécurité sociale donne à tous les mêmes droits (salariés agricoles : 205 F de dépense par an en 1970 ; cadres supérieurs : 389 F).

***

Globalement, la « dépense médicale de ville » par tête de population, est passée de 135 F de 1960, en 1960, à 320 F de 1970, en 1970. En divisant ces nombres par les indices de prix de ces services et des fournitures qui les accompagnent, on trouve que la consommation médicale « réelle » « de ville », par tête, a été multipliée par 1,5 en 10 ans ; et la consommation de produits pharmaceutiques, par 1,8. D'autre part, de 1970 à 1975, le « volume physique » de la consommation médicale globale par tête a, à nouveau, crû de 25 % environ ; de sorte que le mouvement est de l'ordre du doublement en 16 ans ; la qualité en plus...

3. *Le calendrier démographique de l'homme moyen*

Il reste à évoquer ce que ces changements ont été pour l'homme moyen, considéré dans sa vie individuelle, dans sa personnalité. C'est ce à quoi peut contribuer ce que j'appelle le *calendrier démographique de l'homme moyen,* tableau des événements, des étapes et des durées de l'avènement de la vie, de la reproduction et de la mort...

Pour saisir l'intensité et la portée des changements, il faut évidemment confronter au moins deux états, disons celui de 1946 et celui de 1975. Mais, ici, nous en comparerons trois, la conscience de la situation millénaire traditionnelle étant particulièrement nécessaire à la compréhension de l'ensemble.

TABLEAU 14

Le calendrier démographique du Français moyen [1]

	Au XVIIIe siècle		1945-46		1975	
	H	F	H	F	H	F
Durée moyenne de la vie	25	26	62	67	69	77
Mortalité infantile pour 1 000 nés vivants	250	230	82	65	13	10
Age moyen au mariage	27	25	27	24	25	23
Nombre de personnes parvenant à cet âge, sur 1 000 nés vivants	425	440	880	920	964	979
Durée moyenne de la vie de chaque conjoint après son mariage	24	25	43	49	46	55
Durée moyenne du couple, s'il n'est pas rompu par divorce .	17		38		46	
Durée médiane du couple, s'il n'est pas rompu par divorce .	15		40		47	
Pourcentage de mariages dissous par divorce	0		10		19	
Nombre moyen de naissances, par famille où l'épouse parvient à 45 ans sans être veuve	6,5		2,3		1,8	
Age moyen où l'enfant moyen devient orphelin du 1er mourant de ses deux parents	14		36		40	

1. Les sources de ces chiffres sont :
« De la vie traditionnelle à la vie tertiaire. Recherches sur le calendrier démographique de l'homme moyen. » Revue *Population*, n° 3, 1959. *Annuaire statistique, 1977.*
Et, pour les chiffres récents, *Population*, n° 3, 1976, p. 632, et n° 2, 1978, p. 320.

Le premier élément du calendrier démographique de l'homme moyen est évidemment la durée moyenne de la vie. Nous avons déjà dit qu'elle était, pour les femmes, de 25 à 26 ans au XVIIIe siècle : de 67 ans en 1946 ; et de 77 en 1975. Le lecteur doit avoir bien saisi que ces chiffres résultent, pour chaque date, des taux de mortalité *du moment*, projetés à l'échelle d'une vie humaine entière. Il en sera de même pour tous les autres éléments des calendriers ; ils sont, pour chaque date, la synthèse, à l'échelle de la vie d'un homme, des taux de mortalité, de natalité, de nuptialité... *du moment.*

Le lecteur pourra lui-même, en réfléchissant sur les chiffres du tableau, prendre conscience des différences presque incroyables qui séparent la condition de l'homme moyen en 1975, de ce qu'elle était au XVIIIe siècle. Il doit aussi savoir que les choses n'ont changé que très lentement à partir de la fin du XVIIIe siècle, et que, jusqu'au milieu du XIXe, la condition populaire a très peu évolué. Je ne fais ici que quelques remarques, en prenant pour termes de comparaison une femme d'aujourd'hui et son aïeule née deux cents ans plus tôt. Appelons la seconde Marie, et la première Séverine.

Marie, robuste fille d'une portée de 7 enfants dont 2 sont morts au berceau et 2 autres avant leur vingtième année, a eu elle-même quantité de maladies, 30 à 40 mois de fièvre et de souffrance, mais en a triomphé. Elle avait 14 ans lorsqu'elle a perdu son père. Elle n'a connu aucun de ses grands-parents. Sa mère, restée veuve avec 3 enfants à charge, n'eut pour aide et soutien qu'un frère, lui-même chargé de famille.

Marie a commencé de gagner son pain à 8 ans en gardant des oies et des dindons, puis des moutons, enfin des porcs. A la mort de son père, elle est « louée » servante chez des paysans un peu moins pauvres. Elle a 20 ans quand sa mère, épuisée, la rappelle pour tenir la maison, où vivent, en outre de la mère et d'une vieille tante célibataire et impotente, les deux frères survivants de la jeune fille. La mère meurt quatre ans plus tard, quelques mois après le mariage de son aîné. Marie peut alors seulement songer à se marier ; elle éprouve alors la fidélité d'un prétendant, et, avec l'autorisation et l'encouragement de son frère aîné et de son oncle, se marie.

Elle a donc 25 ans. En quinze années, elle donne le jour à 5 enfants, nés vivants, et elle en voit mourir deux. Avec deux fausses couches, cela donne au moins 51 mois de grossesse et 120 mois d'allaitement. Son mari meurt le lendemain du quinzième anniversaire de leur mariage [1]. Elle est donc veuve avec trois jeunes enfants à charge. Elle mourra dix ans plus tard à 50 ans.

***

Séverine est la petite-fille de la petite-fille de Marie. Que sont cinq générations dans cette longue chaîne qui, à travers 50 000 ans, nous relie aux premiers *homines sapientes ?* et à travers deux ou six cent mille ans, aux hominiens dont beaucoup de gènes vivent encore en nous. Si Marie venait assister à la première communion de Séverine, elle serait la cinquième à sa droite dans la file de ces milliers de grand-mères.

Cependant Séverine n'a jamais entendu parler de Marie ; elle ne connaît ni son nom de baptême ni son nom de famille. A peine Séverine sait-elle le nom patronymique de ses deux grand-mères les plus proches !

Séverine a aujourd'hui 18 ans ; elle est « étudiante », du moins cela est son statut officiel. Son père, sa mère, son frère unique, ses quatre grands-parents sont encore vivants. Loin de craindre la mort de ses soutiens de famille, elle se sent exagérément choyée et courtisée et surveillée par ses six ancêtres, eux-mêmes toujours partagés entre l'amour possessif et la prétendue amitié (voire camaraderie) désinvolte. Elle ne commencera à les voir mourir que dans 4 ou 5 ans. Elle est déjà allée en Grèce, en Norvège ; elle a « fait » Rome, Tunis, Londres et Madrid. Elle a déjà eu un, voire deux, amis très intimes. Elle se mariera à 23 ans, aura un enfant soit dans les cinq

---

1. Quantité de beaux livres racontent ces destinées typiques, par exemple Georges-Emmanuel Clancier, *Le Pain noir*, Robert Laffont éd. 1973. Cf. J. et F. Fourastié, *Les Ecrivains témoins du peuple*, Coll. « J'ai lu », Flammarion, 2ᵉ éd., 1980.

mois, soit dans les trois ans. Ensuite ? qui sait ? Peut-être divorcera-t-elle ?

Mais si elle garde son mari, et même si elle a un second enfant de lui, à 45 ans elle sera entièrement dégagée des obligations maternelles, le plus jeune de ses enfants ayant dépassé 16 ans. A cet âge de 45 ans, où Marie, veuve et usée, seule survivante de sa génération et ainsi chef de famille, tremblait des intempéries qui ravagent les récoltes, et des épidémies qui ravagent les foyers, et voyait la mort inéluctablement proche, Séverine a encore devant elle 34 années de vie avec retraite, Sécurité sociale et peut-être institut de beauté.

*
* *

Naguère, la mort était au centre de la vie, comme le cimetière au centre du village ; aujourd'hui, la mort est exilée aux marges de la vieillesse. Naguère, l'homme, sans cesse menacé par la pauvreté et la maladie, vivait de ses parents ou pour ses enfants ; il était occupé à subsister et à faire subsister ses proches. — Aujourd'hui est donné, gratuitement, tout le nécessaire et une grande masse de superflu ; chaque être se croit autonome et ne cherche qu'en lui les buts et le sens de sa vie.

Or, ce sont les peuples pauvres qui ont l'ardeur de vivre, et qui chantent pendant le travail...

*
* *

Séverine à 75 ans aura meilleur physique que Marie à 35, déformée par les durs travaux, les fièvres, avec des cheveux gris, sa bouche édentée... Mais que dire de la personnalité morale, de la faculté d'aimer, d'admirer, de se dévouer, de croire, de s'émerveiller ?...

*
* *

Nous retrouverons plus loin ces questions graves. Leur importance ne nous empêche pas de considérer l'ensemble des faits évoqués dans ce chapitre : la condition des Français a changé d'une manière radicale en 150 ans, et les trente dernières années sont pour beaucoup dans ce changement. Natalité, mortalité, nuptialité, divorce, tout a changé si vite que la France de 1975 est aussi différente de celle de 1946 que Cessac l'était de Madère.

CHAPITRE III

La durée et la nature du travail
La structure de la population active

Nous avons vu que, malgré une consommation par tête très fortement croissante — nous décrirons et mesurerons plus loin cette croissance —, un nombre plus réduit de travailleurs suffit aujourd'hui à fournir aux besoins de 100 consommateurs, et notamment à assurer leur nourriture. On comprend ainsi, d'une part que la durée du travail puisse se réduire, et d'autre part que quantité de travailleurs qui cessent d'être nécessaires dans certains secteurs de production — comme l'agriculture — puissent être affectés à la production d'objets et de services que l'homme désire consommer, mais qui étaient hors de la portée des hommes du passé.

On ne s'étonnera donc pas que, de 1946-1949 à 1975-1978, la France ait vu se bouleverser les métiers, les activités, la durée du travail... Ici encore, le mouvement était commencé dès avant 1946 (et j'avais pu le décrire dès 1948 dans *Le Grand Espoir du XXe siècle*). Mais l'accélération fut intense au cours du tiers de siècle suivant. C'est surtout la répartition du travail entre les activités collectives (agriculture, industrie, branches d'industrie, commerce, administration...) qui s'est trouvée bouleversée. Mais la durée du travail et la nature du métier, qui sont si importantes pour la vie quotidienne, doivent être étudiées d'abord.

1. *La durée du travail*

La durée du travail a, depuis 1946, diminué selon cinq modes. On commence moins jeune à travailler professionnellement ; on cesse plus tôt ; enfin, dans l'année normale de travail, on fait moins de semaines par an, moins de jours par semaine et moins d'heures par jour.

On a déjà vu plus haut (*tableau 6*, p. 36) que le nombre d'heures ouvrées par an avait baissé de près de 10 % de 1946 à 1975. Cette baisse est relativement modeste, puisqu'elle s'inscrit dans un mouvement séculaire où la durée normale annuelle du travail est tombée de 3 600 à 3 800 heures environ par an au XIXe siècle (durée séculaire), à 2 100 en 1946 [1]. Mais il faut savoir que, de 1920 à 1940, l'opinion publique française, fortement impressionnée par les informations sur les faibles durées de travail américaines et anglaises, imposa au législateur des lois de réduction de la durée du travail qui ne furent appliquées qu'au détriment du pouvoir d'achat et du niveau de vie ; en d'autres termes, nous avions (presque) les durées de travail des Américains et la semaine *anglaise,* mais sans les niveaux de production qui, aux Etats-Unis et en Angleterre, les avaient rendues normales. En d'autres termes encore, et sans en avoir conscience, les Français, de 1920 à 1940, et surtout de 1936 à 1940, ont sacrifié leur niveau de vie à leur durée de travail. De 1945 à 1975, mais surtout de 1946 à 1968, ils ont fait l'inverse, et rattrapé le handicap.

Mais c'est surtout par la diminution de la durée du travail *par vie* complète que la période 1946-1975 s'est distinguée. Les âges médians de fin de scolarité des hommes se sont élevés de 14 ans 1/2 à 18 ans ; les âges médians de fin d'activité se sont abaissés de 66 ans 1/2 à 62 ans 1/2 (les âges médians sont ceux où les hommes se divisent en deux groupes égaux,

---

1. La durée du travail réglementaire dans les chemins de fer était encore de 3 747 heures par an en 1900 et de 2 300 en 1946. Aujourd'hui, les agents de la S.N.C.F. ont 128 jours de congés annuels, et travaillent en moyenne 7 h 35 par jour ouvrable : 237 × 7,6 = 1 801 heures par an.

le nombre des actifs devenant égal à celui des non-actifs).

TABLEAU 15

La durée moyenne du travail dit « à temps complet » de 1830 à 1975

Date	Semaines par an	Jours par semaine	Heures par jour	Heures par an [1]
1830	52	6	13	3 800
1900	52	6	10	3 000
1921	52	6	8	2 350
1946	50	5,1	8,8	2 100
1975	48	5	8,4	1 850

Nous reparlerons plus loin de l'élévation des âges moyens de fin de scolarité. Le *tableau 16* donne les taux d'activité, en 1946, 1954 et 1975, des personnes de plus de 60 ans. On voit que, jusqu'en 1954, la proportion des vieillards contraints de travailler était forte. Depuis 1970 environ, les taux se sont effondrés au-dessus de 65 ans, et sont en forte baisse de 60 à 65 ans. Le mouvement se poursuit depuis 1975, et l'on peut prévoir que, d'ici 1985, le taux d'activité des hommes mêmes tombera à presque rien après 68 ans, et ne dépassera pas 25 % de 63 à 65 ans.

En 1975, on ne trouve plus que un million de jeunes de moins de 20 ans dans la population active, et cinq cent mille vieillards de plus de 65 ans. En 1946, c'étaient deux millions quatre cent mille jeunes, et un million cinq cent mille vieillards.

Ainsi, la durée moyenne de la vie économiquement active, de la vie de travail salarié ou « indépendant », s'est réduite « par les deux bouts » ; cette vie, en 1975, commençait 2 ans 1/2 plus tard qu'en 1946 et se terminait 4 ans plus tôt ; c'est donc au total 6 ans 1/2 de moins ; soit 44 ans 1/2 (de 18 ans à 62 ans 1/2)

1. Le nombre d'heures par an n'est pas l'exact produit des nombres des trois colonnes précédentes par suite des jours fériés, dont le nombre croît de 12 à 17 au cours de la période 1830-1975.

TABLEAU 16

Sur 100 personnes des âges indiqués, combien travaillaient en 1946, 1954 et 1975

Age	1946		1954		1975	
	H	F	H	F	H	F
14 ans	41	30	30	19	0	0
15 ans	60	44	48	32	0	0
16 ans	71	55	59	43	0	0
17 ans	79	62	71	53	29	20
18 ans	83	66	81	62	46	35
19 ans	86	66	86	65	63	51
60-64	76	40	70	33	54	28
65-69	66	31	49	36	19	10
70-75	—	—	34	23	8	4
70-79	49	19	—	—	—	—
Plus de 75	—	—	18	13	4	2
Plus de 80	29	9	—	—	0	0

Sources : *Recensements.*

contre 52 ans (de 14 ans 1/2 à 66 ans 1/2) ; alors qu'entre-temps la vie moyenne (H + F) a augmenté de 8,3 années [1].

De nombreuses personnes qui ont vécu la fin de la période traditionnelle, étant nées vers 1880 ou 1900, sont vivantes aujourd'hui, ou sont mortes depuis peu. Plusieurs ont laissé des pages émouvantes : l'une Marie-Catherine Santerre, née en 1891 dans une famille de tisserands du Nord, vient de mourir à 86 ans. Le récit qu'elle fit à Serge Grafteaux, a permis à ce dernier d'écrire la vie de celle que tout le monde nommait *Mémé Santerre* [2], vie de labeur et de courage

1. Sur 10 *hommes* vivants à 62 ans, environ 1 meurt avant 66 ans, de sorte que les *hommes* qui parviennent aujourd'hui à l'âge moyen de retraite, sont, toutes choses égales par ailleurs, de 10 % plus nombreux qu'en 1946.

En 1946, *l'homme*, parvenant à l'âge de 66 ans 1/2 et cessant son travail à cet âge, n'avait plus devant lui qu'une espérance de vie de 11 ans 1/2 ; aujourd'hui l'homme parvenant à 62 ans 1/2 et cessant le travail à cet âge, vit en moyenne 15 ans 1/2 de retraite. Pour les femmes, la durée moyenne actuelle de la retraite est de 21 ans.

2. C'est le titre du beau livre de S. Grafteaux. Ed. du Jour, 1976.

qui est un témoignage simple, vrai, sans emphase ni plainte.

« Jusqu'à sept mois, j'avais été nourrie au sein. C'est le seul lait que je connus de toute mon enfance...

« A trois ans, j'eus de la chicorée comme les autres, avec un quignon de pain le matin. A midi, c'étaient des pommes de terre bouillies et du fromage blanc que nous étendions sur d'épaisses tartines. Ma mère l'accommodait avec du sel et de l'ail. On en avait un grand saladier pour trois sous. Le soir, on buvait un bol de soupe.

« La viande était réservée au dimanche, et encore ! Alors nous avions un petit pot-au-feu ou bien du foie de bœuf, ou de la rate avec lesquels maman faisait des ragoûts qui embaumaient.

« Cette viande, nous ne l'achetions jamais chez le boucher. C'était trop cher. Nous attendions que le garde-champêtre, le père François, batte le tambour sur la place pour annoncer qu'un cultivateur venait de tuer une vache et qu'il la débiterait à sa ferme le lendemain matin.

« A l'aube, les ménagères du coron partaient ensemble pour assister au dépeçage de la bête et ne pas rater les morceaux avantageux.

« Il fallait faire vite : les hommes n'aimaient pas savoir les femmes dehors. Ils avaient besoin d'elles à la cave... La cave de la maison... C'est là, dans cette grande pièce à demi obscure, éclairée seulement par en haut de quelques vitres, que se trouvaient les métiers sur lesquels dix-huit heures durant, tous, au village, tissaient en hiver...

« Après l'école que je fréquentai pendant six ans..., j'eus, moi aussi, "mon" métier. J'étais même si "petiote" quand on m'y installa la première fois, que l'on dut me fabriquer des patins de bois pour actionner les pédales. Mes jambes étaient trop courtes pour aller au bout...

« A quatre heures, c'était le réveil. Une toilette rapide, avec l'eau qu'on allait chercher dans la cour à cinquante mètres de là et où un puits alimentait toutes les familles du coron et hop ! on descendait avec deux lampes à carbure. Pendant ce temps, maman allumait le poêle rond qui chauffait la grande salle et qui portait des encoches où nous fourrions nos pieds gelés quand elle nous appelait vers dix heures pour que nous montions prendre notre "café". C'était long depuis le réveil d'attendre ainsi ce breuvage chaud qui nous semblait délicieux.

« Aujourd'hui encore, lorsque j'en bois — du vrai — il n'est pas meilleur que la chicorée de mes souvenirs... Maman, tout en vaquant au ménage, récurant le sol, grattant avec des tessons de bouteille, jetant de la sciure fraîche sur le dallage et faisant bouillir les pommes de terre, maman devait en même temps préparer les trames que nous allions travailler le lendemain...

« Aussi loin que je puisse me souvenir, je touchais deux francs à la semaine [1] et lorsque mes mouchoirs n'avaient aucun défaut, ce qui m'arrivait, le "patron" me donnait cinq sous de pourboire... Plus tard, je gagnais jusqu'à cinq francs par semaine. Je rentrais, et je donnais l'argent à ma mère (mes sœurs faisaient la même chose).

« Avec cet argent, nous n'arrivions pas à joindre les deux bouts. Il nous fallait aller tout l'hiver à crédit. Nous payions au retour de la saison de campagne qui nous emmenait pendant six mois loin de chez nous, dans une ferme de la Seine-Inférieure.

« De notre cave, nous remontions vers midi pour manger les pommes de terre et les tartines de fromage blanc. Ce menu était immuable, sauf le dimanche lorsqu'il y avait de la viande. Mon papa nous faisait ensuite sortir une demi-heure dans la cour afin que nous prenions l'air. La cave, en effet, était assez malsaine... Vers treize heures, nous retournions au métier jusqu'à seize heures. Là, nous avions droit à une nouvelle bolée de chicorée, puis redescente jusqu'à dix-neuf heures pour la soupe. Une demi-heure après, nous retournions au travail jusqu'à vingt-deux heures.

« Ensuite... On ne se faisait pas dire deux fois d'aller se coucher. »

*
* *

La narration se termine ainsi :

« Toute ma vie, j'ai fait ce que je devais, ce que je pouvais... J'ai souffert beaucoup, travaillé énormément. Mais, voyez-vous, il y a aussi et surtout que j'ai aimé, aimé, aimé... »

*
* *

L'évolution majeure s'est effectuée en pratique par le mécanisme des allocations de retraite. En 1975, tous les inactifs de plus de 60 ans, et même de plus de 55 ans, sont bénéficiaires, soit d'une pension de retraite acquise selon les voies de la Sécurité sociale et de ses différents régimes généraux, spéciaux ou

1. Vers 1905, le pain valait alors 30 centimes le kilo.

complémentaires, soit en vertu de la législation sur le « minimum vital vieillesse garanti ».

En 1946, on l'a déjà vu en décrivant « les deux villages », les « retraités » n'étaient qu'une très faible minorité [1].

2. *Le chômage, la durée du travail, les changements de métier*

Pendant les trente années que nous étudions ici, le chômage est resté très faible. La commission de la main-d'œuvre du Plan et son président ont eu une tâche facile ; ce qui ne veut pas dire qu'elle fut nulle.

Défini selon les normes actuelles du *Bureau international du travail*, qui sont, on s'en doute, celles qui conduisent aux chiffres les plus forts, le chômage est resté en France inférieur à 3 % de la population active de 1946 à 1974, et souvent même inférieur à 2 %. Il est presque incroyable que des mouvements si puissants dans l'emploi, les énormes transferts de l'agriculture vers l'industrie et de l'industrie vers le tertiaire, les migrations d'habitat, le rapatriement des Français, d'Indochine, d'Algérie et des autres anciennes colonies, les afflux d'étrangers, réfugiés ou simplement désireux de bénéficier du haut niveau des salaires français... aient pu ainsi se produire avec ce minimum de chômage « frictionnel » et « résiduel » [2].

Ce n'est qu'en 1975, dernière année de notre trentaine, que le chômage (au sens B.I.T.) est monté à 4 % de la population active (890 000 chômeurs), chiffre dépassé ensuite, et monté jusqu'à 1 500 000 en juin 1980. Le grave problème du chômage ne s'est

1. Chose curieuse, et déplorable, on cherche en vain dans les recensements, dans les annuaires statistiques et dans la comptabilité nationale, le nombre des retraités ou le montant des pensions...

2. Le chômage *frictionnel* est celui qui résulte des délais minimals en cas de changement d'emploi. Le chômage *résiduel* est celui qui subsiste même en période de fortes embauches, par suite de cas individuels ambigus, conduisant maintes personnes à ne pas vouloir accepter ou à ne pas pouvoir accepter les emplois mêmes qu'ils demandent (erreurs, maladies, inadaptations, fraudes...).

donc pas posé pendant les « trente glorieuses », mais il se pose aujourd'hui et se posera demain. C'est pourquoi nous en reparlerons plus loin (p. 257).

*
* *

Pour faire le bilan de l'effort de travail que les Français ont consenti et consentent à la production de biens et de services, on peut dire qu'un homme type, supposé vivre 75 ans (ce qui est usuel aujourd'hui — et assez rare au siècle dernier, mais cependant parfaitement observable), avait travaillé ou travaillera :

220 000 heures dans sa vie, selon la durée du travail de 1880 ;
110 000 heures dans sa vie, selon la durée du travail de 1946 ;
82 000 heures dans sa vie, selon la durée du travail de 1975.

Enfin, nous verrons que la perspective des *quarante mille heures* peut être maintenue pour la fin du siècle, quoique les revendications pour la réduction de la durée du travail ne se situent plus au premier plan de l'actualité sociale [1].

La nature du travail. Les « qualifications ». Les « activités collectives »

Le fait capital est l'évolution des travaux humains du primaire vers le tertiaire. La terminologie est classique aujourd'hui, et je l'emploie dès les premières pages de ce livre, comme le font abondamment les journaux, les hebdomadaires et les livres... ainsi que les dictionnaires grands et petits depuis environ 1960. Mais il faut rappeler que cette terminologie était absolument inconnue en France, au début de 1946,

---

1. *Les quarante mille heures* est le titre (et le sujet) d'un livre de J. Fourastié, publié en 1962, depuis lors traduit et édité en dix autres langues ; il est aujourd'hui édité en « livre de poche », dans la collection *Médiations* (Denoël).

même des économistes. Moi-même, lorsque j'ai commencé à me rendre compte de ce grand phénomène de translation des travaux humains, je l'ai décrit en utilisant les trois termes concrets : agriculture, industrie, autres activités [1] ». Ce n'est qu'en juin 1946, que, rendant compte du livre de Colin Clark *The conditions of Economic Progress,* dans la *Revue d'économie politique,* je fis connaître cette terminologie, dont l'origine remonte à un livre important, mais alors méconnu, publié en 1935 par Allen G. B. Fisher [2]. Je l'employai ensuite dans *La civilisation de 1960* (1947), *Le grand espoir du XXe siècle* (1949) et elle devint alors courante.

Mais il ne s'agit pas de faire ici l'histoire de cette terminologie. Il s'agit seulement, et cela est fondamental, de noter qu'en 1946, encore absolument méconnue, une évolution capitale allait éclater aux yeux de tous au cours des années cinquante et soixante. De même que les débuts de l'industrialisation ne furent pas, avant 1830 ou 1840, reconnus comme « porteurs d'avenir » ; de même que les économistes refusèrent longtemps de reconnaître au travail dans les manufactures la qualité de « productif » (qualité décernée au seul travail agricole) ; de même, ni les économistes ni le grand public ne reconnaissaient, vers 1945, une force d'avenir dans ces activités disparates, ni agricoles, ni industrielles, qui n'étaient définies que négativement et auxquelles Marx, et les marxistes à sa suite, avait dénié tout pouvoir « productif ». (Les marxistes accordaient la qualité de productif (créateur de « valeur ») à l'industrie, et non plus à la seule agriculture, mais la refusaient au-delà [3].) Ainsi, et une fois de plus dans son histoire, l'humanité a mis de longues années avant de percevoir un phénomène, pourtant engagé déjà en Angleterre dès le milieu du XVIIIe siècle, et partout en

1. Cf. *L'Economie française dans le monde,* P.U.F., 1er éd., 1945.
2. A. G. B. Fisher, *The Clash of Progress and Security,* 1935.
3. Au point qu'à l'heure actuelle encore, le tertiaire pose des problèmes théoriques compliqués à certains marxistes, et qu'il est traité de manière toute particulière dans la Comptabilité nationale des pays de l'Est.

Occident dès 1800 ou 1830, et qui devait donner, à la fin du XXe siècle, son atmosphère fondamentale.

Le *tableau 6* (p. 36) ne laisse plus de doute aujourd'hui sur l'importance du phénomène ; à long terme, l'emploi agricole tombe à quelques points pour cent ; l'industrie, le bâtiment et les travaux publics compris, ne dépassent pas quarante ; c'est le tertiaire qui se substitue à l'agriculture, et non l'industrie ; c'est le tertiaire qui est devenu majoritaire et c'est lui seul qui reste croissant.

Rappelons que, d'après les chiffres des recensements que nous avons retenus[1] de 1946 à 1975, en trente ans donc, l'agriculture a perdu près des trois quarts de ses effectifs, le secondaire a été multiplié par 1,2 ; le tertiaire, par 1,6. Ainsi, une structure qui était, pendant des millénaires, restée :

80 10 10 (total 100)

et qui était en 1946 devenue en France :

36 32 32

est devenue en 1975 :

10 39 51

*
**

De ces changements dans la *nature* de l'activité économique dérive, pour les hommes, une foule de changements dans leur travail et leur vie quotidienne. Probablement, on peut en reconnaître l'essentiel en disant que les métiers du tertiaire sont largement ouverts aux femmes, et que les femmes s'y montrent largement les égales des hommes, alors qu'il était loin d'en être ainsi, et qu'il est encore assez loin d'en être ainsi dans la plupart des activités primaires et secondaires. Les métiers tertiaires sont en effet, dans

1. D'autres classements et donc d'autres chiffres auraient pu être retenus par nous, et le sont souvent légitimement par d'autres auteurs ; ils ne donnent pas d'ordres de grandeur substantiellement différents.

leur ensemble, beaucoup moins exigeants *en force physique* que les autres, plus éloignés de la dureté des volumes, des poids, des températures, des climats. Ils requièrent par contre (en général, dis-je, encore une fois), plus d'attention, et souvent plus de finesse.

Les observateurs n'ont pas de mal à discerner dans le tertiaire actuel des ensembles entiers de travaux aussi répétitifs et parcellaires que dans le secondaire ; en effet, les bureaux mêmes sont envahis par la mécanisation et la production en grande série, tandis qu'inversement les machines industrielles deviennent de plus en plus aisées à conduire avec une faible force corporelle, mais avec une souple précision. Il y a donc un double mouvement : le premier est la rapide extension des emplois tertiaires ; le second est la tendance à la « tertiarisation » des emplois primaires et secondaires eux-mêmes. Beaucoup d'ateliers ressemblent de plus en plus à des bureaux ; des bureaux à des ateliers. L'agriculteur lui-même, de plus en plus souvent, enfermé dans la cabine close de ses tracteurs, n'y est plus soumis à la pluie ou au froid ; à la limite, il s'y chauffe l'hiver et s'y rafraîchit l'été, comme dans un bureau climatisé. Il n'y dépense plus qu'une faible force corporelle, et n'y entend plus chanter les oiseaux, mais écoute France-musique, France-culture,... ou les glapissements courants des radios populaires.

Mais inversement, il ne faut pas attendre de la « tertiarisation » un travail idyllique qui déclencherait l'enthousiasme permanent du travailleur. Cet enthousiasme est une fleur rare, qui ne peut tenir qu'à des motivations profondes, des conceptions du monde, une spiritualité, aujourd'hui absentes de la plupart des cerveaux. Presque tous les hommes sont aujourd'hui sensibilisés à ce qu'il y a de contraignant dans le travail, et les sports d'hiver même, qu'aujourd'hui les hommes recherchent à grands frais et à grand effort, seraient vite dénoncés comme épuisantes et dangereuses duretés, s'ils étaient un travail permanent imposé par l'industrie, le commerce ou l'agriculture.

La « tertiarisation » du primaire et du secondaire, et l'expansion majoritaire du tertiaire même, ne sont ainsi, pour le meilleur et pour le pire, qu'une modification des procédures de travail, commandée, *non par le désir spontané du travailleur*, mais par l'évolution économique générale dont nous montrerons plus loin la logique interne. Il n'en est pas moins certain que, dans l'ensemble, cette modification est capitale, affecte la quasi-totalité des Français, et ouvre des modalités de travail moins dures musculairement, plus « confortables », mais exigeant attention, lectures de signaux, émission et réception de symboles abstraits. Le mouvement qui se fait jour sous nos yeux semble avoir pour point limite le « maniement » de *l'information.* Tout se passe comme si le travail humain était en transition, *de l'effort physique vers l'effort cérébral ;* d'une situation où l'homme fournissait son énergie corporelle, où il se heurtait directement aux forces naturelles, à une situation où il les utilise à travers des organisations complexes, *techniques* — machines, usines, entreprises à activités multiples et évolutives, ensembles urbains... — ou *sociales :* grandes entreprises internationales, nations, groupes de nations. Hier, le contact de *la main avec la matière* naturelle était primordial ; aujourd'hui c'est le contact *du cerveau* avec *l'information* [1].

***

Nous ne croyons pas ces généralités inutiles ; cependant, il faut bien voir que la réalité objective n'est nullement tripartite ; elle se prêterait aussi bien et même mieux à un classement en quatre secteurs, voire en cinq ou huit : divers auteurs l'ont fait et l'éclairage qu'ils donnent de l'évolution est loin d'être inintéressant. Le problème posé ici est un problème classique : le réel observable est complexe, sa description brute impliquerait des centaines, des milliers de lignes et de colonnes statistiques : à la limite, le réel

---

1. On comprend ainsi que la doctrine du « matérialisme » historique ait répugné à percevoir dans le réel, et à considérer comme primordiale, l'activité tertiaire, qui paraissait une activité *idéaliste*, spiritualiste, superstructure du matérialisme. La notion, aujourd'hui classique, d'*information* et de *traitement de l'information*, qui a donné à la pensée et à l'organisation leurs statuts techniques, manquait absolument au XIXe siècle, et ne s'est affirmée que depuis 1960.

est que chaque homme fait chaque jour un travail différent...

Mais de telles descriptions sont pratiquement impossibles à établir (ces milliers, ces millions de chiffres, quels immenses travaux et quels longs délais seraient nécessaires pour les calculer !) ; et si, enfin, l'on y parvenait, quels cerveaux humains pourraient les étudier, les assimiler, les comprendre ? A la limite, la description correcte du réel serait aussi complexe que le réel même, et si un homme parvenait à vous la présenter, il vous serait aussi impossible de le percevoir que de percevoir directement la réalité elle-même. Toute science humaine implique donc des simplifications grossières de la réalité, des découpages arbitraires et sommaires, mais qu'enfin, par une lecture qui ne soit pas interminable, un cerveau puisse embrasser.

Cela étant, que faire pour la description des activités économiques ? Ce que font, en effet, les statisticiens : un compromis entre les simplifications qu'exigent les cerveaux humains et la complexité indéfinie du réel : des nomenclatures à 100 ou 150 rubriques maximum, condensées en paragraphes, récapitulés eux-mêmes en chapitres... En fait, la division primaire, secondaire, tertiaire, n'est qu'une récapitulation « image d'Epinal » ; mais elle est utile parce qu'aisément et rapidement perceptible par un cerveau moyen.

Mais ce n'est, ce ne peut être, qu'une première approche, très élémentaire et largement arbitraire.

***

Nous ne pouvons, bien entendu, compte tenu du nombre de pages de ce livre, sur l'ensemble de la réalité économique et sociale, aller beaucoup plus loin dans la description des activités collectives. Notre objet ne peut être que de donner au lecteur une idée de la complexité qui, à la fois se révèle et se cache sous la division en trois secteurs. Pour cela nous dirons quelques mots des « activités collectives », puis des « statuts » et des « catégories socio-professionnelles », enfin des métiers et des qualifications.

3. *Les activités collectives*

La division en trois secteurs, primaire, secondaire, tertiaire, est, nous venons de le dire, destinée à donner en peu de temps au cerveau moyen une représentation grossière mais efficace de la réalité complexe. En effet, si le primaire représente la seule agriculture (avec souvent le très petit supplément de la pêche), il cumule déjà, et confond donc, des activités aussi diftérentes que l'élevage, la culture des céréales, celle des pommes de terre, de la vigne, des légumes, des fruits... Mais le secondaire est plus disparate encore ; le tertiaire encore davantage. Dans ce chapitre, dont l'objet majeur est de mettre en évidence les variations de 1946 à 1975 en France, nous devons nous borner à présenter au lecteur un tableau encore très sommaire et très arbitraire, et à lui demander de rêver à sa lecture, en pensant à l'indéfinie variété d'entreprises et de travaux que chaque rubrique recouvre.

Le *tableau 17*, p. 88, appelle ainsi des commentaires indéfinis ; nous n'en formulerons que quelques-uns.

D'abord, nous devons noter l'imprécision affirmée des recensements de 1931 à 1946 : ils comportent, en effet, une ligne « activités mal désignées » qui atteint 300 000 personnes en 1931 et 800 000 en 1946. Huit cent mille, c'est 4 % du total ; à quoi s'ajoutent les imprécisions et erreurs de tout recensement... Mais la science en général, et la science économique en particulier, c'est l'art de décrire la réalité, non pas exactement — ce qui est impossible (et n'a même pratiquement pas de sens) —, mais assez approximativement pour informer l'homme mieux que ses impressions et informations courantes. En économie, c'est toujours avec une approximation grossière, de l'ordre de 5 à 10 %, que l'on doit travailler. Ici, nous travaillons évidemment à 10 voire 15 % près. Mais une mesure à 15 % est une information précieuse, par comparaison avec pas d'information du tout, ou avec des informations à 50 %, surtout si on les croit « exactes ».

En pratique courante, la science économique consiste à raisonner sur des informations approximatives, mais dont on reconnaît clairement l'approximation. Nous sommes heureux d'en donner ici un exemple, et de montrer que l'on peut tirer de chiffres grossièrement approximatifs des enseignements des plus précieux et des plus solides, à la seule condition de ne pas vouloir tirer de chiffres qui peuvent comporter des erreurs de 10 %, des conclusions portant sur des écarts de 1 %. Finalement, la science consiste à tirer de chiffres faux des valeurs vraies, vraies parce que leur ordre de grandeur est assez fort pour ne pouvoir être détruit par les erreurs des chiffres de base. J'espère que mon lecteur a acquis à l'école au moins les rudiments du calcul des erreurs (erreurs sur les sommes, les différences, les multiples et les quotients), et qu'il pourra ainsi me bien comprendre.

Si fortes, donc, que puissent être les erreurs sur les chiffres de 1931 (8 à 10 %), de 1946 (10 à 15 %) et de 1975 (5 à 10 %), le *tableau 17* ne laisse aucun doute sur certains faits.

Par exemple, on voit que de 1931 à 1946, les chiffres ont peu varié. Ils sont presque identiques, aux deux dates, pour le primaire et le tertiaire. Ils ont baissé de 1,3 million pour le secondaire, et cette baisse se répercute presque intégralement (1,1 million) sur le total de l'emploi. Sans doute, le lecteur sait bien que la guerre de 1940-1945 est responsable de ce retrait de l'industrie française ; mais justement, à l'échelle séculaire, la France a soutenu trois grandes guerres en moins d'un siècle, et quatre en cent cinquante ans. La guerre fait partie de l'histoire et ne peut être exclue d'une description de l'évolution. La lente évolution d'avant 1946, coupée d'arrêts et de régressions, est assez correctement évoquée par la période 1931-1946, comprenant 11 ans de paix et 4 ans de guerre [1].

Nous trouvons ainsi en 1946 une agriculture encore largement prépondérante avec 7,5 millions de personnes actives, contre une industrie de 6 millions et un tertiaire à peu près égal (aux erreurs de mesure près, 6 et 6,2 sont des chiffres égaux, tandis que 7,5 est nettement supérieur).

1975 donne une image à coup sûr fort différente.

---

1. Nous reviendrons plus loin sur l'évolution séculaire.

TABLEAU 17

Population active par secteur d'activité collective en 1931, 1946 et 1975 [1]

Secteur	1931 [2]	1946 [2]			1975 [3]			1946-1975
		T	H	F	T	H	F	
Primaire :								
Agriculture, pêche, sylviculture	*7,7*	*7,5*	*4,2*	*3,3*	*2,1*	*1,5*	*0,6*	*— 5,4*
Secondaire :	*7,3*	*6,0*	*4,4*	*1,6*	*8,0*	*6,1*	*1,9*	*+ 2,0*
Indust. extractives	0,5	0,4	0,4	0,0	0,1	0,1	0,0	— 0,3
Indust. manufact.	5,6	4,5	3,0	1,5	5,9	4,1	1,8	+ 1,4
Construction, bâtiment, travaux publics.	1,1	1,0	1,0	0,0	1,9	1,8	0,1	+ 0,9
Eau, gaz, électricité	0,1	0,1	0,1	0,0	0,2	0,2	0,0	+ 0,1
Tertiaire :	*6,3*	*6,2*	*3,6*	*2,6*	*10,8*	*5,7*	*5,1*	*+ 4,6*
Transport	1,2	1,2	1,0	0,2	1,3	1,0	0,3	+ 0,1
Commerces et services	2,8	2,4	1,3	1,1	5,5	2,8	2,7	+ 3,1
Administration, enseignement, banque, assurances	2,4	2,6	1,3	1,3	4,0	1,9	2,1	+ 1,4
Activités mal désignées :	*0,3*	*0,8*	*0,4*	*0,4*	0	0	0	*— 0,8*
Total	*21,6*	*20,5*	*12,7*	*7,8*	*20,9*	*13,3*	*7,6*	*+ 0,4*

L'agriculture s'est effondrée au dixième du total : le tertiaire est devenu non seulement prépondérant, mais majoritaire ; il l'emporte du quart sur l'industrie cependant accrue du tiers depuis 1946. Au total, en trente ans, la population active totale a peu varié, malgré, nous l'avons vu, la forte croissance de la population totale ; tout s'est passé, à travers le renouvellement des générations, comme si, sur 7 agricul-

1. Chiffres en millions.
2. *Annuaire statistique 1952*, p. 353.
3. *Principaux résultats du recensement de 1975*, p. 201.

teurs ayant quitté la terre, 2 étaient entrés dans l'industrie et 5 dans le tertiaire.

Les plus remarquables coefficients de variation sont, bien sûr, ceux de l'agriculture (0,28) ; dans le secondaire, ceux du bâtiment (1,9), et dans le tertiaire ceux des « commerces et services » (2,3).

L'emploi féminin s'est déporté plus encore. Le nombre des femmes déclarées actives est presque le même en 1946 et 1975 (7,8 et 7,6) ; mais en 1946, 3,3 le sont dans l'agriculture ; en 1975, 5,1 le sont dans le tertiaire. Les coefficients de variation des effectifs féminins sont de 0,18 dans l'agriculture et de 2,45 dans « commerces et services ». De 25 femmes perdues par l'agriculture, on n'en retrouve que 3 dans l'industrie et 22 dans le tertiaire.

*
* *

A l'échelle des trois grands blocs, les chiffres bruts du *tableau 17* (p. 88) donnent en 1946 : 37 % pour l'agriculture, 29 pour l'industrie et 30 pour le tertiaire. Les ordres de grandeurs des erreurs dont nous avons parlé, une ventilation attentive des « mal désignés » et diverses considérations nous ont conduit à adopter comme plus près de la réalité les chiffres 36-32-32 qui figurent au *tableau 6* (p. 36), et nous paraissent honorablement représentatifs de la situation 1946, comparée à la structure de 1975 représentée par 10 - 38,6 - 51,4. Nous avons déjà exposé et commenté ces chiffres (p. 37 et 80 sq.).

Bien sûr, on voudrait entrer dans le détail de ces mouvements puissants. Mais, comme on vient de le dire, la fiabilité des comparaisons se réduit vite avec la finesse des détails. Pour pousser l'analyse (de toute manière, nous ne donnerons ici que quelques exemples), il faut renoncer à comparer 1975 avec 1946, recensement trop imparfait, mais se borner à remonter à 1954, recensement meilleur, ou même à une date plus récente encore. En particulier, 1962 et 1968 autorisent des comparaisons assez fines ; et la vitesse du mouvement est telle que dans bien des cas, ces comparaisons sont saisissantes.

Encore une fois, c'est aux recensements mêmes et aux études d'*Economie et Statistique*, que doit se reporter un lecteur qui désire acquérir une compétence en la matière ; je ne présente ici que quelques traits.

*
* *

Depuis 1954, en effet, nous l'avons déjà dit et nous y reviendrons plus loin, les recensements français ont été effectués à des dates, hélas ! irrégulières, trop espacées et allongées encore par des délais de dépouillement invraisemblables, mais selon des nomenclatures plus précises et souvent plus stables. De plus, conduits selon des techniques de plus en plus sûres, par des hommes aujourd'hui encore en activité de service et donc parfaitement au courant de leurs forces et de leurs faiblesses, ils bénéficient à la base (auprès des préfets, des maires, des fonctionnaires municipaux, et même du citoyen recensé moyen), d'un « climat » évidemment encore médiocre, mais cependant moins éloigné que naguère de l'objectivité scientifique. Tout cela fait que les comparaisons deviennent plus fiables, surtout lorsqu'elles sont élaborées et commentées par des statisticiens de l'I.N.S.E.E.

Nous donnerons en exemple quelques chiffres issus d'un récent numéro d'*Economie et Statistique* [1]. La vitesse des mouvements est telle qu'il suffit des sept années 1968-1975 pour saisir le caractère bouleversant de la période.

Les variations enregistrées de 1968 à 1975 sont en effet à peine croyables. Sans revenir sur l'agriculture, dont nous avons déjà parlé longuement, qui tombe de 3 à 2 en 7 ans, après être tombée déjà de 7 à 3 en 22 ans, on voit les mines de charbon, qui avaient groupé en France pendant un demi-siècle 500 000 mineurs, tomber à 86 500 en 1975, après 156 000 en 1968. Imagine-t-on que le secteur « Services », en 1968 inférieur de 20 % à l'agriculture, ait pu devenir en 1975 de 50 % supérieur ? Le groupe d'ailleurs hété-

1. « Emploi et activité entre 1968 et 1975 », par Maryse Huet, *Economie et Statistique*, n° 91.

roclite et sur lequel nous reviendrons « administration, enseignement, banque... », qui n'était en 1931 que le tiers de l'agriculture, en 1946 moins de la moitié, en 1968 juste 10 % de plus, se trouve *le double* en 1975 : 4 millions de personnes contre 2 millions. Le tableau d'*Economie et Statistique* dont j'extrais ces chiffres présente une trentaine de lignes ; de ces trente rubriques une seule donne l'image de la stabilité : les industries agricoles et alimentaires avec 655 000 personnes environ ; sept autres seulement ont des taux de variation inférieurs à 7,5 % ! Encore, les nomenclatures plus fines montrent-elles que ces variations plus faibles que la moyenne sont le résultat de compensations entre les évolutions plus dures, mais divergentes, des sous-secteurs qui les composent. (Ex. : vins, bières, farines, conserves de légumes, conserves de viande...)

Et surtout, il faut comprendre les bouleversements humains qu'impliquent, à l'embauche et au licenciement, selon les lieux de travail et selon les techniques de métiers, de tels taux de croissance ou de rejet.

En particulier, on imagine les difficultés que peut rencontrer un organisme planificateur pour prévoir de tels mouvements, les organiser, les humaniser.

***

Revenons un instant aux ensembles, toujours en précisant l'évolution au cours de la période 1968-1975. D'abord, de 1968 à 1975, la population active employée, passant de 20,0 millions à 20,9 millions, a augmenté de 940 000 personnes ; y compris les chômeurs et le contingent militaire, les chiffres sont 20,7 en 1968 et 22,0 en 1975.

Dans l'article qui vient d'être cité, Mme Huet analyse cette variation globale de 1 360 000 personnes. Cette variation provient de facteurs complexes : ont agi à la baisse la réduction des taux d'activité des moins de 25 ans et des plus de 55 ans (total, 1 045 000) et à la hausse l'accroissement démographique : + 1 595 000, dont 810 000 environ sont dus à l'accroissement des taux d'activité de 25 à 54 ans. Comme sur + 810 000, 795 000 sont des femmes, on peut conclure

TABLEAU 17 bis

Le bouleversement de la structure de l'emploi de 1968 à 1975 [1] (en milliers)

	1968	1975	Variation en %
Extraction de combustibles minéraux solides ..	156,5	86,5	— 44,7
Agriculture	3 006,8	1 997,6	— 33,6
Distribution de gaz	14,8	10,6	— 27,9
Industrie textile	461,6	383,0	— 17,0
Industrie du cuir	169,5	145,3	— 14,3
Administration, enseignement, banque, etc.	3 314,3	3 992,7	+ 20,5
Industrie mécanique	680,8	824,2	+ 21,1
Industrie du verre	64,9	78,9	+ 21,7
Services	2 454,6	2 998,9	+ 22,2
Industrie de l'automobile.	345,5	474,3	+ 37,3
Construction électrique ..	372,1	530,2	+ 42,5
Total de la population active	20 002,2	20 943,9	+ 4,7

que la tendance des femmes à occuper ou à demander un emploi rétribué est pour près des deux tiers la source de l'accroissement de la population active

1. On a retenu ici les dix secteurs ayant le plus évolué en hausse ou en baisse. Les effectifs sont en milliers.

On notera que cette nomenclature est une nomenclature dite par *secteur* d'activité, et non par *branche* de produits. La nomenclature par secteur recense les travailleurs selon *l'activité principale des entreprises* dont ils sont membres. La nomenclature par branche les recense selon le *produit* qu'ils contribuent à fabriquer.

Les chiffres ci-dessus ne sont pas toujours rigoureusement égaux aux chiffres publiés ici dans d'autres tableaux pour des rubriques cependant identiques. Je me garde bien de faire cadrer. Il faut que le lecteur se rappelle qu'aucune science, pas même la science économique, n'est « exacte ». Il faut remarquer en outre que le *tableau 18* (p. 94) est établi à partir de la population active ayant un emploi, c'est-à-dire chômeurs exclus ; alors que l'on parle souvent de la population active *employée ou non,* incluant toutes les personnes qui, au recensement, déclarent, ou avoir, ou rechercher, un emploi. Ceux qui déclarent rechercher un emploi sans en avoir un, sont portés comme *chômeurs.* La population active y compris les chômeurs, les militaires du contingent, se montait à 22,0 millions en 1975.

en France de 1968 à 1975. On peut dire aussi que, toutes autres choses égales par ailleurs, s'il n'y avait pas eu d'immigration et si le taux d'activité des femmes était resté stable, la population active n'aurait pas augmenté.

*
* *

Toujours pour décrire les mouvements globaux, les chiffres du *tableau 17 bis* conduisent à conclure que, de 1968 à 1975, la structure de la population active est passée de

15 - 39 - 46 à 10 - 39 - 51.

Ces chiffres, identiques pour 1975 à ceux que nous avons donnés ci-dessus (p. 82), confirment la stagnation du secondaire. Mais il est important de noter que les industries fabriquant des biens d'équipement sont restées en croissance, tandis que les industries de biens de consommation et le bâtiment étaient en légère régression.

4. *Les métiers et les qualifications des travailleurs*

Les chiffres qui décrivent le travail par activités collectives (secteurs) décrivent ainsi avec une grande netteté une évolution rapide et radicale. La France a enregistré en 30 ans, et souvent en 20 ou 15 ans, plus de changements qu'elle n'en avait faits depuis le début de sa révolution industrielle en 1830 ou 1850. Et donc un changement économique plus rapide et plus radical que depuis le néolithique. Mais en ce qui concerne les métiers et qualifications, les statistiques sont moins probantes.

Reprenons d'abord l'ensemble de la période 1946-1975, et efforçons-nous de présenter l'ensemble des effectifs des principaux *métiers individuels ;* nous avons déjà dit que ces deux recensements ne sont jamais comparables sans critique préalable et sans conscience du caractère approximatif des nombres. Mais, pour ce qui concerne les métiers individuels, la situation est pire ; beaucoup de rubriques identi-

TABLEAU 18

Quelques groupes de métiers en 1946, 1954 et 1975[1]

Métiers	1946	1954		1975
Agriculteurs	7 415[2]	6 371[2]	5 127[3]	2 026
dont :				
Agriculteurs exploitants	2 300	1 900[2]	1 900	1 651 (exploitants et aides familiaux)
Agriculteurs aides familiaux	5 100 (aides familiaux et salariés)	4 400[2] (aides familiaux et salariés)	2 000	
Agriculteurs salariés ..			1 200	375
Artisans	742	757		534
Commerçants	1 330	1 434		1 098
Ouvriers non agricoles, y compris OS, OP, manœuvres et contremaîtres	6 156	6 490		8 207
dont :				
OS	—	1 816		2 957
Manœuvres	—	1 125		1 613
Ingénieurs	—	76		256
Cadres, administ. supér.	—	277		654
Professeurs, chercheurs et professions littéraires	—	80		377
Cadres moyens :	—	1 113		2 765
dont :				
Services médicaux et sociaux	—	385 (services médicaux et sociaux et instituteurs)		298
Instituteurs	—			737
Employés	2 084	2 068		3 841
Personnel de service ..	1 092	1 018		1 243
dont :				
Gens de maisons et femmes de ménage ..	—	560		388
Artistes	—	45		59
Clergé	—	171		117
Armée et police	417	300		348
Total de la population active recensée	20 520[2]	20 429[2]	19 185[3]	21 775[3]

Sources : *Annuaire statistique 1953; Annuaire statistique 1966; Annuaire statistique 1977; Economie et statistique,* n° 91, pp. 3-33. Voir les notes p. 95.

ques n'ont pas le même contenu. Beaucoup d'autres sont distinguées ou groupées selon les dénombrements. D'autres enfin sont ouvertement propres à l'un des dénombrements et ne se retrouvent pas dans l'autre. Ce n'est qu'à partir du recensement de 1954 que l'I.N.S.E.E. a précisé ses définitions et en a respecté à peu près les normes à travers le temps. C'est pourquoi nous présentons le *tableau 18* avec trois colonnes (1946, 1954 et 1975), en laissant blanches en 1946 les lignes pour lesquelles, ou bien je n'ai pas trouvé de chiffres, ou bien je les ai jugés dépourvus de l'homogénéité minimale au-dessous de laquelle l'information n'a aucune signification.

Nous avons déjà parlé de la modification, à partir de 1954, du dénombrement des personnes actives en agriculture. Je n'y reviens pas ici, mais il est clair que le lecteur doit se les rémémorer. Ces remarques étant faites, on ne peut tirer de la comparaison des deux premières colonnes que l'impression générale d'un changement assez faible. Les ordres de grandeur sont les mêmes, ou voisins ; on est loin de retrouver pour ces 8 années 1946-1954 les coefficients 1,4 ou 0,5 que nous venons d'observer pour les 7 années 1968-1975.

La variation la plus vive est celle de l'agriculture, avec la perte, à définition égale, d'un million de personnes actives sur 7,5 millions. C'est le coefficient 0,85 ; variation significative, qui ne pouvait pas ne pas se faire après la situation radicalement anormale de l'agriculture pendant la guerre. Ce qui est plus inattendu, donc plus instructif, c'est que ce million d'hommes se retrouvent dispersés, en 1954, dans les autres rubriques, avec un total général inchangé (aux erreurs de mesure près). Les seuls postes qui peuvent avoir une variation significative sont le poste *ouvriers* (+ 350 000) et le poste *commerçants* (+ 100 000). Nous en conclurons que la situation générale a assez peu changé de 1946 à 1954 en dehors de l'agriculture, et que le démarrage des « trente glorieuses » a été lent.

---

1. Effectifs en milliers.
2. Selon la définition du recensement de 1946.
3. Selon la définition du recensement de 1954 et des suivants. Voir *Economie et statistique*, n° 91, p. 83. Population active employée ou non.

Par contre, le contraste 1954-1975 (21 années seulement) est éclatant et confirme nos observations antérieures, en considérant cette fois le métier individuel [1]. Par exemple, les commerçants sont tombés dans la proportion de 14 à 11, les artisans de 7 à 5, les gens de maison de 6 à 4, le clergé (y compris les religieuses), de 17 à 12... Par contre, les ouvriers se sont multipliés par 1,26 et les employés par 1,85.

L'examen du *tableau 19* précise l'ampleur des mouvements. On voit que les métiers de haute qualification ont évolué beaucoup plus que les autres ; on peut dire que la croissance des hautes professions littéraires et scientifiques est fantastique (une multiplication par 4,7 en 21 ans) ; mais il s'agit d'effectifs faibles ; par exemple les ingénieurs sont au coefficient de 3,4 ; ils ne sont cependant, en 1975, qu'à peine plus de 1 % des Français actifs. Au contraire, les manœuvres n'ont été multipliés que par 1,44 ; ils sont cependant, en 1975, 1,6 million soit près de 7 fois plus nombreux que les ingénieurs. *En 1975 encore un salarié sur deux est ouvrier.*

*
* *

Ici encore, les dénombrements mettent en évidence une accélération de bon nombre des mouvements de 1962 à 1975 (telle l'étude de Laurent Thévenot [2]). Sur les quelque trente lignes de son tableau 1, j'en trouve

---

1. Il y aurait beaucoup à dire — et cependant l'on n'en dit rien à l'école ni à l'université — sur les distinctions nécessaires entre les statistiques d'activités collectives et les statistiques de métiers individuels. Par exemple, les mots « employés » ou « cadres supérieurs » désignent un *métier individuel*, qui peut être exercé soit dans l'industrie, soit dans le tertiaire, soit dans l'agriculture. Par contre, à l'échelle de globalité où est élaboré le *tableau 18*, le statisticien classe comme « agriculteur » toute personne même manœuvre, comptable ou cadre de coopérative agricole, qui est employée dans l'activité collective « Agriculture ». L'I.N.S.E.E. même me paraît n'avoir sur ces points ni une terminologie ni même une doctrine absolument nettes. Par exemple on trouve dans les états de répartition par secteur un (gros) poste intitulé « Hors secteur », ce qui fait penser que l'on peut aimer à la fois la statistique et l'humour. Les ambiguïtés des terminologies de secteurs et de branches appellent des remarques analogues.

2. *Economie et statistique*, n° 91.

quinze qui marquent une forte accélération et 5 qui, de 1968 à 1975, maintiennent les pentes des six années antérieures (1962-1968) ; les dix autres ne marquent que des ralentissements modérés. Les *tableaux 19 et 20* décrivent les mouvements.

TABLEAU 19

Coefficient de variation des effectifs de métiers individuels de 1954 à 1975

Professeurs, chercheurs, professions littéraires	4,71
Ingénieurs	3,37
Instituteurs et agents des services médicaux et sociaux	2,69
Cadres moyens	2,49
Cadres administratifs supérieurs	2,36
Personnel de services autres que médicaux, sociaux et domestiques	1,87
Employés	1,85
Artistes	1,31
Ouvriers non agricoles, y compris manœuvres, OS, OP, contremaîtres	1,26
dont :	
OS	1,62
Manœuvres	1,44
Commerçants	0,77
Artisans	0,71
Clergé et religieuses	0,68
Agriculteurs non salariés	0,42
Salariés agricoles	0,31
Ensemble de la population active employée ou non	1,13

Sources : *Recensements.*

Lorsque l'on sait qu'un phénomène qui s'accroît de 1 % par an, double sur environ 75 années, on peut se représenter concrètement les résultats de ces croissances. Par exemple, le rythme des « services médicaux et sociaux » est du doublement en 9 années. On voit ainsi combien de tels mouvements sont exceptionnels dans l'histoire de l'humanité, puisqu'une grandeur qui doublerait tous les 9 ans, serait multipliée par 1 000 en 90 ans, ce qui supposerait que vers 2070 la France aurait 298 millions de personnes actives dans ces services.

TABLEAU 20

L'accélération des mouvements au cours de la période 1968-1975

	Taux annuels de variation en %	
	1962-68	**1968-75**
Métiers dont les effectifs sont en baisse :		
Mineurs	— 4,6	— 9,2
Salariés agricoles	— 5,6	— 6,1
Agriculteurs exploitants	— 3,5	— 5,6
Femmes de ménage	+ 0,4	— 5,4
Artisans	0,0	— 4,2
Ensemble des patrons de l'industrie et du commerce	— 0,7	— 1,9
Métiers dont les effectifs sont en hausse :		
Cadres administratifs moyens	+ 2,8	+ 3,9
Cadres administratifs supérieurs	+ 3,1	+ 5,3
Ensemble des professions libérales, des professeurs et des cadres supérieurs	+ 4,5	+ 5,6
Services médicaux et sociaux	+ 7,8	+ 8,1

***

Les chiffres marquent donc de puissants et exceptionnels mouvements au cours de la période 1946-1975, avec un démarrage relativement lent de 1946 à 1954 et un paroxysme de 1968 à 1975. Donc, du point de vue des métiers individuels aussi, la France se trouve violemment différente en 1975 de ce qu'elle était en 1946. On voit clairement la forte croissance des hautes qualifications. La France de 1975 offre *trois fois plus d'emplois de cadres supérieurs* que celle de 1946 et *deux fois et demie plus de cadres moyens*. Mais un salarié sur deux est encore ouvrier ; il y a encore 2 millions de manœuvres (industriels ou agricoles) ; le nombre des travailleurs indépendants (agriculteurs, artisans, petits ou gros patrons du commerce ou de l'industrie) a *diminué de moitié ;* ils ne sont guère plus de trois millions, en 1975, aides familiaux compris.

On voudrait préciser ces tendances, et répondre avec netteté à la question : la période de 1946 à 1975 a-t-elle globalement apporté une hausse des qualifications à la population active française ? On verra qu'objectivement la réponse ne peut être nette. En effet, les rubriques dont nous venons de parler ne « recouvrent » pas en général des qualifications précises. S'il est clair que les « cadres supérieurs » ont, au moins dans leur très forte majorité, des qualifications élevées — quant au savoir, au savoir-organiser, au savoir-faire —, il est non moins clair que les « exploitants agricoles », les « industriels », ou les commerçants vont de l'organisateur et de l'entrepreneur-novateur de pointe à de bonnes gens ne dépassant pas l'O.S.

Pour passer des statistiques des recensements à des informations sur les qualifications, il faut donc faire des ventilations. Or celles-ci ne peuvent être qu'arbitraires. Le seul problème est de savoir si l'on peut parvenir ainsi à des résultats dont les ordres de grandeur surmontent les effets de l'arbitraire. Je crois qu'ici l'on ne peut y parvenir.

En effet, j'ai construit plusieurs « images » des niveaux de qualification en 1946, en 1962 et en 1975 ; aucune de ces images n'est radicalement significative.

Je fais donc grâce au lecteur du détail de mes ventilations. Je dirai seulement que leur imprécision m'a conduit à ne rechercher que la description de trois grands groupes de qualifications. J'ai mis dans le niveau 1, dit « fortes qualifications », non seulement les cadres supérieurs mais les techniciens et les cadres moyens (y figurent donc les professeurs de lycée et de C.E.G., comme les instituteurs, et les professeurs ou assistants de l'enseignement supérieur, les professions libérales, un fort contingent des « industriels », des « gros commerçants » et un faible contingent des exploitants agricoles ; on peut résumer en disant : niveau « instituteur » et au-dessus).

Le niveau 2 comprend toutes les personnes non ventilées aux niveaux 1 et 3.

Le niveau 3 comprend les O.S., les manœuvres de l'industrie, du commerce et de l'agriculture, les femmes de ménage et le cinquième des « employés ».

On trouvera au *tableau 21* quelques résultats de mes calculs, que l'on ne saurait considérer comme valables qu'avec une précision de l'ordre de 10 %. Voici les déductions que j'en retire, pour 1975. Un quart d'emplois de qualification égaux ou supérieurs à l'instituteur, un quart d'emplois inférieurs ou égaux à ceux d'O.S., une moitié d'emplois de qualification intermédiaire (ouvriers spécialisés, employés qualifiés, agriculteurs et commerçants qualifiés...).

TABLEAU 21

Image grossière de l'évolution des qualifications, 1954, 1962 et 1975

1. Ensemble de la population active en France

	1954	1962	1975	Variation 1954-1975
Niveau 1	16	20	25	+ 9
Niveau 2	58	51	48	— 10
Niveau 3	26	29	27	+ 1

2. Population active de nationalité française

	1954		1975	
Niveau 1	17		27	+ 10
Niveau 2	59		48	— 11
Niveau 3	24		25	+ 1

3. Population active masculine de nationalité française

	1975
Niveau 1	35
Niveau 2	42
Niveau 3	23

La période 1946-1975 peut, pour ce qui concerne l'évolution des qualifications, probablement se diviser en deux périodes différentes : de 1946 à 1962, les effectifs du niveau 3 ont nettement monté ; de 1962 à 1975, ils ont assez nettement baissé, de sorte que, malgré un fort ralentissement de la baisse des effectifs de niveau 2, le niveau 1 qui avait gagné quatre points de 1954 à 1962, a pu en gagner encore cinq de 1962 à 1975. Mais cinq en treize ans, c'est beaucoup moins que quatre en huit ans. Si précaires que soient ces chiffres, on peut penser à la fois à une tendance à l'élévation des qualifications et à un ralentissement des changements quantitatifs.

Il est connu que la main-d'œuvre immigrée, d'une part, et la main-d'œuvre féminine, d'autre part, sont peu présentes dans les hautes et moyennes qualifications (sauf, pour les femmes, l'enseignement). Je me suis préoccupé de préciser ces faits, sans parvenir à des résultats bien nets (cf. *tableau 21*). Une des causes en est la difficulté de trouver les ventilations, pourtant bien élémentaires, des effectifs, entre les quatre catégories F.H., F.F., E.H., E.F. Une autre cause en est que, non seulement pour 1946, mais même pour 1954, les recensements des manœuvres et de plusieurs autres métiers n'ont pas été conduits selon les mêmes normes qu'en 1975, et que de tels défauts deviennent rédhibitoires pour qui voudrait affiner les analyses.

On peut tirer cependant du *tableau 21* (paragraphe 3) la présomption que, s'il est bien probable que sur cent hommes actifs de nationalité française, environ 35 sont de niveau 1, pourtant 23, près du quart, sont de niveau 3 ; ce qui n'est pas significativement très différent de ce qu'il en est pour l'ensemble de la population active. Ce serait donc plus par virement du niveau 2 que par virement du niveau 3 que les Français de sexe masculin se trouveraient devenir plus nombreux en niveau 1.

*
**

Cette persistance des basses qualifications (il faudrait plutôt dire des absences de qualification), même chez les hommes de nationalité française (1 sur 4), est d'autant plus frappante que l'évolution séculaire fut, de 1800 à 1939, la forte réduction des emplois de manœuvres. Dans la France agricole traditionnelle, trois personnes actives sur quatre étaient manœuvres, au sens où on pouvait leur apprendre en quelques jours et sur le tas la « technique » de leur travail.

***

Notons enfin que l'I.N.S.E.E. donne l'image ci-après du glissement des effectifs *salariés* de l'industrie et des services (secteur privé) vers les catégories socio-professionnelles les mieux rétribuées : l'effectif des ouvriers a été, de 1951 à 1975, multiplié par 1,4 ; celui des employés par 1,1 ; mais celui des cadres supérieurs par 2,4 et celui des cadres moyens par 2,8 [1]. On comprend ainsi que le salaire national moyen ait augmenté nettement plus vite que le salaire moyen de chaque catégorie socio-professionnelle considérée isolément.

Un facteur qualitatif domine ces considérations quantitatives : l'homme moyen, le manœuvre même, ne sont plus les personnages que Courteline parodiait en 1880. Le « milieu technique » a transformé, en Occident, l'homme traditionnel ; nous retrouverons cette question à propos de l'homme nouveau, plus fort, plus grand, plus alerte, plus attentif, plus capable de compréhension et d'initiative.

***

On peut sans peine conclure ce chapitre en écrivant que le travail des Français a changé en trente ans plus qu'auparavant en un siècle et demi, et plus qu'antérieurement encore en mille ans ; ce sont les activités collectives qui ont changé le plus, le primaire

---

1. *Economie et Statistique*, n° 113, p. 18. Cette enquête porte sur environ 12 millions et demi de salariés en 1975.

La même étude montre que le salaire moyen *direct* de ces salariés a été, de 1951 à 1975, multiplié par 10,8 (le salaire indirect bien davantage) ; dans le même temps, le coût de la vie a été multiplié par 3,9.

tombant à 10 % du total et le tertiaire montant à plus de 50 %.

La durée du travail millénaire, charge écrasante de l'homme, s'est aussi réduite à des horaires tels que, semble-t-il, l'appétit de les voir réduire davantage est fort émoussé.

Les emplois de forte qualification ont été multipliés par 1,5 sans qu'ait varié de façon appréciable le nombre des manœuvres et des O.S., de sorte qu'un Français sur quatre reste astreint à un travail servile, pendant qu'un autre quart peut accéder à un travail sérieusement ou hautement qualifié.

Tels sont, me semble-t-il, les traits majeurs qui caractérisent l'évolution des activités économiques de 1946 à 1975, et font de la France de 1975 un pays fort différent de la France de 1946. Que cette évolution soit bonne ou mauvaise, totalement ou partiellement, voilà de quoi nous parlerons plus loin et qui est, au demeurant, du jugement de chacun. Ce que nous cherchons à décrire ici, c'est l'évolution telle qu'elle fut, c'est l'indubitable changement.

CHAPITRE IV

Autres éléments du genre de vie

Il nous reste à étudier trois autres éléments ou facteurs du *genre de vie :* l'éducation (ou plutôt l'enseignement, car, depuis que le ministère de *l'Instruction* publique a changé de nom, il éduque moins encore qu'auparavant) ; les loisirs ; l'habitat. Les deux premiers, l'enseignement et les loisirs, sont étroitement dépendants de la durée du travail ; le troisième est au contraire directement dépendant du niveau de vie. Les deux premiers sont plus ou moins liés aux aspects culturels et intellectuels de la vie des hommes ; le troisième concerne avant tout le confort physique ; mais les trois ne sont en rien indépendants entre eux, ni indépendants de la durée moyenne de vie, de la santé ou de la nature de la profession. Par exemple, on ne conçoit pas un peuple à très haut niveau de vie qui vivrait dans des taudis étroits et où les hommes travailleraient 4 000 heures par an ; on ne conçoit pas non plus un peuple qui réduirait la durée du travail des adultes, et donc leur donnerait des loisirs, mais rendrait productifs des enfants de 8 ou 10 ans. Inversement, le haut niveau de vie exige de nombreux travailleurs, un haut niveau de connaissances scientifiques et techniques, mais aussi juridiques, politiques, sociales, administratives... Ainsi, certains facteurs sont causes prépondérantes d'autres, nous le verrons dans la suite de ce livre. Mais cela n'exclut nullement des rétroactions et interactions — des complexes en chaînes causes-effets...

Dans le présent chapitre, comme dans les précédents, nous nous préoccupons seulement de prendre conscience des changements majeurs qui se sont produits en France depuis une trentaine d'années, exactement de 1946 à 1975, en principe sans les juger ni les expliquer, si tant est que l'homme puisse percevoir et décrire sans porter des jugements de valeur... Au moins, tentons-nous de mettre l'accent sur les faits bruts, tels que nous les révèlent les dénombrements statistiques et les études écrites par les statisticiens mêmes. Cela, tout simplement parce que nous ne pouvons personnellement mesurer les réalités sociales et économiques : les statisticiens sont les observateurs des économistes.

C'est dans le même esprit que nous invitons le lecteur à considérer un passé plus lointain, et souvent la « période traditionnelle » de l'humanité : cette considération est souvent nécessaire pour percevoir la nature et la vitesse des changements récents et pour réfléchir à l'avenir.

1. *L'enseignement*

De bonnes statistiques récentes, et de bonnes études récentes de statistiques anciennes ne suffisent pas à décrire avec précision l'évolution de l'enseignement en France [1]. Nous nous bornerons ici aux résultats d'ensemble, aux faits majeurs, en acceptant les approximations que nous imposent les lacunes et les changements de définition des *annuaires statistiques*.

Il faut d'abord prendre conscience du fait que l'enseignement scolaire fut longtemps limité à une élite infime. Quoique dès 1700 un tiers environ des hommes, en France, sût lire et un peu écrire, ce n'est qu'en 1834 que le nombre des conscrits sachant écrire leur nom a dépassé celui des conscrits ne le sachant pas ; ce n'est que vers 1855 que les filles marquant

1. Cf. par ex. « L'Education », dans *Données sociales*, éd. 1978 (I.N.S.E.E.). A. Prost, *Histoire de l'enseignement en France 1800-1967*, Armand Colin, 1968.

d'une croix leur acte de mariage cessent d'être plus nombreuses que celles qui écrivent leur nom. En 1810, le nombre des lycéens de toutes classes (de la 6e à la philosophie) est inférieur à 10 000 ; on délivre 1 000 baccalauréats par an, soit environ 0,15 % de la classe d'âge (aucune fille et un bachelier pour 300 garçons). En 1910, le nombre des diplômes délivrés n'est encore que de 7 216, alors que le nombre des adolescents ayant atteint cette année-là leur dix-huitième année est de 640 000 (cela fait donc à peine plus de 1 %). Il faut attendre 1930 pour que le nombre des diplômes délivrés dépasse 15 000 et 1938 pour qu'il atteigne 20 000.

Le lecteur croira sans doute à une erreur de ma part, si j'écris que le nombre de doctorats délivrés en 1851 a été en France de :

12 pour les lettres
4 pour les sciences
59 pour le droit
3 pour la théologie.

Or ces chiffres sont bien ceux de la statistique générale de la France ; ils sont très représentatifs des années 1850-1865. En 1891 encore, on trouve [1] :

23 doctorats ès lettres ;
40 doctorats ès sciences ;
100 doctorats en droit ;
3 doctorats en théologie.

Pendant tout le XIXe siècle, un seul doctorat a été décerné à plusieurs centaines de personnes chaque année, c'est le doctorat en médecine (362 en 1851, 1 129 en 1900).

Il faut, pour comprendre la rareté de la haute culture universitaire, savoir que le titre encore prestigieux de « professeur à la Sorbonne », porté par tradition par les professeurs de la Faculté des lettres et de la Faculté des sciences de l'université de Paris, n'avait que vingt titulaires vers 1830 et jusque vers

1. *Annuaire statistique 1951*, résumé rétrospectif, p. 62.

1880 — aujourd'hui, au moins cinq cents peuvent y prétendre [1]. Le nombre total des professeurs d'université, y compris la médecine et la pharmacie, fut en 1975 en France, de 9 960. Il existait en outre 11 000 maîtres-assistants, et 16 800 assistants [2].

Les changements survenus dans l'enseignement peuvent être évoqués en étudiant successivement les taux de scolarisation, les effectifs d'élèves et de maîtres, les dépenses publiques, les diplômes décernés.

Les taux de scolarisation

Jusqu'à une date toute récente, les taux de scolarisation par âge sont mal connus ; de plus, s'ils sont aujourd'hui calculés et publiés, ils ne le sont qu'avec retard ; il s'agit pourtant d'un indice particulièrement éclairant : le rapport, année d'âge par année d'âge, du nombre des enfants ou adolescents scolarisés à *plein temps,* au nombre d'enfants ou adolescents vivants de même âge.

Le *tableau 22* donne ces taux pour les années extrêmes où l'*Annuaire* de l'I.N.S.E.E. les a publiés à ce jour, il y ajoute, pour 1975, une évaluation du commissariat au Plan, évaluation qui, aux âges élevés, se raccorde mal à la série du S.E.I.S. (en effet tout ce que l'on sait par ailleurs dément qu'il y ait eu, de 1971 à 1975, régression de la scolarité des adolescents de plus de 24 ans).

On n'a pas reproduit les taux des âges où ils sont, en 1964 comme en 1971, très voisins de 100 %. Le lecteur verra que les taux des autres âges ont varié fortement (en 13 ans !).

Aux très jeunes âges, l'école maternelle, appelée aujourd'hui préscolaire, a étendu son empire, des enfants de 6 et 5 ans, très peu scolarisés en 1946, mais déjà largement en 1964, aux enfants de 3 et 2 ans. De 1971 à 1975, les effectifs de ces écoles ont

1. Les professeurs appartenant aux quatre ou cinq universités de Paris quel que soit leur numéro et leur nom, qui disposent d'un local dans le bâtiment appelé Sorbonne.

2. *Annuaire statistique 1977*, p. 119. Ces assistants et maîtres-assistants étaient inexistants ou très peu nombreux avant 1946.

TABLEAU 22

Taux de scolarisation par âges, de 1958 à 1975 (en pourcentage)

Age	1958-59	1964-65	1971-72 [1]	1975-76 [2]
à 2 ans	—	10	20	—
3 ans	—	42	67	—
4 ans	—	72	90	—
5 ans	—	96	100	—
...	...	...	...	...
13 ans	—	100	98	100
14 ans	—	72	93	100
15 ans	53	58	83	100
16 ans	43	50	65	100
17 ans	28	37	45	70
18 ans	17	24	27	54
19 ans	11	16	17	37
20 ans	7	12	14	26
21 ans	—	9	12	19
22 ans	—	7	11	14
23 ans	—	5	9	10
24 ans	—	3,7	7	7
25 ans	—	2,7	5	—

encore monté de plus de 10 %, alors que les enfants de ces âges sont restés en nombre presque identique.

Aux âges supérieurs à 13 ans révolus (âge mesuré au 1er janvier de l'année scolaire considérée), les taux ont continué de croître fortement, de 1964 à 1971, quoique la loi portant à 16 ans l'âge de la scolarité obligatoire soit de 1959 (cette loi n'était applicable qu'aux enfants nés en 1953, entrant en 1959 dans les écoles primaires ; ce n'est donc qu'à partir de 1967 que l'obligation légale est devenue opératoire).

Aux âges supérieurs à 21 ans, c'est une forte augmentation spontanée que l'on a enregistrée : la forte croissance du nombre des bacheliers a engendré

1. Service des études informatiques et statistiques (S.E.I.S.) des ministères de l'Education et des Universités. *Annuaire statistique 1977*, p. 100. Age au 1er janvier suivant la première des deux dates.

2. Evaluation du commissariat au Plan. Cf. *Economie et Statistique*, n° 94, p. 61.

une croissance parallèle de l'enseignement supérieur.

Mais ces chiffres ne couvrent qu'une trop petite partie de notre période (13 années sur 30) pour nous en donner une image complète. Nous devons donc, à défaut d'une série pertinente de chiffres, recourir à des informations moins directement éclairantes. (Mais une lumière faible vaut mieux que l'obscurité.)

Une autre série statistique, qui couvre toute la période, et au-delà, pourra nous servir ainsi. C'est celle des *taux d'activité par âge* — dont nous avons parlé à propos de la population active —, qui sont fournis par les Recensements. Cet indice a l'avantage d'appeler l'attention sur le lien négatif qui existe entre l'activité professionnelle et l'activité scolaire : pour être à l'école à plein temps, il faut nécessairement ne pas appartenir à la population active.

Mais il est clair que l'on peut n'être ni à l'école ni à l'atelier. C'est pourquoi on ne peut déduire du taux de non-activité professionnelle le taux de scolarisation. Notamment naguère, de nombreuses jeunes filles, ayant dépassé les âges de scolarité obligatoire, restaient au foyer maternel en attendant le mariage, sans prendre de profession. Par contre, pour les garçons cette situation était très rare ; la presque totalité des garçons qui quittaient l'école prenaient une activité professionnelle ou en étaient demandeurs, et se trouvaient donc inscrits dans la population active.

C'est pourquoi les taux de non-activité des garçons, tout en n'étant pas des taux de scolarisation, en sont très proches, et, en tout état de cause, donnent des taux de scolarisation une image maximale. On consultera donc avec profit le *tableau 23,* pour prendre conscience de l'ordre de grandeur des déplacements.

Le flou qui sépare la non-activité de la scolarité ne permet pas de prendre les chiffres du *tableau 23* comme significatifs à plus de 10 % près. L'ensemble des informations issues des *tableaux 22 et 23* n'en est pas moins très claire et montre l'immense écart qui sépare la France de 1946 de la France de 1975. De 1881-1882 à 1883 (lois Jules Ferry, rendant gratuit et obligatoire l'enseignement jusqu'à 13 ans révolus), la France avait (en 100 années) posé et résolu le problème de l'enseignement du premier degré. De 1946 à 1975, se sont développés à la fois l'enseignement

Tableau 23		
Taux de non-activité professionnelle des garçons, par âges, aux recensements de 1946 et de 1975		
Age	**1946**	**1975**
14 ans	59	100
15 ans	40	100
16 ans	29	100
17 ans	21	71
18 ans	17	54
19 ans	14	37
20 ans	12	28

Sources : *Recensements.*

« préscolaire », l'enseignement du second degré et l'enseignement supérieur de masse.

Cela s'est traduit par un énorme accroissement des effectifs d'élèves et de maîtres.

Les effectifs d'élèves et de maîtres

Ici encore, l'historien est bien loin de trouver dans les annuaires statistiques toutes les informations nécessaires à une description précise de l'évolution. *Données sociales,* édition 1978, a pourtant donné un tableau qui a le mérite d'embrasser une très longue période (1872-1968) et les trois ordres d'enseignements. Pour avoir tenté de le dresser moi-même, je reconnais tout le travail qu'a dû fournir l'auteur de ce tableau. Mais les chiffres publiés montrent clairement que des informations de base ont manqué ; les changements de contenu des statistiques publiées à travers le temps rendent aujourd'hui, semble-t-il, impossible l'élaboration d'une série continue absolument correcte. Voici, ramenée aux années clefs, la statistique de *Données sociales (tableaux 24 et 25).*

Sans nous livrer à une analyse technique de ces chiffres, nous nous bornerons à signaler les discontinuités évidentes, et que l'auteur souligne lui-même de 1912 à 1920, d'une part, et de 1938 à 1947, d'autre part. Il est certain que la natalité a été très faible entre 1916 et 1919, et assez faible

TABLEAU 24

Evolution en longue période (1872-1968) des effectifs scolaires par niveaux d'après une statistique de l'I.N.S.E.E.[1] *(en milliers)*

	Premier degré	Second degré	Supérieur	Total
1872	4 100	90	14	4 204
1912	5 174	191	51	5 416
1920	3 500	205	58	3 763
1938	4 961	444	89	5 494
1947	4 100	700	144	4 844
1968	6 388	2 946	585	8 919

Sources : INSEE, *Annuaires statistiques.*

TABLEAU 25

Nombre d'élèves et d'étudiants à plein temps de 1963 à 1975 (en milliers)

Enseignement	1963-64	1968-69	1975-76
Enseignement préscolaire .	1 597	2 116	2 591
Enseignement du premier degré	5 754	5 346	4 848
Enseignement du second degré	2 919	3 812	4 950
Enseignement supérieur ..	383	737	1 029
Total	10 654	11 936	13 418

Source : *Tableau de l'Education nationale,* ministère de l'Education, service des études informatiques et statistiques (SEIS).

de 1940 à 1946 ; mais il ne semble pas que ce seul fait puisse expliquer la chute énorme des effectifs, surtout en 1920. Or l'auteur ne commente pas les chiffres qu'il publie. Nous les présentons au lecteur parce que nous n'en avons

1. *Données sociales,* éd. 1978, p. 254.

pas trouvé d'autres, et renoncé à en calculer de meilleurs à partir des sources existantes ; nous pensons montrer ainsi combien les hommes sont ignorants de leurs propres affaires, même les plus fondamentales ; et pourtant, Dieu sait combien ils en discourent. Sans doute pensent-ils qu'il est plus facile de parler des choses qu'on ignore... Et surtout, il est plus facile de parler dans la nuit que de produire de la lumière.

Quoi qu'il en soit, nos connaissances sont faibles. Toutefois, depuis 1963 (mais depuis 1963 seulement !) le S.E.I.S. (précité) a dressé des statistiques d'ensemble qui semblent sûres. Le *tableau 25* résume ces statistiques pour les années 1963 et 1975 ; j'y ajoute l'année 1968-1969 pour comparaison avec le *tableau 24*.

La baisse des effectifs du premier degré de 1968 à 1975 tient ici au transfert, vers les classes de 6ᵉ du second degré, de tous les enfants de douze ans et plus. Cela étant, on peut penser que, pour la période considérée, l'écart entre les chiffres du tableau 24 et ceux du tableau 25 tient essentiellement aux effectifs de l'enseignement privé inclus en 25 et exclus en 24, et à une ventilation différente des classes supérieures du 1ᵉʳ degré. Par exemple, en 1975, les établissements privés groupaient 1 042 milliers d'élèves en préscolaire et premier degré, et 987 en second degré.

Sommairement, on peut déduire de tout cela qu'en trente années les classes maternelles ont doublé, le second degré quadruplé, le supérieur multiplié par sept ou huit. Par ailleurs, le primaire a seulement suivi la poussée démographique.

Et pour saisir toute la portée de cette mutation, il faut se rappeler qu'il y a un siècle la France n'avait que 90 000 élèves dans le secondaire (50 fois moins qu'aujourd'hui) et 15 000 dans le supérieur (70 fois moins qu'aujourd'hui) !

*
* *

Le nombre des maîtres a augmenté *plus encore*. Mais les décomptes à long terme ne sont pas plus faciles. Si en effet l'administration nous donne depuis 1965 les effectifs des maîtres à plein temps de l'enseignement public, il est presque impossible de les trouver pour 1946 et pour le début du XXᵉ siècle ! Retenons donc qu'en milieu d'année 1975, le ministère de l'Education groupait 531 000 « enseignants » à temps complet, dont 38 000 pour le supérieur, 173 000 pour les écoles primaires et 53 000 pour les classes maternelles et enfantines (*tableau 26*).

TABLEAU 26

Les effectifs de maîtres, enseignant à temps complet dans l'enseignement public de 1965 à 1975 (en milliers)

	1965-66	1974-75
Classes maternelles et enfantines ..	33,0	53,7
Ecoles primaires	180,0	173,2
Enseignement spécial	6,9	16,8
CEG, CES, CET	67,1	178,9
Lycées	63,8	68,2
Ecoles normales	2,0	2,3
Universités et IUT	18,5	38,3
Total	371,5	531,3

Source : *Tableaux de l'Education nationale* (SEIS).

*
* *

Quel que soit le flou de ces statistiques, elles rendent certaine l'énorme mutation qui s'est produite et qui donne aujourd'hui, dans le second degré et dans le supérieur, plus de maîtres qu'il n'y avait naguère d'élèves.

Une autre manière de mesurer la croissance du service de l'Enseignement est de suivre les dépenses budgétaires de l'État, des départements et des communes. C. André et R. Delorme l'ont fait de 1872 à 1971, en corrigeant la perte de pouvoir d'achat de la monnaie par l'indice des prix [1]. Ramenés donc au franc de pouvoir d'achat 1938, ces dépenses seraient les suivantes (*tableau 27*) :

1. Etude citée par *Données sociales*, éd. 1978, p. 256. Ces dépenses couvrent aussi les bourses d'élèves et d'étudiants. En 1973, 26 % des effectifs des classes de seconde étaient boursiers. En 1975-1976, 113 000 étudiants de l'enseignement supérieur (donc environ 10 % seulement) l'étaient également et ont touché en moyenne 5 000 F dans l'année.

TABLEAU 27			
Dépenses budgétaires de l'Etat, des départements et des communes pour l'Education nationale, 1872-1971			
Dates	**Etat**	**Départements et communes**	**Total**
1872	0,30	0,34	0,64
1912	2,15	0,58	2,73
1938	5,70	0,92	6,62
1947	7,37	0,89	8,26
1971	76,17	4,16	80,33

En milliards de francs 1938 (voir texte).

Cette série fait apparaître, en pouvoir d'achat constant *après un quadruplement* en 40 ans de 1872 à 1912 *et un triplement* en 35 ans, de 1912 à 1947, *une multiplication par dix,* un décuplement des dépenses publiques annuelles, de 1947 à 1971, donc en 24 ans. Depuis 1971 et jusqu'en 1976, ce rythme de croissance a été maintenu.

Les diplômes délivrés

On voudrait pouvoir mesurer objectivement les résultats intellectuels de cet immense changement. Car il est clair qu'il ne suffit pas de dépenser plus d'argent, ni même de multiplier le nombre des élèves et la durée de leurs études ni même celui des maîtres pour promouvoir l'information, les connaissances, la formation, la culture... Le temps où certains pouvaient le croire et l'affirmer est passé...

Nous devons donc nous contenter d'indices. Le meilleur nous paraît celui fourni par l'I.N.S.E.E. (toujours lui !) dans *Données sociales 1978,* à partir de l'enquête sur l'emploi réalisée en 1974 pour le ministère du Travail.

Le *tableau 28,* établi, pour les générations nées en 1925, d'une part, et en 1950, de l'autre, à partir des chiffres fournis par cette enquête, montre le grand progrès accompli, de la génération 1925 dont l'adoles-

TABLEAU 28

Répartition de la population active, selon le diplôme scolaire le plus élevé obtenu par chaque personne (en ‰)

Générations nées vers	Aucun diplôme	C.E.P.	C.A.P. ou B.E.P.C.	Baccalauréat et plus
1800 [1]	90	8	2	0,15
1925 [2]	33	40	15	12
1950 [3]	20	22	35	23

Source : Enquête de 1974 (voir texte).

cence était terminée en 1946, à la génération 1950 qui a déjà bénéficié largement du régime des « trente glorieuses ». On notera cependant que le contingent des « sans diplôme » reste de 20 %, donc très fort ; mais il faut se rappeler que près de 15 % de la population active française est constituée d'étrangers, en grande majorité manœuvres ou O.S. nés à l'étranger et venus en France entre leur dix-huitième et leur trentième année.

Inversement, on voit sur le *tableau 28*, que la promotion de la génération 1925 à la génération 1950 s'est faite par translation des deux premiers niveaux aux deux derniers, qui ont ainsi doublé.

Nos promotions annuelles de bacheliers sont aujourd'hui de l'ordre de 150 000 à 160 000 soit 20 à 25 % d'une classe d'âge. Mais l'augmentation du nombre des diplômes de niveau supérieur au baccalauréat est encore plus frappante. Parmi nos jeunes âgés aujourd'hui de 25 à 29 ans, plus de 11 % ont atteint ou dépassé le *diplôme* « bac. + 2 ans », contre 2 % dans la génération née en 1905, et *deux pour mille* au plus dans la France du XIXe siècle !

Bien entendu, l'on pourra penser que les diplômes

1. Evaluation J. F.
2. Chiffres calculés d'après l'enquête citée dans le texte ci-contre, *Données sociales*, éd. 1978, p. 35 sq.

ne sont plus les mêmes et qu'un bachelier d'aujourd'hui est, sur bien des points (non seulement sur l'orthographe et le calcul, mais sur la manière de juger, sur le « bon sens », sur la capacité de se faire comprendre des autres, de s'exprimer avec clarté et précision...), inférieur à ce qu'était il y a trente ans un titulaire moyen du certificat d'études primaires. Cela n'est pas contesté. Dans l'ensemble, les IVe et Ve Républiques ont moins bien réussi leur école secondaire de masse que la IIIe République n'avait fait pour l'école primaire de masse ; on a, depuis 1930 et pendant des années presque jusqu'à nos jours, tenté d'étendre à la masse l'enseignement secondaire d'élite existant au XIXe et au début du XXe siècle. On se rend aujourd'hui lentement au constat d'échec, ou du moins de médiocre réussite. Peu à peu, la réalité conduit vers des procédures originales, encore méconnues. Notre enseignement secondaire de masse se cherche donc depuis trente ans et continuera de se chercher...

Il n'en est pas moins certain que l'homme moyen en France n'est plus cet homme lourd et lent dont Courteline a fait une caricature bien malveillante. D'une part, nos contingents de cadres se sont grandement étoffés, sans que leurs sommets se soient abaissés ; d'autre part, la masse du peuple acquiert des connaissances, des réflexes et aussi peut-être un peu de l'esprit scientifique expérimental qui a fait, fait et fera le progrès humain.

2. *Les loisirs*

Le temps n'est plus où Frédéric Le Play, observant méticuleusement le niveau de vie et le genre de vie des classes ouvrières françaises, notait ainsi les dépenses de loisirs d'un ménage de mineurs de Pongibaud :

> « *Récréations et solennités.* »
> « Pain d'épice pour le petit enfant ; vin bu par l'ouvrier dans quelques circonstances exceptionnelles : 0,50 F ! »

Il s'agit de la dépense *annuelle*, en 1850, à une

époque où un litre de vin ordinaire valait 0,15 F[1].

Par ailleurs, voici comment Le Play décrit les *récréations* de la famille d'ouvriers agricoles qu'il a observée à Saint-Léger-de-Fougeret, au cours de l'année 1868. (Saint-Léger-de-Fougeret est une commune du canton de Château-Chinon, dont Mitterrand est aujourd'hui député :)

« La principale récréation de la famille est le repas pris le jour de la fête patronale de la commune, et dans lequel entre, une seule fois par an, une certaine quantité de viande et de vin.

« L'ouvrier, à la fin de la moisson, prend sa part d'une autre fête nommée dans le pays *poêlée*... On y mange des crêpes préparées avec une bouillie de sarrasin, cuite dans une poêle enduite de lard ou d'huile ; on y boit en outre du vin, quand le métayer n'est pas dans la gêne.

« Dans le courant de l'année, la récréation favorite de l'ouvrier consiste à se rendre dans les foires et dans les marchés qui se tiennent dans les petites villes de Château-Chinon et de Moulins-Engilbert. Là, en compagnie de quelques amis, il s'informe des nouvelles du pays et prend au cabaret un repas modeste composé de viande, de vin et de pain de froment. Il n'est pas sans intérêt de constater que cette fréquentation des foires et des marchés est la récréation la plus généralement adoptée par les populations ouvrières de cette partie de la France. Inspirée par un sentiment égoïste, elle est presque toujours nuisible à la moralité et au bien-être de la famille. »

Aujourd'hui, éclatent partout les signes d'une véritable explosion des budgets de loisirs. Chaque année, les vacances jettent sur les routes des masses d'hommes et de femmes quatre fois plus nombreuses que ne le fit la mobilisation générale du mois d'août 1914, au cours duquel les cheminots travaillèrent 80 heures par semaine, et où les deux tiers des soldats et des civils « émigrés » voyagèrent dans des « wagons à bestiaux » et couchèrent « à la belle étoile ».

On a vu, au cours des « trente glorieuses », l'effervescence de tous les instruments de loisirs ; les dépenses de photo-cinéma, de disques et de cassettes, d'électrophones, de radio et de T.V., d'articles de sport et de camping, évaluées à prix constants, dou-

1. Cf. *Les Ecrivains témoins du Peuple*, p. 341 sq.

blèrent approximativement chaque dix ans. Cent indices en témoignent, depuis celui de la consommation d'articles de pêche sous-marine et de pêche en rivière, jusqu'à celui des résidences secondaires, en passant par les caravanes et les terrains de camping, le vol à voile et les circuits à l'étranger...

Nous nous bornerons ici, pour prendre conscience de cette évolution sensationnelle, à quelques statistiques de base, concernant la durée des loisirs, leur emploi, leur coût et leur « volume » économique, et nous tenterons une approche qualitative à l'aide des enquêtes d'opinion.

La durée des loisirs

L'essentiel sur la durée des loisirs a déjà été dit à propos de la durée du travail, car le lecteur a bien compris que si très peu de nos ancêtres connaissaient le loisir, c'est parce que le travail absorbait toute la durée de la vie consciente en dehors du repos dominical et des jours fériés. Avant 1936, seuls les instituteurs, les professeurs, les magistrats, et de manière générale les fonctionnaires, avaient des congés payés ; leur généralisation fut le mérite du gouvernement de Front Populaire (on peut presque dire le seul mérite, la seule disposition heureuse non annulée par l'évolution ultérieure, la seule qui n'excédait pas la capacité de l'économie française). Mais on a vu que la durée de ces congés est passée de deux semaines en 1936 et 1946, à trois, puis à quatre, et que, quoique la durée hebdomadaire du travail soit restée élevée (eu égard à la richesse des travailleurs), les adultes ont, en 1975-1978 (notamment par la généralisation de la semaine de cinq jours ouvrables, par l'extension des « ponts » et des horaires mobiles), nettement plus de temps pour les loisirs qu'en 1946.

Mais ce sont les jeunes et les vieillards qui ont le plus bénéficié de l'évolution récente, par l'élévation de l'âge moyen d'entrée dans la population active et par l'abaissement de l'âge moyen de sortie. Bien sûr, la scolarité a absorbé, pour les jeunes, une large part du temps ainsi disponible, mais l'école ou l'université n'occupent en moyenne que huit mois par an. Quant aux vieillards, en 1946, la faiblesse du niveau moyen de vie et l'absence de retraite obligeaient la presque totalité d'entre eux à travailler jusqu'à la limite de leurs forces, tandis qu'à l'inverse, aujourd'hui, c'est souvent une obligation de cesser le travail à 65, à 60, voire, pour certains métiers et pour les femmes, à 55 ans [1].

Une enquête de l'I.N.E.D., réalisée en 1958 dans les familles citadines et une enquête de l'I.N.S.E.E., réalisée en 1971 sur la population de six villes du Nord [2], donnent des indications sur le budget-temps des hommes adultes actifs, et des femmes actives (au sens des recensements) ou maîtresses de maison.

Il résulte de ces enquêtes que les horaires hebdomadaires ont peu changé de 1958 à 1971, ce que l'on sait par ailleurs ; mais les horaires diffèrent grandement selon les charges de famille et selon que l'on considère séparément les hommes, les femmes « actives », les femmes maîtresses de maison, sans activité professionnelle. Il résulte du *tableau 29* que les hommes font en moyenne 1 heure et demie de travail ménager par jour, tandis que les femmes en font de 4 à 9. Les femmes qui ont un travail rémunéré hors du foyer, font en plus de 4 à 5 heures de travail dans leur foyer ; cela change peu la durée de leur sommeil et de leur « temps personnel » (repas, toilette), mais fait tomber à très peu leurs loisirs, compte tenu du temps qui leur est nécessaire pour se rendre à leur travail rémunéré. Les femmes qui sont maîtresses de maison à temps complet ont au contraire de 4 à 7 heures de loisirs par jour ouvrable, selon qu'elles ont ou non charge d'enfants. Autrement dit encore, pour qu'une femme ait au moins autant de loisirs quotidiens que son mari, il suffit qu'elle n'ait pas d'emploi hors de son foyer.

*
**

1. Avant 1945, seuls les fonctionnaires, les mineurs de charbon et de fer, les employés de chemin de fer, et quelques rares catégories de salariés « à statut » avaient une retraite avec pension. C'est une « ordonnance » du 4 octobre 1945 qui a institué la retraite légale de la Sécurité sociale.
2. A. Girard, « Le budget-temps de la femme mariée dans les agglomérations urbaines », *Population*, 1958, 4. Y. Lemel, *Les budgets-temps des citadins*, I.N.S.E.E. 1973.

TABLEAU 29

Le budget-temps des jours ouvrables dans les ménages urbains, d'après les enquêtes de 1958 et de 1971

	Sommeil	Temps personnel	Travail rémunéré	Travail ménager	Loisirs et trajets
Hommes	8,0	2,6	7,5	1,5	4,3
Femmes sans enfant :					
1. Ayant un travail professionnel ..	8,0	2,2	7,3	4,0	2,5
2. Maîtresses de maison à plein temps	8,4	2,8	0,0	5,2	7,4
Femmes avec enfants :					
1. Ayant un travail professionnel ..	8,0	2,4	6,3	4,8	2,3
2. Maîtresses de maison à plein temps	8,1	2,6	0,0	8,9	4,2

Sources : Voir le texte.

*
* *

La transe à laquelle sont soumises les femmes travaillant hors de leur foyer est telle que beaucoup pratiquent ce que l'on a appelé l'absentéisme. En moyenne, les statistiques montrent que chaque salarié manque à l'appel de son entreprise *18 jours par an* (en outre, bien entendu, des congés légaux) ; en gros la ration d'absentéisme est de 15 jours par an pour les hommes et 20 pour les femmes ; ces jours d'absence sont, bien entendu, presque toujours déclarés comme indisponibilité médicale, et certifiés tels par un médecin traitant, de sorte qu'il est impossible de faire officiellement la part de la vraie maladie et celle du « vrai » absentéisme. Quoi qu'il en soit, ce taux de 18 jours par an dépasse de beaucoup la durée moyenne des réelles indispositions médicales des adultes, et vient donc augmenter d'une dizaine de jours la durée effective des congés payés annuels.

*
**

Il n'en est pas moins certain que le travail professionnel à plein temps conduit la femme mariée, même sans enfant, et *a fortiori* avec enfants, à un surmenage dangereux, non seulement par rapport à son mari, mais encore de manière absolue. On ne sait pas très bien expliquer, dans ces conditions, la croissance des taux d'activité professionnelle des femmes mariées ; normalement, la croissance du niveau de vie aurait dû s'accompagner d'une réduction de ces taux d'activité ; or, ils se sont beaucoup élevés depuis 1946. Les enquêtes d'opinion, loin d'éclairer le problème, en montrent l'obscurité. A la question « Pourquoi travaillez-vous (ou désirez-vous travailler) hors de votre foyer ? » la réponse majoritaire est en effet : « parce que l'on ne peut pas vivre » avec un seul salaire, un seul salaire donne un niveau de vie trop faible au foyer ! L'étonnant est que cette réponse soit donnée par des femmes de cadres supérieurs comme par des femmes d'ouvriers — et qu'elle soit donnée par des femmes dont la mère et la grand-mère n'avaient qu'un niveau de vie trois ou cinq fois plus faible et pourtant se donnaient tout entières à leurs enfants et à leur foyer. Le travail professionnel des femmes est, en fait, un trait caractéristique de notre évolution présente, et touche à des attitudes et à des mentalités profondes et obscures, dont nous aurons à reparler à propos de la crise des « valeurs » morales et spirituelles traditionnelles.

*
**

Quoi qu'il en soit, la tendance des femmes, même de haut niveau de vie, à pratiquer un travail rémunéré hors de leur foyer, vient restreindre la tendance au développement général des loisirs, mais elle est loin de l'annuler. A peine, d'ailleurs, la femme a-t-elle obtenu le travail professionnel à plein temps qu'elle recherche, qu'elle se met à ressentir fortement *le besoin* de loisir et à en revendiquer la satisfaction.

Comme il est usuel, le besoin de loisir vient en effet de l'imitation de la masse du groupe auquel on appartient... Il apparut longtemps que seuls les habitants des grandes villes avaient besoin de vacances à la campagne ; mais, aujourd'hui, même les campagnards ont besoin de vacances à la campagne (et même de sports d'hiver !).

*
* *

Joffre Dumazedier a bien montré la force et l'ambiguïté du besoin de loisirs depuis trente ans. Le loisir est désiré pour une foule de motivations enchevêtrées, les unes conscientes, les autres inconscientes ; la fringale de loisirs vient sans doute essentiellement du fait qu'une foule de choses, naguère impossibles, sont devenues possibles, quoique rationnées. Au jour, sans doute prochain, où le travail sera rationné, le besoin de loisirs fera sans doute rapidement place au besoin de travail !

Dans les enquêtes d'opinion, les Français citent majoritairement « le repos » comme objectif des vacances. Mais on peut se demander si cela n'est pas une réponse sans signification vraie, car beaucoup de vacanciers mènent en vacances une vie qu'ils n'accepteraient pas si elle leur était imposée par une entreprise de production. Les réponses minoritaires, mais encore très nombreuses, qui évoquent un changement (climat différent, rupture avec les habitudes, dépaysement, nouvelles connaissances...), sont donc probablement plus près des vrais facteurs. Il faudrait sans doute y ajouter le plus profond, mais inavoué, qui consiste à faire comme tout le monde, faire comme les plus riches, faire comme les plus forts... On peut alors penser que les motivations de ces puissants mouvements de masse sont bien futiles, et révèlent un grand désarroi. Changer, se dépayser, mais pourquoi donc ? rompre, fuir, mais fuir quoi ? Hélas ! pas un mot dans ces enquêtes pour évoquer la découverte de la terre et des hommes, l'approfondissement de la condition humaine ! (*Tableau 30.*)

*
* *

TABLEAU 30

Ce que les Français attendent de leurs vacances en 1978

	Nombre d'options de 100 personnes
Le repos	66
Le soleil, un climat différent	48
Le fait de rompre avec ce que l'on a fait le reste de l'année	45
Le fait de retrouver des amis ou des parents	32
Le dépaysement	27
L'amusement, les distractions	20
La satisfaction des enfants	19
Le fait de faire de nouvelles connaissances	11

Source : Sondage FIGARO-SOFRES, *Le Figaro*, 24 juillet 1978.

Ces sondages nous laissent gravement inquiets quant à la qualité de ces loisirs de masse. Enregistrons cependant leur quantité.

*
* *

Sur une longue période, cette quantité ne peut être évoquée que par les dépenses des ménages, pour leurs distractions, récréation, culture et loisirs. Encore devons-nous nous contenter des classements qu'ont faits les observateurs, et notamment, depuis 1949, l'I.N.S.E.E. et les économistes qui tiennent la comptabilité nationale de la France. En fait, la rubrique « culture et loisirs » de la comptabilité nationale française, telle qu'elle a été définie et chiffrée par nos comptables, ne comprend qu'une partie de ces dépenses ; non seulement elle ne comprend pas le coût de l'école, de l'université, les dépenses de l'Etat pour les musées, les théâtres, les maisons de la culture, les équipements sportifs et touristiques..., mais encore elle ne reprend pas les dépenses de voyages, de séjours de vacances... Ses rubriques sont les suivantes : « Récepteurs de radio, de T.V. et magnétophones. Appareils de photo et cinéma. Objets utilisés dans le sport, le camping, la chasse et la pêche. Dépenses de théâtre, de cinéma et redevances O.R.T.F. Achats de journaux, revues et livres. Jeux, jouets, instruments de musique... » Il ne s'agit donc guère que *des objets* utilisés dans le loisir ou pour la culture ; et l'on peut considérer la série statistique ainsi élaborée seulement comme une image indicative grossière du phénomène « culture et loisir ». Les corrections, commandées par l'inflation ininterrompue des salaires et des prix, accroissent évidemment encore le flou de l'image... Cela étant bien considéré, on trouvera au *tableau 31* la série ainsi élaborée, et qui, malgré ses défauts, a le mérite d'exister. Ici encore, une mesure médiocre vaut mieux que pas de mesure du tout.

TABLEAU 31

La consommation de « culture et loisirs », en France, d'après la comptabilité nationale de 1949 à 1974

Date	**En millions de francs courants**	**En milliards aux prix de 1974**	**Indice du volume des biens et services consommés**
1949	3 623	13,1	100
1959	11 524	31,8	166,6
1970	38 834	47,6	363,5
1974	66 178	66,2	504,1

Sources : *Annuaires statistiques.*
La base de calcul ayant changé, cette série statistique n'a pas de suite après 1974.

On verra ainsi combien, dès 1949, la France était loin de la situation décrite par Le Play. Même pour les ménages restés au bas de l'échelle des revenus, les *dépenses de loisirs et culture* au sens restreint des termes (définis ci-dessus), sont en 1974 de l'ordre de 2 000 F par an et par ménage, contre environ 10 F

1974, d'après Le Play, au milieu du XIXe siècle, c'est-à-dire trois générations plus tôt (Le grand-père d'un homme ayant aujourd'hui 40 ans est né vers 1870).

De 1949 à 1974, le *tableau 31* fait apparaître une multiplication par 5 de ces dépenses de loisirs, ce qui, par tête de population, donne une multiplication par 3,5.

*
* *

Mais l'I.N.S.E.E., conscient de l'insuffisance de son indicateur de loisir, auquel il a d'ailleurs renoncé depuis 1974, a lancé dès 1964 (c'est bien tard) un autre indicateur, ouvertement partiel lui aussi, mais utilement complémentaire : l'enquête annuelle par sondage sur les vacances des Français, qui apporte, en effet, quantité d'informations sur le comportement effectif de diverses catégories socioprofessionnelles. Nous en avons retenu quelques-unes dans le *tableau 32* [1]. Pour lire utilement ce tableau, il est nécessaire de savoir que les taux annuels de départs en vacances étaient, avant 1936, très faibles. Seuls, on l'a dit, les membres de l'enseignement, les magistrats et les fonctionnaires avaient des congés payés, d'ailleurs déjà, pour beaucoup d'entre eux, aussi longs, voire plus longs qu'aujourd'hui. L'incidence à l'échelle nationale n'en était pas moins très faible (disons, pour fixer les idées, de l'ordre de 5 % des Français). L'institution légale d'un minimum de deux semaines de congés payés au bénéfice de tous les salariés, fit, en 1936, bondir ce taux à son triple ou à son quadruple, mais la guerre et l'occupation armée qui suivit engendrèrent évidemment une lourde régression du mouvement. Aussi lors de la libération du territoire, le taux annuel de départ en vacances devait-il être de l'ordre de 15 % au plus.

En peu d'années, par contre, la liberté de voyager, l'extension du nombre des voitures et du réseau routier revêtu, la sûreté — devenue presque absolue — de la mécanique automobile et des pneumatiques,

1. Cf. pour une vue d'ensemble de la période 1962-1977 : « Les vacances des Français », par Jean André et Jean-Michel Rempp, *Economie et Statistique*, n° 101.

l'élévation surtout du niveau de vie, stimulèrent la fringale de vacances. Comme on l'a déjà rappelé ci-dessus, la durée légale minimale des congés payés fut étendue à trois semaines dès 1956 et à quatre semaines en 1969.

C'est ainsi que le taux national des départs annuels en vacances est monté à 43,6 % en 1964 et continue une lente ascension, pour atteindre 53 % en 1977. L'enquête ne donne malheureusement pas les taux des personnes qui, non parties au cours de l'année *n*, sont parties au cours des années (*n* — 1), (*n* — 2)... Le *tableau 32* montre, comme on pouvait s'y attendre, que ce taux national est la moyenne (pondérée) de taux différents selon les âges et selon les catégories socioprofessionnelles.

TABLEAU 32

Taux de départ en vacances au cours des années 1963-1976

Ensemble de la population	**1963**	**1972**	**1976**
Ceux qui partent le moins :			
Exploitants et salariés agricoles	11,9	15,7	19,3
Inactifs	31,7	31,5	38,5
Ouvriers	44,3	44,7	48,8
Ensemble des personnes âgées :			
de plus de 70 ans	22,0	26,1	30,1
de 65 à 70 ans	29,0	33,5	36,6
Ceux qui partent le plus :			
Cadres supérieurs, professeurs et professions libérales	86,6	88,0	90,5
Cadres moyens, instituteurs	73,6	77,9	79,7
Ensemble des personnes âgées de 25 à 39 ans	49,0	60,5	63,5

La hausse de dix points en treize ans du taux national tient d'ailleurs moins à la hausse de chacun des taux composants, qu'à la réduction du nombre de la population agricole dont les taux, malgré une vive augmentation, restent très inférieurs à la moyenne.

L'enquête donne en outre une foule d'informations que nous ne pouvons détailler ici ; par exemple sur la durée des séjours de vacances (les séjours d'été durent en moyenne 21 jours et ne varient guère depuis 13 ans. 42 % des séjours se font chez des parents ou amis, 20 % dans une maison secondaire ou une location, 15 % à l'hôtel et presque autant en « caravane » ou sous la tente... Les voyages à l'étranger représentent 17 % des séjours, dont le tiers provient des étrangers résidant ou travaillant en France. Près d'un séjour d'été sur deux se fait à la mer, et un sur quatre à la campagne.

Sur 100 personnes qui partent en vacances, 68 l'ont fait l'été seulement, 5 seulement l'hiver, et 27 une fois au moins l'été et de plus une fois l'hiver...

Pour conclure ce paragraphe sur les loisirs, nous dirons que malgré l'étonnante expansion de la durée des loisirs et des dépenses de loisirs qui a été enregistrée depuis 1946, l'appétit, le « besoin » restent très vifs. Au point que, dans l'enquête d'opinion SOFRES-FIGARO réalisée en juillet 1978 et déjà signalée plus haut, 47 % des personnes interrogées ont déclaré préférer une cinquième semaine de congés payés à une augmentation de salaire, contre seulement 34 à l'inverse (19 restant « sans opinion »). Il est vrai qu'une semaine de congé payé n'équivaut qu'à une hausse de salaire de l'ordre de 2 % (une semaine sur 48 semaines aujourd'hui ouvrées).

3. *L'habitat*

Après la durée de la vie et la santé, l'habitat est certainement le facteur le plus important du genre de vie, car l'homme, malgré le travail professionnel, la scolarité, les transports et les voyages, passe dans son logement la majorité de son temps. C'est là, en général, qu'il dort et qu'il mange, se donne les soins corporels, vit ses relations familiales, ses relations d'amitié ou de voisinage, prend son repos et la majorité de ses distractions (lecture, radio, TV, écoute de musique, projections de photos), et acquiert une large part de sa culture, de son humanité...

Rien n'évoque mieux les changements survenus dans la société depuis cent ans que la terminologie : dans mon enfance encore, la grande majorité des Français désignait son lieu familial de vie par le mot « maison » ; l' « hostal » en langue d'oc ; on rentrait *à la maison* pour le déjeuner ou pour le souper ; on invitait un ami *à la maison ;* on devait passer la soirée *à la maison.* Aujourd'hui, on dit : logement, appartement, on donne le nom de la rue, ou l'on dit « chez nous », « chez moi [1] ».

Or la maison était bien plus qu'un logement : c'était en plus des lieux de rêverie et de transition : un grenier, des caves, des étables, un jardin... L'homme y vivait en contact permanent avec des animaux domestiques et de la vermine, et avec des végétaux soumis au rythme des saisons... On loge dans un appartement ; on habite dans une maison. D'où sans doute la généralité des nostalgies d'aujourd'hui, et la puissante propension des hommes d'aujourd'hui à préférer la maison, même sous sa forme du pavillon de banlieue, à l'appartement.

*
* *

Mais on veut la maison d'autrefois avec le confort des appartements d'aujourd'hui ; le logement n'est plus seulement un abri, il est en outre une machine, un ensemble de machines complexes : à chauffer, à éclairer, à communiquer (par téléphone, radio, T.V.), à informer et à distraire... On veut en outre y être indépendant et, à la limite, maître de son comportement individuel. Dans la maison traditionnelle, cohabitaient plusieurs générations et les lits des vieilles gens jouxtaient les berceaux. Aujourd'hui l'on désigne comme « surpeuplement accentué » ce qui était naguère la norme des paysans riches...

---

1. *Maison* est le mot latin *mansus,* participe passé de *manere* rester, demeurer, subsister, persister. Logement est un mot qui ne remonte qu'au XIVe siècle et évoque le changement de gîte : le maréchal des logis... Un appartement, mot plus récent encore (XVIe siècle), n'est qu'un ensemble de logis.

*
* *

Le *tableau 33* résume les changements observés au cours des « trente glorieuses ». Comme je l'ai déjà dit, les informations sur 1946 sont rares et peu homogènes avec celles de 1975 ; on pourrait d'ailleurs les remplacer par celles de 1939, car de 1939 à 1946 les choses avaient, on s'en doute, plus régressé que progressé. Un million de logements ont été détruits de 1940 à 1944 ! On sait que de 1935 à 1939, en cinq ans donc, 350 000 logements seulement avaient été construits en France, soit en moyenne 70 000 par an.

Ce nombre donne tout son relief à ce qui s'est passé ensuite : 200 000 logements construits chaque année, en moyenne de 1945 à 1964 ; 350 000, de 1965 à 1968 ; 445 000, de 1968 à 1975 ! Ainsi, le stock de logements existants a pu passer de 13 millions en 1931 et 1939, et de 14 millions en 1954, à plus de 21 millions en 1975. Et bien entendu, le stock de 1975 est non seulement plus nombreux mais de beaucoup plus confortable que celui de 1946. On vient de voir,

TABLEAU 33

Le logement en France de 1946 à 1975 [1]

	1946	1954	1962	1968	1975
Nombre total de logements existants (millions)	12,7	14,4	16,4	18,3	21,1
résidences principales		13,4	14,6	15,8	17,7
résidences secondaires		0,4	1,0	1,2	1,7
logements vacants		0,5	0,8	1,3	1,7
Nombre de logements possédés par la famille qui y habite [2]		35,5 %			46,7 %
Nombre de logements construits depuis moins de 25 ans		15 %			45 %

	1946	1954	1962	1968	1975
Surpeuplement [6] :					
« accentué »			12,7 [6]		4,7 [3]
« modéré »			26,0 [6]		17,0 [3]
Eau froide courante dans l'appartement.	37 %	59		91	97,2
Eau chaude et froide courante dans l'appartement	—	—		60 [4]	75,7
W.-C. intérieurs ...	—	28		55	73,8
Salle de bain ou douche	5	17,5		47,5	70,3
Chauffage central individuel ou collectif	—	—	—	35,1 [4]	53,1
« Tout le confort » .	4	—	—	—	47,7
Téléphones pour 100 logements	—	—	—	—	35,1 [5]
Téléphones pour 100 habitants	5	7,5		15	25
Réfrigérateurs	3	6,7	40,3	—	91 [5]
Machines à laver ..	—	8,4	30	43,1 [4]	72 [5]
TV	—	1,0	24,9	63,3 [4]	86 [5]
Radios	60	71,7	—	95 [4]	—
Automobiles particulières (nombre total, en millions)	1,0			11,2	15,5

66 % des ménages, en novembre 1976, avaient à la fois réfrigérateur, machine à laver le linge et TV, 52 sur ces 66 avaient en outre une automobile.
3,6 % des ménages n'ont aucun des 9 articles recensés.

1. Les sources essentielles de ce tableau sont les *Recensements*, et les *Données sociales* des années 1973, 1974 et 1978.
2. Dont, en 1975, 55 % pour les ménages dont le chef est âgé de plus de 50 ans.
3. 1973.
4. 1969.
5. 1976 (*Economie et statistique*, n° 90).
6. En 1946, pour être recensé comme *surpeuplé*, un appartement de deux pièces devait être habité par *5 personnes au moins*.
En 1962 et 1975, un tel appartement est noté comme en *surpeuplement modéré* dès que le nombre de ses habitants dépasse 2, et en *surpeuplement accentué* s'il dépasse 3 (même si deux de ces personnes sont mariées ensemble). — Ainsi un studio même de 30 m² ou plus, même de luxe, est noté comme surpeuplé (surpeuplement modéré) s'il est habité par un ménage, même sans enfant. Cf. *Données sociales*, 1978, p. 180.

notamment, qu'il y avait très peu de logements modernes en 1946 (en fait 15 % seulement avaient moins de 25 ans d'âge) ; alors qu'en 1975, 45 % des Français habitaient des logements construits depuis 1950.

Cet énorme volume de constructions a permis d'une part le large mouvement dit (le mot est fort laid) de « décohabitation », enregistré depuis la guerre ; d'autre part, la démolition de 3 millions de logements vétustes et de « taudis » ; enfin, la transformation en résidences secondaires de centaines de milliers de *maisons* abandonnées par des paysans pauvres. Au total, nous avons, en 1975, 21 millions de logements pour 53 millions d'habitants ; contre, en 1954, 14 millions et demi pour 43 millions. Cela fait en moyenne 2,5 personnes par logement en 1975, contre 3,7 en 1954 [1].

La transformation de l'habitat est donc le résultat de facteurs différents, qui ont joué concurremment sans que l'on puisse ni les énumérer tous avec certitude, ni mesurer rapidement l'impact de chacun d'eux. Mais sans risque d'erreur on peut citer parmi les facteurs importants : l'élévation du niveau de vie, la tendance à l'autonomie des couples et des individus, dès qu'ils sont assez riches pour se la donner, et la concentration urbaine qu'ont provoquée l'exode agricole et le développement des activités industriel-

1. Les recensements ne donnent pas de renseignements sur la superficie des logements. Les taux de surpeuplement sont calculés selon des normes relatives au nombre de pièces, et ces normes ont été changées, on l'a vu, en 1962, de sorte qu'aucune mesure précise n'est disponible pour comparer 1946 et 1975. Mais il est certain qu'en moyenne la superficie des logements construits depuis 1950 est supérieure au double de celle des logements détruits. Cela contribue grandement à l'extension des zones urbaines.

En 1946, sur 12 672 000 logements recensés, 344 000 n'avaient pas d'autre pièce que la cuisine, et 2 325 000 n'avaient qu'une seule pièce en plus de la cuisine. Le nombre total des « pièces » ainsi recensées (toute cuisine de plus de 7 m² étant alors comptées comme « pièce ») fut de 34 millions, soit 1,15 personne par pièce. Les communes rurales du Morbihan avaient le record, avec 3,2 personnes par pièce : chiffre qui donne une image valable de la France rurale au XIXe et au début du XXe siècle.

Aujourd'hui, les cuisines de moins de 12 m² ne sont plus comptées comme pièce.

les puis tertiaires, dont nous avons parlé dans le prélude et au chapitre I.

*
**

Les *tableaux 7 et 9* (pp. 41 et 46) ont déjà donné les informations dont nous disposons sur les grandeurs respectives de la population totale et de la population rurale. Pour autant que l'on puisse considérer la série statistique issue des observations de l'I.N.S.E.E. comme homogène sur une longue période (par suite de la variation et, pour le passé, de l'imprécision des définitions de ce qui est compté comme urbain et de ce qui est compté comme rural), la population rurale de la France, qui atteignait 85 % du total vers 1700 et encore 75 % vers 1850, est aujourd'hui inférieure au tiers (*tableau 34*).

TABLEAU 34

Population urbaine et population rurale en France depuis 1700 (en pourcentage)

Année	Population rurale	Population urbaine
1700	84	16
1801	77	23
1846	75	25
1872	68	32
1901	59	41
1931	48	52
1946	47	53
1975	32	68

On voit que, de 1872 à 1975, en un siècle, donc, les places du rural et de l'urbain se sont exactement inversées. On voit aussi que, au cours des trente années que nous étudions, la population rurale est passée de tout près de la moitié du total à un tout petit peu moins du tiers. Par contre, de 1925 à 1946, les deux groupes, l'un rural et l'autre urbain, étaient restés à peu près égaux.

L'image que l'on retire de l'examen des nombres absolus (*tableau 9*, p. 46), sans contredire ce qui vient d'être dit (il s'agit en fait de la même information), attire cependant l'attention sur un aspect moins connu du phénomène : la population rurale se trouve en effet plus nombreuse aujourd'hui qu'en 1700 (de l'ordre de ce qu'elle était en 1750). *La dépopulation des campagnes* ne se mesure, en effet, qu'à partir du maximum enregistré par la population rurale au cours des années 1850 : à ce moment, la population rurale française est passée par un apogée de 27 millions d'âme, contre 16 en 1700 et 17 aujourd'hui.

Par contre, la population urbaine n'a cessé de croître, passant de 3 millions en 1700 à 6 en 1800, à 12 en 1875, à 21 en 1946, à 34 en 1975. En un siècle, de 1845 à 1946, les villes avaient gagné 12 millions d'habitants ; en trente ans, de 1946 à 1975, elles en ont gagné 13.

*
**

Mais la superficie des villes a augmenté depuis trente ans beaucoup plus encore que leur population. A l'exception, d'ailleurs fort spectaculaire, de quelques-unes, la plupart des villes françaises étaient restées, jusqu'en 1946, dans les limites millénaires de leur territoire ; ainsi beaucoup d'entre elles restaient dans l'enceinte de leurs fortifications du Moyen Age. Depuis 1946, tout a éclaté, même dans les villes petites et moyennes. C'est que, de 1830 à 1950, les pauvres paysans, chassés de la campagne par la misère, acceptaient, pour trouver un salaire dans l'industrie, de s'entasser dans des logements étroits et sombres, à 3 ou 5 personnes par pièce.

Les migrants du troisième quart du XXe siècle, en majorité attirés par les emplois tertiaires, étaient beaucoup plus riches et par conséquent beaucoup moins tolérants. Ils ont adopté les normes actuelles du surpeuplement, et refusé d'habiter les immeubles vétustes du centre des villes ; ils ont même préféré, dans de nombreux cas, à la rénovation des logements du centre, la construction de « villas » ou « pavillons » indépendants, avec jardin ou pelouse à 5, 10, 20 et même 30 km de leur lieu de travail et de leurs lieux d'approvisionnements [1].

*
* *

Ainsi, l'homme moyen, devenu riche, occupe une surface croissante, d'abord pour son habitat, ensuite pour ses transports ; d'où la prolifération des « grands ensembles », l'extension des banlieues résidentielles, la création de « villes nouvelles », et, malgré cela, l'étendue, autour des cités et même des villages, de « nébuleuses », intermédiaires entre la ville et la campagne, où la nature est « mitée » de petites maisons plus ou moins indiscrètes, campées au centre de 2 500 m² de gazon tondu avec application, persévérance et... bruit.

On peut se réjouir d'apprendre que 47 % de tous les logements appartiennent à ceux qui les habitent, et que ce taux a augmenté de onze points en vingt ans. Ce taux moyen est en effet très élevé si l'on tient compte du fait que les jeunes ménages ne peuvent *a priori* posséder leur appartement que s'ils ont hérité de leurs parents ou reçu d'eux une dot substantielle, que bon nombre de ménages possèdent un appartement mais, pour des raisons diverses (changements de résidence, nombre de pièces trop ou trop peu nombreuses), ne l'habitent pas et le louent à d'autres personnes ; enfin que beaucoup de résidents étrangers en France achètent un appartement non en France, mais dans leur pays d'origine où ils comptent revenir un jour [2] ; enfin 10 % des résidents habitent des appartements « de fonction » fournis par leur employeur, ou sont dans des situations analogues.

Par contre, on peut s'inquiéter de voir tant de gens

1. Un exemple type de cette évolution est Cahors, préfecture du Lot. Cahors est, jusqu'en 1950, restée enserrée dans la presqu'île de la Divona, « urbs cadurcorum », de l'époque romaine, fortifiée à l'époque barbare et médiévale. Depuis 1950, elle a fait irruption hors de ses remparts et triplé sa superficie. De plus, quantité de gens travaillant à Cahors, et qui naguère auraient été obligés d'y résider, habitent des maisons isolées entre 10 et 30 km du centre de la ville ; à grand renfort, bien entendu, d'automobiles et d'essence.

2. En 1975, 6,6 % des résidents sont étrangers.

habiter, même propriétaires, des logements ou des maisons si éloignées de leurs lieux de travail et de ravitaillement. On peut habiter n'importe où aujourd'hui, et de plus en plus souvent on le fait, en pleine campagne, au creux d'un vallon, au sommet d'un rocher — mais c'est au prix d'une consommation énorme d'énergie mécanique (fuel, gaz, essence, électricité...) pour le chauffage, les transports, la cuisine, l'eau, le téléphone... On frémit aux épreuves que subiraient ces gens s'il survenait des temps aussi durs que ceux de la récente occupation allemande, ou même seulement un rationnement de pétrole un peu serré.

*
* *

Rose et Pierre se sont mariés en 1940, peu après la défaite. Jusqu'en 1950, ils ont habité chez les parents de Rose ; en 1950, ils avaient quatre enfants et leur pouvoir d'achat leur a permis d'acheter par annuités un appartement composé d'une cuisine de 10 m² et de trois pièces, au total 60 m², appartement jugé « suffisant » selon les normes de l'époque. Bien entendu, le ménage n'a, en 1950, ni voiture, ni réfrigérateur, ni machine à laver ; son équipement est rudimentaire (une cuisinière à charbon, un fer à repasser électrique, un aspirateur...). Rose est maîtresse de maison et mère de famille à plein temps. Pierre est comptable ; il se rend à son travail en autobus.

Leur fils aîné, Stéphane, s'est marié en 1970 avec Séverine ; dès leur mariage, ils ont loué un studio. Peu après, ils se sont installés dans une petite maison comprenant une cuisine de 10 m² et trois pièces, comme leurs parents en 1950 ; mais la superficie totale est de 80 m² ; ils n'ont qu'un seul enfant ; la statistique les classe (en 1975) comme étant en état de « peuplement normal ». Stéphane et Séverine ont tous deux une profession salariée, les jours ouvrables sont acrobatiques, parce que leurs lieux de travail sont à 10 et 15 km de leur domicile ; leur enfant vit la vie usuelle de « l'enfant d'aujourd'hui », de crèche en baby-sitter et d'école en école. Ils ont une, voire deux 5 CV et la batterie complète de l'équipement ménager.

*
**

L'équipement ménager a été, en effet, la caractéristique majeure de l'évolution récente de l'habitat, en France. Nous en reparlerons à propos du niveau de vie, car cet équipement est au premier chef lié au pouvoir de consommation. On rappellera ici seulement que les appareils ménagers étaient presque inexistants en 1946, alors qu'en 1976, 91 % des ménages avaient un réfrigérateur, 86 % une T.V., 72 % une machine à laver le linge... En dehors des « beaux quartiers » de Paris ou de Lyon, le chauffage central et la distribution d'eau chaude étaient rarissimes [1] ; les quatre cinquièmes des logements ne disposaient pas de W.C. intérieurs (voir *tableau 33*, p. 130, et *graphique*, p. 283).

1. Au recensement de 1946, il s'est trouvé, à Paris, seulement une salle de douche ou de bain pour 5 logements. Sur les 84 271 immeubles, *cent cinquante-quatre* avaient un vide-ordures ! A Nîmes, à Brest, à Limoges, à Toulouse... les neuf dixièmes des immeubles étaient, en 1946, privés d'égout, les sept dixièmes n'avaient que des W.C. collectifs dont le tiers sans eau courante ! (Voir notre livre *Les Arts ménagers*, éd. 1950.)

CHAPITRE V

Niveau de vie, pouvoir d'achat

Pendant les trente années que nous étudions, le pouvoir d'achat des salaires a été la revendication majeure ; environ 95 grèves sur 100 ont eu pour objectif des augmentations de salaires. Et cela, malgré le mouvement né en 1968, qui tend à donner une place non négligeable au genre de vie, à la « qualité » de la vie, et à dévaloriser la « société de consommation ».

En fait, le pouvoir d'achat des salaires, et surtout des bas salaires, s'est accru pendant ces trente ans beaucoup plus qu'en aucune autre période de notre histoire ; et c'est, en grande partie, la raison pour laquelle on peut penser à les appeler « les trente glorieuses ». Les chiffres sont sûrs, mais leur examen demande nécessairement un effort au lecteur. En effet, nous venons de le dire, les salaires ne « marchent pas tous du même pas », et les catégories de salaire selon le métier, la qualification, la branche de production, forment un fourmillement qui donne le vertige. D'autre part, la durée du travail doit intervenir, et l'on peut obtenir des images différentes du progrès du pouvoir d'achat selon que l'on parle salaire horaire ou salaire annuel. Les prestations issues de la Sécurité sociale introduisent un clivage très important entre le salaire que reçoit le salarié directement de son employeur, ce qu'il reçoit lui-même de la Sécurité sociale, et ce que reçoit en moyenne de cette même Sécurité sociale l'ensemble des salariés. Enfin, l'inflation incessante et la succession de deux unités monétaires différentes, le franc ancien et le nouveau franc, ajoutent à la confusion. Personne en France n'est capable de dire combien il gagnait à une date donnée, et encore moins quel était l'indice du coût de la vie à cette date. C'est pour cela, sans doute, que le Français moyen n'a aucune idée des faits, pourtant fondamentaux, dont nous allons parler.

*
* *

Ayons donc le courage de fixer la terminologie indispensable à la connaissance d'un sujet aussi important pour la vie économique, sociale et politique du pays.

*
* *

Les mots « niveau de vie » sont employés pour parler de la *capacité moyenne de consommation* des habitants d'une nation ; ils s'opposent à « genre de vie » qui désignent les éléments plus qualitatifs de la vie quotidienne. Le niveau de vie se mesure en monnaie, en une monnaie dont on doit évidemment donner la valeur ; par exemple, le niveau de vie des différentes nations est souvent donné en dollars d'une année déterminée. L'on sait que la France figure aujourd'hui dans les dix premières d'un tel classement. Le niveau de vie se mesure généralement par la production intérieure brute par tête d'habitant, ou par le revenu national par tête d'habitant. Ces deux grandeurs sont données par la Comptabilité nationale.

Le « pouvoir d'achat » est une grandeur beaucoup plus analytique. C'est du pouvoir d'achat des *salaires* que l'on parle ici. Il doit s'agir, sous peine de confusions et erreurs, du pouvoir d'achat d'un salaire bien précisé, en une consommation, ou en un ensemble de consommations également bien précisées. Par exemple, on parlera du pouvoir d'achat du S.M.I.C. (salaire minimum interprofessionnel de croissance) de 1975, exprimé en kilogrammes de pain, ou en litres de lait. On peut aussi mesurer ce pouvoir d'achat du S.M.I.C.

de 1975 par rapport à celui de 1950, et pour un *ensemble* de consommations bien définies : ceci conduit à rapprocher le salaire d'un *indice du coût de la vie,* calculé sur un « panier de provisions » déterminé.

Par exemple, en 1974, à New Delhi, une femme de ménage gagnait 0,60 roupie de l'heure ; une douzaine d'œufs valait alors 3,28 roupies ; le pouvoir d'achat de la femme de ménage mesuré en œufs était donc de :

$$\frac{0{,}60}{3{,}38} = 0{,}18 \text{ douzaine} = 2{,}16 \text{ œufs.}$$

Ce pouvoir d'achat est donc exprimé en marchandises, en choses. C'est pourquoi on l'appelle aussi SALAIRE RÉEL. Inversement une douzaine d'œufs coûtait :

$$\frac{3{,}28}{0{,}6} = 5{,}5 \text{ heures de travail}$$

à cette femme de ménage. Ce prix, exprimé en heure, inverse donc du salaire réel, est appelé PRIX RÉEL.

A Paris, à la même date, la femme de ménage gagnait 8,50 F et la douzaine d'œufs valait 5,70 ; le pouvoir d'achat du salaire horaire de la femme de ménage était donc de $\frac{8{,}5}{5{,}7} = 1{,}5$ douzaine, soit 18 œufs ; et le prix réel de cette douzaine était :

$$\frac{5{,}7}{8{,}5} = 0{,}67 \text{ heure de travail.}$$

Tels sont les simples outils qui nous permettent d'éliminer les monnaies et leurs variations, et ainsi de mesurer objectivement le pouvoir d'achat, et de le comparer non seulement dans l'espace, mais aussi dans le temps.

*
**

Cela étant, nous décrirons l'évolution du niveau de vie et du pouvoir d'achat en trois paragraphes.

Dans le premier nous parlerons des grandeurs absolues, en cherchant des chiffres représentatifs des « *volumes physiques* » de consommation ; dans le second, nous présenterons des informations sur *les structures* des consommations populaires ; enfin nous placerons l'évolution récente dans le mouvement séculaire, en donnant des *listes concrètes de produits et services* consommés.

1. *Les volumes physiques*

On voudrait pouvoir mesurer avec précision les volumes physiques de production, d'échanges et de consommation ; cela paraît rationnellement être une condition de l'existence même de la science économique. En fait, on peut, et on doit, se suffire de mesures approximatives. On ne peut en effet additionner des pommes de terre et des œufs, par exemple, qu'en les exprimant en valeur, c'est-à-dire en unités monétaires, aux prix pratiqués à une certaine date et en un certain lieu. Cela rend les mesures relatives à ce système de prix ; autant de systèmes de prix, autant d'images différentes des « volumes physiques » et de leur évolution [1].

Néanmoins, ces mesures, toutes relatives qu'elles soient, et dépendantes du système de prix, ou, ici, de l'indice des prix retenu pour passer des prix courants aux prix réels, sont de beaucoup préférables à l'ignorance totale, et font apparaître des ordres de grandeur à la fois indubitables et instructifs.

***

Les faits prépondérants sont efficacement mis en lumière si l'on s'attache à trois *types de consommateurs :*

1. Cf. Jacqueline Fourastié, *Essai sur la mesure des quantités économiques*, Mouton, Paris, 1973.

1. Le salarié le moins bien payé (en France, celui qui touche le S.M.I.G. institué en 1949, et devenu S.M.I.C. en 1969 [1]).

2. *Un salaire* représentatif des cadres très supérieurs (nous prendrons ici les conseillers d'Etat, dont le traitement est d'ailleurs voisin de celui des conseillers à la cour de Cassation, des directeurs de ministère et du dixième le mieux payé des professeurs d'universités).

3. Le citoyen moyen, c'est-à-dire celui qui touche le revenu national moyen par tête, c'est-à-dire le revenu national (connu par la comptabilité publique) divisé par le nombre des habitants de la France.

Bien entendu, ces salaires ou revenus nominaux — c'est-à-dire exprimés chaque année, mois ou heures en francs *courants*, c'est-à-dire en francs de chaque époque (et l'on sait combien ces francs *courent* !) doivent être corrigés (« déflatés » dit certain jargon) par *un indice des prix de détail*, qui mesure l'inflation monétaire, le pouvoir d'achat du *franc courant*.

C'est cet indice de prix, appelé aussi très souvent indice *du coût de la vie*, qui introduit la relativité dont j'ai parlé plus haut : en effet, *les résultats des calculs diffèrent selon le contenu de cet indice, selon la date de sa base 100* et, bien entendu, *selon la qualité des relevés* effectués chez les commerçants, relevés chiffrés qui lui donnent ses valeurs numériques, mensuelles ou annuelles. Tout le monde a entendu parler des controverses récentes entre l'I.N.S.E.E. et la C.G.T. ; l'indice I.N.S.E.E. du coût de la vie est contesté par un indice C.G.T. du coût de la même vie ; en fait les deux indices diffèrent chaque mois de quelques dixièmes pour mille. Mais ces différences n'affectent pas les ordres de grandeur que nous mettons ici en évidence. Nous suivrons donc l'indice I.N.S.E.E., d'abord parce que l'indice C.G.T. ne couvre pas toute la période ; ensuite parce que cet indice n'est pas assorti de la publication des prix de chacun des produits qu'il retient, enfin parce que les travaux effectués pendant des années sous ma direction au Laboratoire d'économétrie du C.N.A.M. ne nous ont jamais révélé d'erreurs ou de fraudes systéma-

1. S.M.I.G. : salaire minimum interprofessionnel garanti ; S.M.I.C. : salaire minimum interprofessionnel de croissance.

TABLEAU 35

Les bas salaires en 1949 et en 1975 [1]

	1949	1975	Rapport 1975 / 1949	Gain de pouvoir d'achat
Indice du coût de la vie (en anciens francs)	100	447	4,47	—
Salaire horaire direct SMIG puis SMIC :				
— sur la zone d'abattement maximal	42	727	17,3	3,9
— sur la zone sans abattement	59	727	12,3	2,8
Salaire horaire total SMIG puis SMIC :				
— sur la zone d'abattement maximal	52,5	981	18,7	4,2
— sur la zone sans abattement	73,7	981	13,3	3,0
Salaire horaire moyen total de référence (J. F.) manœuvre de province)	74,15	1 130	15,2	3,4

Francs courants : Les salaires de 1949 sont donnés en francs. Les salaires de 1975 sont donnés en centimes, c'est-à-dire en anciens francs.

1. Les chiffres se lisent comme il suit : en 1949, le salaire horaire direct du « smigard » était de 42 F 1949 (anciens évidemment) ; il était devenu 7,27 F (nouveaux francs) en 1975, qui sont notés 727 centimes (ou anciens francs).

Ce salaire a donc été multiplié par 17,3 (en anciens francs). Mais le coût de la vie (toujours mesuré en anciens francs) a été multiplié par 4,47. Le pouvoir d'achat du smigard n'a donc pas été multiplié par 17,3, mais par seulement $\frac{17,3}{4,47} = 3,87$ (arrondi à 3,9, le dixième le plus voisin).

Les sources du tableau sont, pour les 5 premières lignes, *les Annuaires statistiques* de l'I.N.S.E.E., notamment 1966 (rétrospectif) et 1977 (cf. p. 568 et 762). En fait, le SMIG n'a été institué qu'en 1950, mais nous avons anticipé d'un an pour les raisons données dans le texte. La valeur 1950 fut 46,50 qui correspond au pouvoir d'achat de 41,55 en 1949.

Les sources de la cinquième ligne sont la série constituée au C.N.A.M. au cours des années 1945-1978, et qui est aujourd'hui

tiques de la part de l'I.N.S.E.E. [1]. Au demeurant, il en est ainsi pour tous les chiffres contenus dans les articles et bulletins de l'I.N.S.E.E., et nous les tenons pour représentatifs du réel, sauf critique très pertinente. Si donc les chiffres de l'I.N.S.E.E. sont faux, alors notre histoire économique et notre science économique sont aussi fausses. Mais tout prouve la correction, rien ne prouve l'erreur ; tout au plus voit-on contester sporadiquement quelques points pour cent de certains *ordres de grandeur.* Précisons que nous prenons ici, en général, 1949 et non 1946, pour base de notre étude, parce qu'en 1946 le rationnement par tickets existait encore, parce qu'il existait donc encore en 1946 un double marché (le marché officiel et le marché noir, non observé par l'I.N.S.E.E.) ; enfin parce que ce n'est qu'en 1949 que la France a retrouvé le niveau de production d'avant-guerre, et ce n'est qu'à partir de cette date qu'un progrès absolu peut être enregistré.

Mesuré en anciens francs, ou centimes actuels, le coût de la vie a été multiplié par 4,47 de 1946 à 1975, d'après les indices I.N.S.E.E. [2]. Dans le même temps, les salaires horaires des salariés les moins payés (salaire minimum interprofessionnel garanti, S.M.I.G., puis S.M.I.C., et salaire horaire moyen des manœuvres de province) ont été multipliés par 12 à 18. Les pouvoirs d'achat de ces salaires ont donc été multipliés par des chiffres compris entre 3 et 4. Le coefficient le plus fort (4,18) est celui, relatif au salaire S.M.I.G. total de la zone qui avait en 1949 l'abattement maximum, c'est-à-dire au salaire le plus bas des régions où les salaires étaient les plus bas de France.

Les salariés des zones les plus développées en 1949 ont donc, de 1949 à 1975, gagné beaucoup, certes, mais moins que ceux des zones les plus arriérées.

---

classique. Elle embrasse la période 1500-1978. Les valeurs année par année sont données depuis 1925 dans *Pouvoir d'achat, prix et salaires,* Coll. « Idées », pp. 66 et 67.

1. Cf. *Documents pour l'élaboration d'indices du coût de la vie en France, de 1910 à 1965,* sous la direction de Jean Fourastié, Mouton, 1970, 640 p.
2 Voir notamment *Annuaire statistique 1977*, p. 762.

TABLEAU 35 *bis*

Nombre moyen annuel de logements construits, 1850-1976 (en milliers)

Dates	Nombre de logements
de 1850 à 1870	115
1871 à 1914	89
1915 à 1939	103
dont 1935 à 1939	70
1940 à 1945	1
1946 à 1976	366
dont 1946 à 1949	10
1954 à 1962	261
1962 à 1968	348
1968 à 1975	445

Sources : Pour la période antérieure à 1939, « Remarques sur la formation du capital fixe... », par Lucien Flaus, *Journal de la Société de statistiques de Paris*, 1978, n° 3, p. 270. Depuis 1946 : *Annuaires* de l'INSEE. De 1940 à 1945, le nombre des logements détruits par faits de guerre est évalué à 1 000 000 au total.

Un autre témoignage de ce fait est donné par l'indice classique des salaires directs moyens de la métallurgie parisienne [1]. Ce salaire a été multiplié par 13 alors que le S.M.I.G. des zones les plus défavorisées l'a été par plus de 17 (et que le coût de la vie l'était par 4,5).

Les statistiques montrent, de même, que les hauts salaires ont nettement moins bénéficié que les bas salaires de cette hausse de pouvoir d'achat. Pour montrer les tendances essentielles, nous prendrons des salaires annuels d'employés subalternes (gardiens de bureaux des ministères) et de cadres très supérieurs (conseillers d'Etat) ; nous les comparerons entre eux et avec le revenu national moyen réel par tête de Français (cf. *tableau 36*).

En 1939, le conseiller d'Etat gagnait chaque mois ce que son gardien de bureau gagnait en une année ; en 1976, l'écart est réduit de près de moitié. Les deux traitements ont été calculés toutes indemnités,

1. Même annuaire, même page.

TABLEAU 36

Salaires annuels du conseiller d'Etat et du gardien de bureau, en 1939 et en 1976

	1939	1976
Salaire annuel du conseiller d'Etat (francs courants) [1]	120 000	190 000
Salaire du gardien de bureau (francs courants) [2]	10 000	28 000
Salaires annuels *réels* des mêmes fonctionnaires en francs de 1976 :		
Conseiller d'Etat	91 000	190 000
Gardien de bureau	7 400	28 000
Indices, 1939 = 100, du pouvoir d'achat brut		
— du conseiller d'Etat	100	208
— du gardien de bureau	100	377
— du revenu national moyen par tête	100	285

primes ou avantages quelconques compris (en moyenne). Les impôts sur le revenu n'en sont pas déduits, or ils étaient très faibles en 1939 pour les deux salariés, tandis qu'ils sont très forts en 1976 pour les hauts salaires (supérieurs à 30 % en général pour un conseiller d'Etat qui n'a plus d'enfants à charge). Le revenu net des deux hommes, qui était dans le rapport de 1 à 12 en 1939, n'est donc plus que de 1 à 4,5 aujourd'hui.

De 1939 à 1976, le conseiller d'Etat a un peu plus que doublé son revenu réel brut, mais son revenu réel net d'impôt général n'a été multiplié que par 1,4. Dans le même temps, le gardien de bureau a vu son revenu réel brut multiplié par 3,77, et son revenu réel net par 3,4 ou 3,5.

1. Salaire annuel direct, y compris indemnités et primes de toute sorte, pour le conseiller d'Etat à l'échelle maximale.

2. Salaire annuel direct de l'huissier de ministère, après 6 ans de service.

Les chiffres sont en unités monétaires de chaque date ; donc, en 1939 en anciens francs ; en 1976, en nouveaux francs.

Le revenu national réel par tête (brut) a été multiplié par 2,85, chiffre naturellement situé entre 2,08 et 3,77, car, sur la moyenne, si les uns gagnent il faut bien que d'autres perdent.

Le coefficient 2,85 mesure (d'après les évaluations du revenu national à prix constants) le gain du Français moyen de 1939 à 1976. Il exprime donc la croissance du niveau de vie des Français. Le coefficient serait valable pour tous les salaires et autres revenus si le gain avait été le même pour tous.

Je répète que j'ai pris ici 1949 pour base, et non 1946 comme en général dans ce livre, mais cela minimise l'image que l'on doit se faire des « trente glorieuses » puisque, de 1946 à 1949, le niveau de vie d'avant-guerre était retrouvé, et que ce fut déjà une belle performance.

2. *La structure de la consommation et son contenu*

Lorsque le volume physique de la consommation augmente, sa structure change beaucoup : *structure* signifie : importance relative de chaque élément dans le total.

Par exemple, Vauban, en 1707, dans sa *Dîme Royale,* décrit avec précision ce qui lui paraît le « minimum vital » pour une famille ouvrière de son temps ; il s'agit évidemment d'une population très pauvre et donc réellement d'un minimum vital, au sens strict de ces deux mots, c'est-à-dire d'un seuil au-dessous duquel la *subsistance* (la survie) n'est plus possible. Dans ce minimum vital de Vauban, le seigle représente 33 % du budget total, et lc total *seigle plus blé* fait 67 %. Aujourd'hui, personne ne mange plus de pain de seigle (sauf avec les huîtres !) et le total des dépenses de céréales dans le budget, dit cependant encore « minimum vital », est de 3 %.

Les quatre grands types de consommation [1]

Les consommations observées dans le monde

1. J'ai traité longuement de ces questions dans mon livre *Machinisme et Bien-Etre,* auquel j'emprunte plusieurs des paragraphes qui suivent, et auquel je renvoie ceux qui voudraient approfondir le sujet.

contemporain sont très diversifiées et en perpétuelle évolution. On peut les ramener à quatre grands types, qui sont, par ordre de revenu croissant :

1. Les consommations à prépondérance de méteil.
2. Les consommations à prépondérance de pain de froment.
3. Les consommations à prépondérance de dépenses alimentaires variées.
4. Les consommations à prépondérance non alimentaire.

Historiquement, les trois premiers types de consommation correspondent aux nourritures nationales moyennes de la France de 1700, de la France de 1830, de la France de 1950. Enfin les consommations du quatrième type sont devenues, à l'heure actuelle, habituelles en France.

a) Les consommations à prépondérance de méteil

Jean Jaurès, dans son *Histoire socialiste,* écrit que le salaire journalier moyen du travailleur non professionnel représentait, sous l'Ancien Régime, à peu près 10 livres de pain de blé. Le journalier de 1750 gagnait, au plus, 1 F par jour en moyenne. A supposer que le setier de blé (240 livres) valût alors 25 F — chiffre qui est effectivement une moyenne classique à l'époque — cela représente moins de 10 livres de blé et par conséquent aussi moins de 10 livres de pain.

Cette appréciation de Jaurès s'appuie sur un grand nombre de sources incontestables. Pendant des dizaines d'années continues du XVIIIe siècle, le salaire journalier de l'ouvrier non nourri fut un peu inférieur au vingtième du prix moyen du setier de blé.

Quand la moyenne décennale du prix du setier de blé est de 25 livres tournois, le salaire est de 18 à 20 sous tournois. Le setier est une mesure de capacité égale à 156 litres. Le poids d'un setier de blé dépend donc de la qualité de ce blé. Le setier de blé marchand pesait à Paris 240 livres-poids (240 livres-poids égalent 117,5 kg) ; dans certaines provinces un peu moins et jusqu'à 210. En seigle, le setier pesait de 195 à 220 livres ; à Paris 220. Le salaire journalier est, exprimé en sous, très voisin du prix du setier de seigle exprimé en livres tournois. Cf. *Essai sur les monnaies,* 1746, p. 37 ; *Philosophie rurale,* 1763, p. 185. Ces deux ouvrages anonymes sont cités par Villermé, « Tableau de l'état physique et moral des ouvriers », pp. 16 et 33. Cf. également Meuvret, « L'histoire des prix des céréales en France dans la seconde moitié du XVIIe siècle » (*Mélanges d'histoire sociale,* 1944). Villermé cite également l'étude de Turgot, concluant que le journalier limousin peut acheter, avec son salaire, 3 setiers de seigle par an — en temps de disette ; mais en temps normal, son salaire journalier est de 10 sous et le setier de seigle, mesure de Paris, coûte 10 livres ; le salaire journalier représente donc, en temps normal, le 1/20 d'un setier de seigle, c'est-à-dire 5 à 6 kg de seigle. L'ordre de grandeur de ces chiffres est confirmé par toutes les études récentes ; cf. notamment C.E. Labrousse.

Mais ce journalier avait, en moyenne, trois enfants ; il ne travaillait que 290 jours par an et le travail intermittent de sa femme représentait à peine une soixantaine de livres tournois, entièrement absorbées par l'habillement (sans parler des ustensiles de cuisine, des impôts et du loyer) ; les 290 F du salaire annuel du chef de famille permettaient d'acheter en année moyenne 2 800 livres de pain de blé, soit 560 livres par personne et par an ; soit encore près d'une livre et demie par personne et par jour. Le kilo de pain de blé fournit 2 380 calories, dont 2 040 sous forme de glucides et 60 seulement sous forme de lipides. Une livre et demie de pain représente donc 1 800 calories, dont 45 sous forme de lipides.

Nous sommes loin des 4 300 calories (dont 770 lipides) qui sont maintenant admises comme nécessaires à la nourriture de la « catégorie moyenne » des travailleurs physiques. Au XVIIIe siècle, pour atteindre les 2 900 calories nécessaires en moyenne à un membre de la famille, il aurait fallu ajouter à 750 grammes de pain un peu plus d'un litre et demi de très bon lait ; or le prix d'un litre de lait était en général supérieur au prix d'un kilogramme de pain ; de sorte que l'on peut dire que le salaire moyen de 1750 était de l'ordre du tiers du minimum vital physiologique alimentaire.

Les Français de l'époque n'avaient, pas plus que les Hindous ou les Chinois d'aujourd'hui, aucune idée du nombre de calories produites par un quintal de blé, de riz, de seigle ou d'orge. Ils avaient cependant adopté, et ils adoptent encore, les cultures permettant une densité maxima de population. Ce déterminisme s'impose par le mécanisme des prix. Le rendement à l'hectare, en hectolitres, est nettement plus élevé pour les céréales secondaires (orge, seigle, avoine) que pour le blé, surtout dans les terres médiocres ; ainsi les céréales secondaires sont toujours normalement moins chères que le blé. C'est pourquoi, le pain fait avec ces céréales secondaires, quoique nettement moins nourrissant et surtout moins agréable et moins aisé à digérer, paraissait cependant au consommateur plus avantageux. Les rendements à l'hectare atteignaient en seigle, pour les mauvaises terres, les mêmes taux que pour les bonnes terres en blé ; quant à l'orge, le rendement moyen par rapport au blé était à ces époques dans le rapport de 9 à 6. C'est pourquoi, lors des années de disette et de blé cher, la demande se portait sur l'orge, le seigle et le sarrasin ; les prix de ces céréales secondaires augmentaient plus encore que le prix du blé, ainsi que l'a mis en évidence M. C.E. Labrousse. Il en résultait un déplacement de la production et un accroissement de la superficie ensemencée en céréales secondaires, au détriment des superficies cultivées en froment.

Ces faits font comprendre que le niveau de vie du type 1700 impliquait une prépondérance dans les consommations, non pas seulement de la nourriture par rapport à toutes les autres dépenses, non pas seulement du blé par rapport à toutes les autres consommations, mais bien la prépondérance du *méteil,* mélange de blé et d'autres céréales en proportion variable mais voisine en général de moitié de froment pour moitié d'autres céréales. Vauban, dans son *Projet d'une dîme royale,* évalue ainsi la dépense moyenne d'une famille de quatre personnes dont le chef est ouvrier agricole :

— Un tiers de minot de sel (soit un boisseau) (171 kg)	8 £ 16 sous
— 10 setiers de méteil (soit : de 1 100 à 1 200 kg)	60 £
— Loyer, entretien et autres nourritures	15 £ 4 sous
— Impôt	6 £ au maximum
	3 £ au minimum
Total	90 £-monnaie environ

Dans ce budget-type, la ration de méteil, étant de 2 200 à 2 400 livres-poids par an pour quatre personnes, donne moins de deux livres-poids de méteil par tête et par jour (livre-poids royale de Paris). Cette ration correspond à 400 g de pain de blé et à 400 g de pain de seigle, soit à quelque 1 500 calories. La part du coût de ce méteil dans ce budget ouvrier est de 67 %. Vauban écrivait :

« Je suppose que, des trois cent soixante-cinq jours qui font l'année, il en puisse travailler utilement cent quatre-vingts et qu'il puisse gagner neuf sols par jour [vers 1700-1707]. C'est beaucoup, car il est certain, qu'excepté le temps de la moisson et des vendanges, la plupart ne gagnent pas plus de huit sols par jour, l'un portant l'autre ; mais passons neuf sols, ce seroit donc quatre-vingt-cinq livres dix sols, passons quatre-vingt-dix livres ; desquelles il faut ôter ce qu'il doit payer, suivant la dernière ou plus forte augmentation, dans les temps que l'Etat sera dans un grand besoin, c'est-à-dire le trentième de son gain qui est trois livres, ce qui doublé fera six livres, et pour le Sel de quatre personnes, dont je suppose sa famille composée, comme celle du Tisserand, sur le pied de trente livres le Minot, huit livres seize sols, ces deux sommes ensemble porteront celle de quatorze livres seize sols laquelle ôtée de quatre-vingt-dix livres, restera soixante-et-quinze livres quatre sols.

« Comme je suppose cette famille, ainsi que celle du Tisserand, composée de quatre personnes, il ne faut pas moins de dix septiers de Bled mesure de Paris pour leur nourriture. Ce Bled moitié froment, moitié seigle, le froment estimé à sept livres, et le seigle à cinq livres par commune année, viendra pour prix commun à six livres le septier mêlé de l'un et de l'autre, lequel multiplié par dix, fera soixante livres, qui ôtez de soixante-quinze livres quatre sols, restera quinze livres quatre sols sur quoy il faut que ce Manœuvrier paye le louage, ou les réparations de sa maison, l'achat de quelques meubles, quand ce ne seroit que de quelques écuelles de terre ; des habits et du linge ; et qu'il fournisse à tous les besoins de sa famille pendant une année.

« Mais ces quinze livres quatre sols ne le mèneront pas fort loin, à moins que son industrie, ou quelque commerce particulier, ne remplisse les vuides du temps qu'il ne travaillera pas, et que sa femme ne contribuë de quelque chose à la dépense par le travail de sa Quenouille ; par la Coûture, par le Tricotage de quelque paire de Bas, ou par la façon d'un peu de Dentelle selon le Païs ; par la culture aussi d'un petit Jardin ; par la nourriture de quelques

Volailles, et peut-être d'une Vache, d'un Cochon ou d'une Chèvre pour les plus accomodez, qui donneront un peu de lait ; au moyen de quoy il puisse acheter quelque morceau de lard, et un peu de beurre ou d'huile pour se faire du potage. Et, si on n'y ajoute la culture de quelque petite pièce de terre, il sera difficile qu'il puisse subsister ; ou du moins il sera réduit luy et sa famille à faire une très-misérable chère. Et si, au lieu de deux enfants il en a quatre, ce sera encore pis, jusqu'à ce qu'ils soient en âge de gagner leur vie. Ainsi de quelque façon qu'on prenne la chose, il est certain qu'il aura toujours bien de la peine à attraper le bout de son année. D'où il est manifeste que pour peu qu'il soit surchargé il faut qu'il succombe : ce qui fait voir combien il est important de le ménager [1]. »

Vers 1789, Lavoisier décrit une situation pratiquement identique :

« J'ai conclu, après de longs calculs, et d'après de longs renseignements qui m'ont été fournis par les curés de campagne, que dans des familles les plus indigentes, chaque individu n'avait que 60 à 70 livres à dépenser par an, hommes, femmes et enfants de tous âges compris ; et que les familles qui ne vivent que de pain et de laitage, qui sont propriétaires d'une vache que les enfants mènent paître à la corde le long des chemins et des haies, dépensaient même encore moins [2]. »

b) *Du méteil au réfrigérateur*

Dans les études relatives à la situation des classes ouvrières, le méteil n'est plus cité à dater de 1800. Après cette date, en effet, en France, le pain blanc, le froment, apparaissent toujours explicitement désignés comme tels. Mais de plus le pourcentage du budget total relatif à l'achat de pain décroît constamment de 1800 à nos jours.

Dans la période antérieure à 1830, la dépense pour le pain est toujours supérieure à la moitié de la dépense totale de nourriture ; elle se situe entre la moitié et le tiers de la dépense totale des familles

1. Vauban, *Projet d'une dîme royale,* éd. Coornaert 1933, p. 79 sq.
2. Résultat d'un ouvrage intitulé : *De la richesse territoriale du royaume de France,* édition originale, imprimée par ordre de l'Assemblée constituante, p. 14.

ouvrières. Le baron de Morogues[1] évalue pour la période 1825-1832 la consommation de pain à 19 onces par personne (environ 600 grammes) dans les campagnes, et à 16 onces dans les villes. Cette consommation de pain requiert une dépense de 303 F dans les campagnes et de 296 F dans les villes, pour une famille de cinq personnes et pour une année. Or, Morogues évalue le revenu annuel de la famille ouvrière « dans l'aisance », à 600 F dans les campagnes, et 860 dans les villes. La part du pain, dans le budget, est donc de 35 % dans les villes et 50 % à la campagne ; mais l'auteur précise qu'il s'agit d'ouvriers qui se trouvent « au-dessus du besoin ». Il faut, pour arriver au revenu de 620 F, 300 journées du chef de famille à 1,25 F, 200 journées de sa femme à 75 centimes et 250 journées de l'aîné de ses enfants à 38 centimes.

A partir de 1830, la place du pain dans les dépenses ouvrières ne cesse de décroître. Dans le budget de Villermé, le pain représente encore plus du quart de la dépense totale pour l'ouvrier célibataire, et plus de 35 % pour les familles ouvrières. De nos jours, la place du pain dans le budget ouvrier est tombée aux alentours de 3 % (cf. plus loin, *tableau 38*, p. 159).

Encore faut-il noter que le prix du pain s'entend maintenant comme acheté au détail dans les boulangeries des villes, tandis qu'autrefois il s'agissait de blé pris à la ferme, le pain étant fait par des moyens ménagers. L'écart entre le prix du kilo de pain et le prix du kilo de blé, qui était presque nul avant 1800, s'est peu à peu accentué avec le développement des services commerciaux. Cela tient au fait que les services commerciaux de distribution n'ont pu, jusqu'à présent, bénéficier d'un progrès technique égal à celui de la production du blé. Au contraire, le nombre d'heures de travail, nécessaire pour distribuer le pain dans une ville, a plutôt augmenté par suite du développement des agglomérations urbaines. L'écart entre les deux prix est maintenant de l'ordre de 30 à 50 %.

Dans le budget d'un ouvrier ou d'une dactylogra-

1. Morogues, *De la misère des ouvriers et de la marche à suivre pour y remédier*, chap. III.

phe, en 1975, les neuf dixièmes des dépenses de nourriture sont consacrés à l'achat de calories nobles (viande, lait, fruits). Les dépenses cumulées de farineux et féculents n'atteignent pas le cinquième des dépenses relatives à l'équipement ménager. Schématiquement : le réfrigérateur, l'automobile et la machine à laver ont pris dans le budget ouvrier la place du pain quotidien.

c) Evolution de la notion de minimum vital

Par suite de ces transformations, la notion de minimum vital est en pleine évolution depuis cent cinquante ans. On vient de le voir, quand Vauban, Turgot, Lavoisier... parlent d'un ouvrier « dans l'aisance », ils veulent parler d'un ouvrier qui mange du pain à sa suffisance. Le minimum vital est pour eux le revenu qui permet d'acheter trois livres de blé par jour et par personne vivant au foyer, ou leur équivalent. Ils se réfèrent donc implicitement au minimum vital *physiologique*. Les dépenses de logement et d'habillement leur paraissent négligeables. Ils admettent que des travaux supplémentaires permettront de payer les quelques marmites et écuelles de terre qui constituent l'équipement ménager. L'habillement, misérable, loqueteux (voir les peintures des Le Nain), est fourni par quelques dépenses exceptionnelles, au hasard des « bonnes années ». Quant au logement, il est payé en général par des prestations en nature ; la faiblesse de sa valeur monétaire correspond à son extrême pauvreté.

A partir de 1830 au contraire, les sociologues tiennent compte, dans la notion de minimum vital, d'un minimum physiologique plus largement calculé et surtout laissant une place de plus en plus large aux calories nobles. Ensuite, ils font intervenir, d'une manière sans cesse croissante, des dépenses d'éclairage et de chauffage, d'habillement et enfin, depuis 1920, de spectacle et de vacances.

Le *tableau 37* décrit trois types caractéristiques de minimum vital, celui de Vauban (1699), celui de Villermé (1831) et une formule généralement admise par les syndicats ouvriers en 1949.

Pour donner à ces chiffres toute leur valeur, il faut

TABLEAU 37

« Minimum vital » de l'ouvrier adulte en quantités consommées en 1700, 1831 et 1949

	1700	1831	1949
I. — *Alimentation (par jour)*			
Pain de blé et pâte (g)	500	1 000	600
Pain de seigle et pâte (g) .	500	—	—
Fromage et beurre (g)	50	100	50
« Portion d'un mets et bouillon »	—	1	—
Lait, lard, viande et graisse (g)	?	—	140
Pommes de terre (g)	—	—	400
Légumes secs (g)	?	—	20
Légumes frais (g)	?	—	350
Pot de cidre coupé	?	1	—
Vin rouge 10° (cl)	?	—	40
Poisson (g)	—	—	30
Fruits frais (g)	?	—	150
Sucre (g)	—	—	25
Confiture (g)	—	—	10
Denrées diverses (g)	—	—	60
II. — *Logement*	mémoire	mémoire	mémoire
III. — *Eclairage et chauffage (par an)*			
Heures d'éclairage	—	1 000	4 000
Charbon (kg)	—	50	500
Bois (kg)	mémoire	100	250
Gaz (m³)	—	—	12
IV. — *Habillement*			
Complets confection laine.	—	1/2	2/3
Pantalon supplémentaire .	—	—	—
Pardessus	—	—	1/4
Imperméable	—	—	1
Bleus de travail	—	—	2
Chemises de coton	—	2	3
Chaussettes et bas (paires)	—	1	6
Mouchoirs	—	1	6
Caleçons et maillots	—	—	3
Chemise de nuit	—	—	1

	1700	1831	1949
Cravate	—	1	1
Pull-over ou gilet	—	1	1
Coiffure	—	—	1
Chaussures (paires)	—	1/2	3/2
Sabots (paires)	—	2	—
Chaussons	—	2	1/2
V. — *Entretien (par an)*			
Vaisselle :			
Assiettes	—	—	6
Gobelets	—	—	6
Mobilier	—	—	—
Blanchissage :			
Chemises	—	52	52
Draps (paires)	—	—	12
Bas (paires)	—	12	?
Mouchoirs	—	52	?
Bleus de travail	—	—	25
Cravate, gilet ou bonnet.	—	24 unités	?
Teinturerie :			
Nettoyage costume 3 pièces	—	—	1
Douches	—	—	50
Savon (kg)	—	—	12
Coiffure	—	—	18 c.
Peigne	—	1	—
Raccommodage	—	10 heures	—
Linge de maison :			
Serviettes de toilette ...	—	—	2
Serviettes de table	—	—	1
Gants de toilette	—	—	2
Torchons	—	—	5
Draps métis	—	—	1
Couverture	—	—	1/10
Réfection de matelas ...	—	—	1/5
VI. — *Dépenses diverses*			
Journaux (par jour)	—	—	1
Hebdomadaires (par mois)	—	—	4
Spectacles et sports (par mois)	—	—	5 places
Cigarettes et tabac (par mois)	—	—	7 paquets
Cotisations (par mois)	—	—	1 h travail
Transports courants (par jour)	—	—	10 km

	1700	1831	1949
Transports vacances (par an)	—	—	500 km
Autres dépenses	—	—	2,5 % du budget total
VI. — *Sécurité sociale*			
Soins médicaux, pharmacie	—	—	env. 15 % du budget total

Sources : Voir le texte.

retenir ceci : le minimum vital pour Vauban ne représente pas une situation réalisable, mais un idéal, en pratique difficile à atteindre, qui, s'il était réalisé, supprimerait tout problème social. C'est après avoir constaté que le revenu moyen par famille est de 70 livres par an que Vauban indique qu'un revenu de 90 livres serait nécessaire pour que la famille se trouve « dans l'aisance ». De même, Villermé constate qu'une famille ouvrière sur deux n'atteint pas le budget type, budget qu'il juge suffisant, parce que, dit-il, les familles ouvrières qui l'obtiennent « se déclarent satisfaites de leur sort ».

Au contraire, la notion de minimum vital implique, depuis 1954, cette idée fondamentale qu'aucun salarié ne doit recevoir un salaire inférieur à celui qui permet de payer les consommations indiquées.

En fait, le minimum vital de Vauban est supérieur à la moyenne effectivement observée dans la nation ; le minimum vital de Villermé est à peu près égal au revenu moyen observé ; celui de 1949 est inférieur de plus de moitié au revenu moyen effectif observé dans la nation !

Or le « minimum vital » de 1975 a triplé par rapport à celui de 1949. Il n'est plus possible de donner la liste détaillée de son contenu, tant cela prendrait de place dans ce livre, mais le lecteur qui le désire pourra la trouver dans les publications techniques de l'I.N.S.E.E. Si l'on peut dire, pour fixer un ordre de grandeur, qu'il a triplé depuis 1949, c'est que le tiers du salaire minimum interprofessionnel réglementaire en 1975 (S.M.I.C.) suffirait pour acheter les biens et services énumérés dans le « minimum vital » de 1949.

Le *tableau 38* résume les résultats des calculs faits par nous aux prix de 1949, c'est-à-dire en francs 1949. Ces chiffres montrent qu'il aurait suffi du dixième du salaire annuel du « smicard » de 1975 pour acheter le minimum vital de Vauban, du sixième de ce salaire pour acheter le minimum vital de Villermé, et du tiers (je viens de le dire) pour acheter celui de 1949. On voit que le « smicard » de 1700 mangeait huit fois plus de pain que le « smicard » de 1975 : c'est parce que toute autre nourriture était hors de son pouvoir d'achat ; même en portant les trois cinquièmes de sa paie sur le seigle et le blé, le journalier que Vauban dit « à son aise », est très proche de la disette. S'il voulait manger de la viande, dont la calorie vaut toujours beaucoup plus cher que la calorie céréale, son déficit alimentaire serait énorme ; c'est la faim qui conduit les peuples pauvres à ne consommer presque que des céréales. Et son pain minimum vital strict étant payé, il ne restait à ce salarié « aisé » de Vauban, pour payer toutes ses autres dépenses (autres produits alimentaires, vêtements, logement, chauffage...) qu'environ 25 F de l'époque par an, de quoi acheter une trentaine de poules, ou 250 fagots...

TABLEAU 38

Coût annuel, pour un homme adulte seul, des « minimums vitaux » de 1700, de 1831, de 1949 et de 1975

	Prix de la consommation totale		dont pain en F de 1949
	en F de l'époque	en F de 1949	
1700	60	50 000	32 500
1831	450	72 000	20 000
1949	161 500	161 500	5 100
1975	21 250	476 000	4 500

Note : La consommation totale comprend évidemment les prestations fournies par la Sécurité sociale, depuis que ces prestations existent.
Sources : Voir le texte.

*
* *

On observera qu'en ordre de grandeurs, le minimum vital subjectif s'est élevé autant au cours des « trente glorieuses » et même en 26 ans, de 1949 à 1975, que de 1700 à 1939 : un triplement de Louis XIV à Daladier, un autre de Jean Monnet à Georges Pompidou...

Toutes les statistiques connues confirment cette évolution et sa vitesse.

Le « coefficient budgétaire » de l'alimentation dans la consommation totale (on appelle ainsi le taux qui mesure la place de ce poste dans le total) est tombé de 44 % en 1949 à 26 % en 1974 (*tableau 40*, p. 162), non pas évidemment par une réduction du nombre ni de la qualité des calories absorbées, mais par un accroissement des autres consommations. Ainsi, dans un volume total dont la comptabilité nationale permet d'apprécier la croissance à une multiplication par 2,5, la part de l'habitation a pu passer de 12 à 22, celle de l'hygiène-santé de 6 à 14. Encore ces coefficients ne donnent-ils qu'une image faible de l'importance des progrès accomplis dans la réduction de la mortalité et la morbidité, dans la réduction des souf-

TABLEAU 39

Indices du volume physique de la consommation de l'ensemble des ménages en 1959 et 1974

	1959 pour 1950 = 100	**1974** pour 1959 = 100
Consommation totale .	155	223
dont :		
— alimentation	140	153
— habitation	164	—
— logement	—	246
— hygiène et santé ..	207	—
— services de santé .	—	284
Nombre de personnes dans l'ensemble des ménages	115	112

Sources : *Annuaire 1966*, pp. 463 et 464 ; *Annuaire 1976*, p. 616.

frances physiques..., et dans le confort et l'équipement des foyers. Le graphique (p. 283) montre à quel rythme accéléré, à partir de zéro en 1946, l'on est venu à trouver, en janvier 1976, 86 T.V. pour 100 ménages, 91 réfrigérateurs, 72 machines à laver, 63 automobiles...

*
* *

Si l'on considère maintenant non plus la consommation par tête d'habitant, ou par ménage, mais la consommation totale de l'ensemble des habitants de la France, on trouve naturellement des taux de croissance encore plus forts (d'environ 30 % puisque la population est passée de 41 à 53 millions d'habitants). Le *tableau 39* donne les indices de croissance fournis par l'I.N.S.E.E., d'une part pour la période 1950-1959, d'autre part pour la période 1959-1974. Strictement, et pour les raisons que nous avons évoquées plus haut, ces deux indices ne doivent pas être « enchaînés », puisqu'ils se réfèrent à des séries statistiques différentes, où les éléments n'ont pas le même poids. Cependant on peut avoir une image grossière de l'ensemble en multipliant l'un par l'autre.

*
* *

Il est important d'avoir une idée des mouvements relatifs des différents salaires les uns par rapport aux autres et aussi par rapport au revenu national moyen par tête. Le *tableau 41,* issu de notre ouvrage *Pouvoir d'achat, prix et salaires* donne une image de ces mouvements, qui se sont avérés très puissants de 1946 à 1975, accentuant fortement la tendance de longue période. Par exemple, le conseiller d'Etat [1], en 1801, dès sa nomination, alors vers 40 ou 45 ans, souvent plus jeune encore, gagnait vingt-cinq fois

1. Le conseiller d'Etat est bien représentatif des cadres très supérieurs de la Fonction publique, et ainsi des hauts cadres du secteur privé. Moins de 1 000 fonctionnaires (sur plus de 2 000 000) gagnent autant ou plus que lui. Le chiffre donne pour 1976 le total du traitement budgétaire (échelle E 2) et des indemnités ou primes quelles qu'elles soient.

TABLEAU 40

Coefficients budgétaires des postes de consommation ; croissance du volume physique de la consommation par tête, 1949-1974

	1949 [1]	1959 [2]	1965 [2]	1974 [2]
Consommation totale	100	100	100	100
Alimentation et boissons	44,2	37,7	33,0	25,9
— dont produits à base de céréales	6,6	4,4	3,9	3,1
— dont viandes, volailles, œufs, poissons	14,0	13,1	12,4	9,1
Habillement	16,1	12,0	11,7	8,7
Habitation	11,7	16,4	17,3	22,2
Hygiène et santé	5,7	9,5	12,0	13,8
Transports et télécom.	5,6	7,6	8,7	10,6
Culture et loisirs	6,3	6,9	7,0	8,6
Hôtels, cafés, restaurants et divers	10,1	9,9	10,3	10,2
Indices du volume physique de la consommation totale par tête :				
— d'après les statistiques de consommation	75	100	155	192
— d'après la comptabilité nationale	100	133	—	253

plus que le gardien de bureau en fin de carrière, et encore douze fois plus en 1939 ; aujourd'hui, en fin de carrière seulement, c'est-à-dire à peu près de 60 à 68 ans, le conseiller gagne un peu moins de sept fois ce que gagne le gardien ayant six ans d'ancienneté, c'est-à-dire ayant 25 à 30 ans. Ces chiffres s'entendent avant paiement de l'impôt sur le revenu qui était inexistant en 1801, très faible en 1938, mais frappe lourdement le conseiller d'Etat en 1975.

On verra aussi sur le *tableau 19* (p. 97) combien s'est manifesté un glissement vers le haut de la répartition hiérarchique des salariés : les cadres gagnent *de moins en moins* par rapport au revenu national

1. D'après les valeurs à prix courant publiées dans l'*Annuaire statistique 1966*, p. 460.

2. Série 1959-1974. Voir notamment *Annuaire statistique 1966*, p. 464 et *1976*, p. 616.

TABLEAU 41

Salaires et revenus, en francs courants, de diverses catégories de salariés, et revenu national moyen par tête, 1801-1976

Date	Salaires horaires totaux courants			Salaires annuels courants en emploi moyen		
	Femmes sans qualification	O.P. Paris	Hommes robustes sans qualification (manœuvre de réf.)	Femmes	Huissier de ministère	Conseiller d'Etat
1801	0,07	0,35	0,14	200	1 000	25 000
1913	0,20	0,95	0,34	530	1 200	20 000
1939	4,08	14,0	5,95	7 900	10 000	120 000
1946, oct.	—	—	*35,30*	—	—	—
1951, oct.	116,0	230,0	130,0	—	—	—
1976, oct.	8,58	28,0	12,80	24 000	28 000	190 000

Date	Revenu national par tête de population active	Salaire annuel moyen du manœuvre de référence	Salaire annuel moyen de l'O.P. à Paris	Indice approximatif du « coût de la vie des familles ouvrières »
1801	470	470	1 200	
1913	2 150	1 020	2 700	15
1939	20 500	11 900	28 000	107
1946	—	—	—	612
1951	485 000	290 000	500 000	2 097
1976	60 000	25 600	60 000	80

Sources : J. et J. Fourastié. *Pouvoir d'achat, prix et salaires*, chapitre 1er. Pour l'indice du coût de la vie (base 1938 = 100), cf. *Annuaire 1976*, p. 762, et J. Fourastié, *Documents pour l'histoire et la théorie des prix*.
Les salaires sont des salaires totaux, sauf ceux de l'huissier et du conseiller d'Etat, pour lesquels les prestations sociales ne sont pas comptées. Impôts non déduits.

moyen par tête, *mais ils sont de plus en plus nombreux.*

En 1801, la masse énorme des paysans très pauvres faisait du revenu du manœuvre, même de l'industrie, un revenu moyen à l'échelle nationale ; un ouvrier professionnel à Paris se trouvait alors, par rapport à ce revenu national, *dans la même situation* que l'est aujourd'hui le conseiller d'Etat : cet O.P. à Paris gagnait *deux fois et demie* plus que le Français moyen ; aujourd'hui, il gagne seulement ce que gagne le Français moyen. Le conseiller d'Etat, qui gagnait *cinquante-cinq fois* plus que le Français moyen en 1801, ne gagne plus, en 1976, que *trois fois plus,* impôt payé ; l'écart est réduit à *moins de deux et demi.*

On peut ainsi comprendre le poids politique qu'a eu Paris pendant la Révolution : ce sont (évidemment) des hommes privilégiés économiquement qui ont fait la Révolution (je veux dire qui l'ont provoquée et dirigée). Ils avaient à la fois plus de pouvoir, plus de savoir, plus d'activité et plus d'argent que les autres. A l'époque, Paris était un pays peu développé et la province un pays très sous-développé. Aujourd'hui l'avance de Paris subsiste, mais elle est bien moindre. Tout a progressé, mais la province plus que Paris.

*
**

Si l'on revient à l'ensemble de la France, ce sont les statistiques du *revenu national réel moyen par tête* qui donnent l'image la plus grossière, mais la plus simple et la plus claire, du progrès du niveau de vie de la nation. Ces chiffres proviennent d'une comptabilité nationale aujourd'hui très « sophistiquée », hier inexistante, mais reconstituée *a posteriori* par des experts. Revenu *réel* signifie que les francs courants ont été corrigés par un indice du coût de la vie, de manière à devenir des « francs constants », c'est-à-dire des francs à pouvoir d'achat constant. Ou encore, l'on peut dire que, dans ces calculs, les prix des diverses années sont ramenés aux prix d'une année choisie pour base, et le revenu de l'année courante revalorisé ou minorisé en fonction de ces prix.

L'*Annuaire 1976* donne, pour la période récente, les

chiffres suivants pour la consommation *privée* en valeur, à prix constants, par tête d'habitant et par an :

1949 (a)	3 000 F
1959 (a)	*4 403 F*
1959 (b)	5 917 F
1974 (b)	11 238 F

(a) aux prix de 1963
(b) aux prix de 1970

Ces deux séries peuvent être « raccordées » pour donner une image grossière : elles donnent une croissance de 1 à 1,33 pour la première période, et de 1 à 1,90 pour la seconde ; ensemble $1{,}33 \times 1{,}90 = 2{,}53$ de 1949 à 1974. Ce chiffre est honorablement cohérent avec celui (2,85) que nous avons donné plus haut (p. 148) pour la période 1939/1976.

Sur longue période, on peut prolonger par ces coefficients la série que j'ai donnée dès 1949 dans *Le Grand Espoir du XXe siècle,* et dont les mailles ont été fournies par divers chercheurs, dont Alfred Sauvy. Voici les chiffres ainsi obtenus, en francs 1938 :

1850-1859	2 900	F par tête et par an
1910	6 900	—
1920	6 900	—
1938-1939	9 300	—
1949	9 900	—
1974	25 000	—

3. *Forte réduction de l'inégalité*

Cette énorme évaluation des pouvoirs d'achat s'est accompagnée d'une forte réduction de l'inégalité des salaires. Une étude de l'I.N.S.E.E. [1], établie sur les salaires *directs* annuels, incluant toutes primes en espèces, nets de cotisations sociales mais bruts d'impôt sur le revenu, donne les écarts ci-après entre les salaires moyens des cadres supérieurs et ceux des ouvriers :

1. Les salaires de 1950 à 1975, par Chr. Baudelot et Anne Lebeaupin, *Economie et statistique,* juillet-août 1979, p. 15 sq.

1951-1960	4,2
1961-1970	4,3
1971-1975	4,0
1976	3,5

Encore faut-il préciser que, au cours de la guerre, l'éventail des revenus s'était restreint, et qu'ainsi les années 1945-1960 fournissent des coefficients d'écarts plus faibles que l'avant-guerre. On ne dispose pas de série statistique continue de 1938 à 1950, mais les nombreuses informations connues sur les salaires des années 1938-1939 conduisent à chiffrer aussi haut que 5 ou 6 l'écart alors observé entre les salaires directs moyens des ouvriers et ceux des cadres supérieurs. On doit donc constater une réduction de l'ordre de 10 à 7 de cet écart entre 1939 et 1976.

Mais il ne s'agit là que des *salaires directs*. La croissance progressive du *salaire indirect*, issu des transferts sociaux, a été un facteur d'égalisation plus fort encore. En effet, le salaire indirect diffère énormément moins d'une catégorie socioprofessionnelle à l'autre que le salaire direct. Or, le poids du salaire indirect dans le salaire ouvrier total, de l'ordre de 20 % en 1938, atteignait 40 % en 1975. Voici comment s'établissaient en 1970 et 1975 les salaires moyens totaux des cadres supérieurs d'une part et des ouvriers d'autre part.

	En 1970		**En 1975**	
	Cadres sup.	**Ouvriers**	**Cadres sup.**	**Ouvriers**
Salaires directs moyens	54 559	12 855	88 900	23 739
Salaires indirects	8 730	4 620	16 070	9 802
Salaire total	63 289	17 475	104 970	33 541

Ces chiffres donnent les écarts ci-après :

	En 1970	**En 1975**
Salaires directs	4,24	3,74
Salaires indirects	1,89	1,64
Salaire total	3,62	3,13

Mais ces chiffres ne décrivent pas encore l'inégalité concrète qui est celle du *revenu disponible.* En effet, le salaire total donné ci-dessus est net de cotisation sociale, mais brut d'impôt sur le revenu. Or le taux de cet impôt est, on le sait, fortement progressif. En 1970, les taux d'impôts directs ont été en moyenne de 11,6 % pour les cadres et de 3,2 % pour les ouvriers ; en 1975 de 11,9 % pour les cadres et de 3,4 % pour les ouvriers. Ces impôts payés, les *revenus salariaux disponibles* sont les suivants :

	En 1970	**En 1975**
Cadres supérieurs	55 948	92 480
Ouvriers	16 916	32 401
Ecart	3,31	2,85

On voit combien, d'approche en approche, l'éventail des écarts se resserre. Mais nous ne sommes pas encore au bout de notre recherche de la réalité objective. Cette réalité est en effet celle du *ménage* de salarié moyen isolé, et plus exactement encore, celle du pouvoir d'achat par *unité de consommation* (adultes, enfants de divers âges) contenus dans le ménage. Or, toujours pour 1970 et 1975, des enquêtes de l'I.N.S.E.E. ont permis de chiffrer les revenus moyens des salariés par ménage et par unité de consommation. Chose qui étonnera sans doute le lecteur non préalablement informé du fait, l'inégalité est moindre au niveau des revenus par ménage et par unité de consommation, qu'au niveau des seuls salaires individuels. En effet, toujours pour les catégories socioprofessionnelles visées ci-dessus, les écarts relatifs des *revenus disponibles* par ménage sont de 2,41 en 1970 et de 2,25 en 1975 [1].

On voit ainsi, incidemment, combien l'étude des inégalités de revenus appelle de prudence, et combien il faut se garder de comparer des coefficients calculés selon des définitions différentes (salaires directs ou salaires totaux, bruts ou nets d'impôt ou de

1. « Les disparités de revenu par catégories sociales en 1975 », par Elisabeth Martin, *Economie et Statistique,* déc. 1979.

cotisations sociales, par tête de salariés ou par ménage [1]...).

Ce que nous avons à retenir ici, c'est la très forte réduction de l'inégalité des revenus entre 1938 et 1975, et notamment de 1939 à 1946, puis depuis 1970. Il serait aventuré de donner des chiffres de revenu disponible par unité de consommation, faute d'observations valables en 1939 et en 1946. Mais on peut assurer les ordres de grandeur ci-après pour l'écart des *revenus salariaux disponibles* entre individus cadres supérieurs d'une part et ouvriers de l'autre :

1939	4,5 à 5,5
1951-1960	3,5
1970	3,3
1975	2,9

Les revenus totaux disponibles par ménage ne diffèrent, on vient de le dire, que par le coefficient 2,25.

1. Pour approfondir ces questions, se reporter à notre ouvrage, publié dans cette même collection Pluriel : *Le Jardin du voisin, essai sur les inégalités.*

Conclusion de la première partie

Le chapitre précédent montre que, de 1946 à 1975, la France a largement réalisé ce qui était l'essentiel du grand espoir du XXe siècle : l'élévation du niveau de vie du peuple et notamment des plus pauvres. Les chapitres antérieurs ont montré avec non moins de clarté les immenses progrès accomplis dans le genre de vie des hommes, c'est-à-dire la nature de la profession, la durée du travail, la dimension et le confort de l'habitat, l'enseignement, l'hygiène, la santé, la durée de la vie moyenne...

Mais ces chapitres n'en ont pas moins révélé la persistance de nombreuses imperfections et l'apparition de nouveaux « problèmes ».

*
* *

Il est donc dès aujourd'hui évident que « les trente glorieuses » n'ont pas apporté que des bienfaits, à l'humanité en général et à l'homme en particulier. Quantité de conséquences imprévues, *d'invités inattendus* sont survenus à la suite des actions, menées par les hommes du XIXe et des trois premiers quarts du XXe siècle, pour le progrès économique et social [1].

1. Dès le début des années soixante, j'ai mis le grand public en garde contre ces *invités inattendus* (cf. *Les quarante mille heures*, éd. de 1965, p. 34). Le livre entier porte sur ce sujet, et reste aujourd'hui de pleine actualité). La chose est aujourd'hui largement perçue ; on la désigne souvent, à bon droit, sous les noms d' « effets de seconde génération » (François de Closets, 1973), ou d' « effets pervers » (Raymond Boudon, 1977).

Nous en reparlerons plus loin (troisième partie de ce livre) quand nous envisagerons la situation présente de notre société.

Mais ce revers de médaille ne doit pas faire oublier l'avers. Ce ne peut être qu'une idée infantile, celle qui envisage un progrès si absolu que la condition humaine soit, en peu d'années, affranchie de toute contrainte, contradiction, souffrance ou gêne, que le bonheur coule à pleins flots, que les bébés ne pleurent plus dans leurs berceaux, ni les adultes sur des échecs, des divorces ou des tombeaux, que les gouvernements soient bienfaisants et puissants tout en étant libéraux, que les planificateurs soient parfaitement informés et ne commettent jamais d'erreurs dans l'appréciation du bien des peuples,... que l'homme se montre à la fois « maître de son destin » et capable de définir le *bon* destin (comme si le destin n'était pas un enchevêtrement de facteurs évolutifs, presque tous inconnus et d'évolution imprévisible, dont les interactions engendrent les invités inattendus et effets pervers). Cependant, resteront sans nul doute parmi les plus marquantes années de l'histoire des hommes celles où la France comme l'Occident tout entier montrent une nouvelle voie au monde (et même si ces résultats sont encore insuffisants et précaires), ont affranchi de grandes masses d'hommes de la famine et de la misère millénaire, réduit à 15 ‰ la mortalité infantile, donné à l'homme moyen la possibilité d'une information, d'une culture intellectuelle et spirituelle qui n'étaient naguère données qu'à une infime minorité.

***

Mais avant de terminer la première partie de ce livre, ainsi consacrée au contraste entre « les deux France », celle de 1946 et celle de 1975, nous devons considérer le plus étonnant et le plus important, et le plus caractéristique de nos « invités inattendus » : la naissance progressive, mais déjà certaine, d'un nouveau type d'homme.

L'enfant nouveau, l'homme nouveau

Il y a peu d'années que les médecins et les sociologues, et aussi les « honnêtes gens » observateurs bénévoles de leur temps, se sont aperçus de l'apparition d'un enfant nouveau, générateur d'un homme nouveau. Et pourtant, la réalité est indubitable, même si l'observation ne nous révèle que les prémices d'une évolution qui commence à peine et qui demandera un siècle, sinon deux, pour produire tous ses effets.

Hélas ! Il ne s'agit pas d'un homme nouveau tel que le conçoivent, et voudraient le promouvoir, chrétiens, marxistes et socialistes. Ce n'est pas un homme conçu et désiré par le cerveau humain, à l'image d'un idéal ou à l'image de Dieu... Ce n'est qu'un homme engendré inconsciemment et instinctuellement, sans théoricien et sans prophète, par le *corpus humanum*.

Ce n'est pas non plus, bien sûr, un homme biologiquement nouveau. Il n'y a pas eu de mutation génétique (elle n'aurait pu d'ailleurs toucher qu'une seule souche et donc n'engendrer en deux ou trois générations qu'une vingtaine d'individus). Or ce sont déjà, en France seulement, des millions de jeunes qui sont, sinon *nouveaux*, du moins *en voie de nouveauté*. L'évolution n'est pas biologique ; elle est physiologique et neuro-psychologique ; elle résulte *des nouvelles conditions* de vie qui sont faites à un patrimoine génétique identique.

Les deux causes majeures de l'évolution sont :

— la suppression presque entière de la sélection naturelle, telle que, pendant des siècles et jusqu'à une date toute récente, elle a modelé l'humanité ;

— plus généralement, la transformation du milieu de vie, l'amélioration et l'équilibre de la nourriture — et notamment de la nourriture des bébés (*in utero* et *in vivo*). L'hygiène, les soins médicaux, chirurgicaux, dentaires, la réduction et la quasi-disparition, à l'échelle des grands nombres, de la souffrance physique (fièvre, maux de dents...). La réduction du travail physique, le développement du travail cérébral. Le chauffage des appartements et des lieux de travail, le confort... L'enfance en familles réduites (par opposition aux familles nombreuses) et instables souvent (divorces)... Le milieu urbain (par opposition au milieu rural et paroissial)... Les changements incessants de lieux (week-ends, vacances...), d'écoles, de camarades... Le bombardement d'informations visuelles (vitrines, radio, T.V., journaux et revues...). Etc.

Je ne saurais donner ici une étude complète de ce que l'on peut savoir de l'enfant nouveau et de ce que l'on peut conjecturer du futur : j'en ai dit quelque chose dans un livre récent [1]. Ce sont des sujets encore mal connus, et fort difficiles.

Comment, par exemple, prévoir les conséquences de la quasi-suppression de la sélection naturelle traditionnelle ? D'une part, il s'agit d'un facteur primordial, puisque c'était près d'un enfant sur deux qui mourait naguère avant d'avoir pu se reproduire, soit qu'il mourût avant ses 25 ans, soit que les dures conditions économiques et sociales de l'époque lui imposassent le célibat. Mais d'autre part, une proportion notable de ces éliminés l'étaient sans vertu biologique, par le seul aléa de la vigueur d'un bacille ou d'un virus, par le seul hasard d'un hiver froid ou d'un été sec...

Sans doute, de nombreux hommes aujourd'hui sauvés de la mort précoce, et donc parvenant à l'âge de l'engendrement, ont-ils, à l'inverse, un capital génétique déficient ou fragile, impliquant, pour eux et leur descendance, la nécessité de soins assidus. Mais bien ardus, et sans doute bien discutables, seraient les calculs nécessaires pour chiffrer numériquement les effets à long terme de cette mise en circulation normale de gènes naguère presque totalement écartés de la transmission héréditaire [2]. Encore faut-il tenir compte que, si grande que soit l'atténuation de la sélection naturelle, si voisin de 1 000 pour 1 000 que soit le taux des nés-vivants parvenant à se reproduire, une sélection reste à l'œuvre dans le milieu technique lui-même, par les nouvelles conditions de vie et de travail, par les accidents et les guerres, par les taux différentiels de natalité... Un livre, un livre nécessaire, reste à écrire sur le sujet.

---

1. *La Réalité économique.* Laffont éd., 1977.
2. Ils n'apparaissent que par accident génétique.

Je me borne donc ici à rappeler les éléments majeurs du sujet.

*
* *

C'est par l'accroissement de la taille des adolescents et l'abaissement des âges de puberté que les spécialistes ont d'abord été alertés.

Séverine à 10 ans est plus grande, plus indépendante, plus entreprenante, plus « décidée » que Marie à 17 ans. Séverine a ses premières règles à 12 ans et demi ; Marie à 17 ans et demi. A vingt ans, Séverine mesure 1,65 m et pèse 45 kg, sa taille est svelte, ses formes longilignes, graciles ; Marie ne mesure que 1,55 m et pèse 50 kg ; sa taille est lourde, sa silhouette déjà déformée par les travaux des champs et les durs travaux ménagers, les fagots et les bûches, les grosses marmites que l'on pend à la crémaillère, l'eau que l'on monte du puits et que l'on porte à bras ou sur la tête, la pâte que l'on pétrit, la lessive que l'on rince les pieds dans le ruisseau, les animaux de la basse-cour...

Séverine n'est jamais malade. Dès qu'elle ressent un léger symptôme, médecin ou dentiste lui épargnent toute douleur ; elle ne sait pas ce qu'est la souffrance physique. Marie au contraire a la souffrance pour compagne ; ne serait-ce qu'à cause des dents (à vingt ans, elle en a déjà perdu huit ou dix)...

Fille d'une famille nombreuse dont les membres sont serrés comme les oiseaux dans leur nid et sans cesse frappés par la mort, Marie a de l'existence une conception tragique, compensée par la tendresse et par la foi dans *l'au-delà ;* la vie terrestre est une épreuve, où l'homme doit faire son *devoir* avec courage. Séverine ne sait pas trop ce que c'est que la morale, ni le devoir, il faut faire comme les autres, chercher son plaisir...

Mais ce qui diffère le plus, ce sont les idées et les cerveaux. Dans le cerveau de Marie, il y a peu d'informations, mais elles y sont ancrées. Dans le cerveau de Séverine, il y a un nombre fantastique de données, mais elles sont fugitives et sans structure. Le cerveau de Marie a été formé par le respect de la famille, le spectacle du village, des voisins et parents qui naissent, meurent, vivent, le spectacle des animaux et des végétaux, *le renouveau* des saisons... Le cerveau de Séverine a été formé par un bombardement d'informations disparates et éphémères, émanant des quatre coins de la terre, et déversées en vrac par la presse, la radio, la T.V., la famille — elle-même instable et frénétique —, l'école, les camarades, les voyages... Dans le cerveau de Marie, il y a un petit nombre de circuits profondément tracés, fortement hiérarchisés ; cela donne une personnalité fruste, mais forte, une capacité de vie intérieure, une ardeur de vivre qui a fait que l'humanité misérable et souffrante a traversé les siècles.

Dans le cerveau de Séverine, il y a des milliers de circuits, alimentés par une énergie cérébrale dix ou vingt fois plus puissante. Mais ces circuits sont instables et mal coordonnés. A la limite, le cerveau de Séverine, entièrement occupé à percevoir des informations décousues et disparates, n'a plus le temps de *penser* les informations perçues, de les classer, de les confronter, d'en tirer les conséquences ; il n'a plus le temps de réfléchir, il n'a plus le temps de *méditer.* Enormément d'informations sur le monde, mais plus de conception du monde, plus d'explication du monde. Dans les mauvais jours, Séverine ne sait plus pourquoi elle souffre ; elle ne sait plus pourquoi elle vit.

Lecture

On sait que le grand écrivain Jean Guéhenno, mort en 1978, était né en 1898, à Fougères, d'une famille ouvrière. Il a parlé plusieurs fois de son enfance, et l'orange qu'il recevait chaque année en cadeau de Noël est devenue célèbre.

Nous citons ici un texte moins connu, mais peut-être plus émouvant encore, et qui nous donne des informations précieuses sur les attitudes et les comportements des ouvriers et paysans du XIXe siècle. Guéhenno y décrit très exactement la mentalité de sa mère, tout en montrant qu'il ne la comprend pas, et même la réprouve. Mais cette femme pouvait-elle prévoir la révolution scientifique et technique qui seule pouvait changer le sort des pauvres ? Le changement étant réellement hors de portée, y avait-il, pour l'humanité traditionnelle, d'autres solutions que l'acceptation de « l'ordre inévitable », la fierté du courage, de l'héroïsme ? Les sentiments que Vigny prête au loup dans *La Mort du Loup*.

Je crains que Jean Guéhenno n'ait pas compris la vie traditionnelle, et qu'il n'ait pas compris comment le grand espoir du XXe siècle a pu être formulé, puis enfin réalisé.

« Je devais avoir dans les treize ans quand commencèrent nos vrais malheurs. Mon insouciance même fut justement ce qui me les révéla. Je m'avisai d'avoir mal aux yeux, moi aussi. Ce n'était rien : quelque orgelet ou quelque coup d'air. Mais je souffrais, j'étais douillet et je me plaignis. Ma mère m'envoya chez le pharmacien pour qu'il me donne quelque pommade. Je revins léger et content avec un beau flacon à étiquette rouge, des gouttes à mettre dans les yeux matin et soir, comme recommandait l'étiquette.

« — Et combien t'a-t-il coûté ? demanda ma mère.

« — Quatre francs cinquante. »

« Et je rendis la monnaie, dix sous, sans seulement prévoir l'orage. Se fût-elle méfiée, elle m'aurait donné cinq sous et non pas une pièce de cinq francs, comme elle avait fait. Je proposai de reporter le flacon chez le pharmacien. Elle ne le voulut pas. Toujours sa fierté. Mais elle criait que le pharmacien était un voleur et moi, un voyou.

« — Quatre francs cinquante pour un bobo aux yeux. Tu « n'as pas honte. Le prix de cinq pains de six livres. Quand « il n'y a pas vingt francs dans le tiroir du buffet. Quand « ton père est là, dans le noir. J'vas t'apprendre, espèce de « voyou. »

« Elle était folle de colère et de douleur. Elle avait pris un mètre à mesurer le drap qui s'était trouvé à portée de sa main, et me poursuivait autour de la table, ayant autant de peur que de désir de m'attraper. Je lui demandai pardon.

« — Tu ne comprendras donc jamais », murmurait-elle...

« "Voyou", c'est un titre dont ma mère m'a assez souvent gratifié. La colère seule, l'angoisse débordée la faisaient me traiter ainsi. "Elle ne le pensait pas", comme elle m'en assurait ensuite, tout en larmes. Mais, comme il n'y a pas de fumée sans feu, il y avait bien quelque motif à ces injures, et je cherche ce qu'elles signifiaient. Je sens que je gagnerais à le savoir. J'achèverais de "comprendre". Ce qui faisait de moi un "voyou", c'était mon insouciance enfantine, mon insoumission naïve à notre monde, ma monstrueuse ignorance du besoin, mon dégoût de la souffrance, cette volonté de mon corps et de mon âme de n'entrer pas dans le malheur. C'était, au plus profond de moi, l'instinct de la vie, l'espérance qui ne se laissait pas briser. C'étaient mes rêves. Je grandissais hors de la loi, comme un voyou, en effet.

« Selon la pensée de ma mère, il y avait un grand ordre du malheur qu'aucune force humaine ne pouvait, ne devait changer. La loi était d'être tout de suite vaincu, avant tout combat, et d'accepter de passer sa vie en compagnie de la peur. Au reste, il y avait une volupté des larmes, une pleine conscience des misères du monde qui vous enivrait. La fierté était de cacher sa peine, mais on devait la subir. L'argent était maître et le serait toujours. Les riches avaient eu plus de chance. Ils commandaient, et cela était juste. La consolation passagère des misérables pouvait être de devenir des avares sans trésor et de regarder au fond d'une caissette de fer briller un louis de quarante francs comme l'image d'un inaccessible bonheur. C'était la part de la poésie. Mais leur honneur quotidien était, dans cet ordre inévitable du malheur, de gagner pourtant leur vie et de refuser la charité. "Gagner sa vie", ces mots étaient, pour ma mère, auréolés de lumière. Dans le plus grand besoin, on demeurait responsable, et l'on ne devait rien devoir qu'à soi-même. Il n'était de bon, et on ne pouvait manger, on ne devait manger, que le pain qu'on gagnait. On pouvait toujours mourir, dès qu'on ne le gagnait plus [1]. »

1. Jean Guéhenno, *Changer la vie*, pp. 86-90. Grasset, éd., 1961.

DEUXIEME PARTIE

POURQUOI ? COMMENT ?

Ainsi, des changements fantastiques sont survenus en trente années, dans la condition d'une humanité millénairement stagnante. Pourquoi ces changements ? Comment ont-ils pu être réalisés, voici les deux questions auxquelles répondront les pages qui suivent.

D'abord, s'il fait question pour les jeunes générations, *le pourquoi ?* ne fait pas question pour les hommes d'âge. Ceux-ci ont trop connu, dans leur enfance, la misère et la pauvreté, pour ne pas savoir que les hommes ont toujours rêvé de s'en affranchir avant de le pouvoir. Cela n'était pas particulièrement plaisant de travailler de trois à quatre mille heures par an, sans congés ni retraites, pour pouvoir acheter 8 livres de pain par jour ; ce n'était pas plaisant de voir trois bébés sur dix mourir avant leur premier anniversaire (3 à 4 années de grossesse pour les mères et 8 années d'allaitement, en 17 années de mariage, afin d'assurer seulement le renouvellement des générations et de laisser deux enfants parvenant à l'âge de la procréation) ; ce n'était pas tellement plaisant d'être ou mort ou vieillard à 45 ans et d'avoir perdu à 30 ans les deux tiers de ses dents... Les jeunes d'aujourd'hui qui regrettent la vie « naturelle » ne savent pas ce qu'était cette vie « naturelle »...

L'homme a toujours rêvé d'une vie matériellement meilleure. Ce n'est pas par désir que nos ancêtres de Cro-Magnon ou de Solutré se contentaient des subsistances rares et aléatoires de la chasse ; ce n'est pas par plaisir que les paysans qu'a connus Vauban et les mineurs qu'ont décrits Villermé et Le Play, ne mangeaient de la viande que quelques jours par an et ne dépensaient que quelques sous au titre des

« pâtisseries, récréations et solennités [1] »... Ce n'est pas pour le plaisir que Martin Nadaud quitta à 15 ans son Bourganeuf natal, pour devenir maçon limousinant à Paris et y gagner 1,80 F par journée de 12 heures, en construisant la mairie du 5e arrondissement [2]... Ce n'est pas non plus de par leur volonté que les Jaunes d'Asie, les Noirs d'Afrique et les Blancs d'Amérique latine sont restés jusqu'à nos jours dans cet état de misère et de pauvreté...

En France, le rêve millénaire d'une société « de consommation » a commencé de se muer en expectative au cours du XVIIIe siècle. La famine de 1709 s'avéra en effet la dernière de la longue et effroyable série. Les récoltes devinrent moins irrégulières, les transports de céréales se firent moins mal ; le niveau de vie de longue période ne s'éleva pas, mais ses fluctuations d'une année à l'autre ne furent plus aussi catastrophiques...

A partir de 1830, l'avènement du temps nouveau s'affirma. La notion de progrès se fit jour ; beaucoup comptèrent sur lui, certains (les hommes de gauche, les socialistes) l'escomptèrent. La fin du siècle assura cette confiance. Enfin naquit le *grand espoir du XXe siècle :* celui de sortir, en peu d'années, la masse du peuple non seulement de la misère, mais de la pauvreté.

Mais les moyens de ce progrès radical restèrent obscurs jusque vers le milieu du siècle ; on parlait, pêle-mêle, or et argent, richesses naturelles, « capital », crises économiques, dépopulation des campagnes, « maturation »... La crise de 1930 avait cassé l'optimisme ; beaucoup croyaient terminée la « révolution industrielle » qui s'était produite dans des pays congénitalement doués pour elle, mais que l'on n'imaginait ni devoir s'étendre au monde entier, ni pouvoir dépasser le niveau qu'elle avait atteint en 1929 aux Etats-Unis (c'était cela la « maturation »). Keynes n'avait certes pas clarifié les choses en publiant sa « théorie générale », qui ne s'attachait qu'aux pro-

1. Cf. J. et F. Fourastié, *Les Ecrivains témoins du peuple.*
2. *Ibid.;* c'était en 1830 ; à ce moment le pain valait 0,40 F le kg.

blèmes financiers de court terme, ignorant absolument le progrès technique, la productivité, la population active et sa répartition, les changements de structure de la consommation et de la production croissantes, le genre de vie et le niveau de vie, les prix salariaux...

Cependant les facteurs du mouvement commençaient d'apparaître à quelques observateurs. J'ai tenté de les mettre en évidence dans mon premier livre de science économique, *L'Economie française dans le monde,* publié en 1945. Encouragé par la lecture du livre de Colin Clark, *The Conditions of Economic Progress* que Jean Monnet et Robert Marjolin me firent lire dès le début de 1946, j'écrivis alors *Le Grand Espoir du XX*e *siècle* conçu en 1947, professé au C.N.A.M. en 1948 et publié en février 1949 ; je n'ai plus aujourd'hui, en quelque sorte, qu'à l'écrire *à l'envers* [1].

*
* *

Reste la question majeure : comment cette évolution, ce « progrès » matériel, désiré depuis deux ou dix mille ans par l'humanité, est-il devenu possible en Occident et en France même ; comment a-t-il pu être réalisé en fait, d'abord lentement du début du XVIIIe siècle au milieu du XXe, puis à la vitesse que nous montrent les statistiques des trente récentes années ? Comment ce vieux rêve d'affranchir les hommes de la faim et des épidémies, du travail servile et de la mort précoce — idée qui n'était qu'un rêve parce que tous les hommes, lorsqu'ils ne rêvaient pas, la savaient hors de portée pratique, hors de tout

1. Je veux dire par là que *Le Grand Espoir du XX*e *siècle* annonçait dès 1948 le progrès économique et social des années 1946-1975, ses moyens et ses modalités essentielles, alors que *Les Trente Glorieuses* ont à décrire les mêmes événements, mais après leur réalisation effective et leur enregistrement par l'histoire.

J'ajoute que je n'ai eu connaissance que vers 1950 de l'œuvre de pionnier d'Allan G. B. Fisher, qui, dès 1935, dans un livre passé alors inaperçu, avait vu l'essentiel du phénomène et de son mécanisme (Allan G. B. Fisher, *The Clash of Progress and Security,* Mac Millan, Londres, 1935).

espoir de réalisation —, comment ce rêve, donc a-t-il pu, et en si peu d'années, devenir espoir, puis, histoire [1] ?

Telle est la question que nous examinerons dans les chapitres suivants. Mais avant d'envisager la réponse scientifique à cette question (réponse « découverte » aujourd'hui depuis trente ans au moins), il nous faut, dans un premier chapitre (chapitre VI du livre) dire pourquoi cette réponse est ignorée de la plupart des Français, et pourquoi tant de Français, lorsqu'ils ont conscience de l'évolution, l'attribuent presque toujours à de *fausses causes*, à des facteurs qui ne sont que secondaires, ou qui même, souvent, ne sont eux-mêmes que des conséquences de la *vraie* cause, c'est-à-dire du facteur que toutes les observations du réel montrent prépondérant et moteur, depuis deux siècles, dans tous les pays.

1. La race actuelle des hommes *Homo sapiens* existe depuis trente à cinquante mille ans, voire davantage.

CHAPITRE VI

Les Français et le « progrès »

Je n'ai pas connaissance de sondages d'opinion portant sur les questions que je pose ici (et cela montre au moins que de tels sondages ne sont ni fréquents, ni retentissants ; — et cela fait présumer que ni les journalistes, ni les hommes politiques, ni le public ne se préoccupent beaucoup des causes d'une évolution qui est pourtant l'objet constant des revendications sociales, des grèves et des élections !). Les images, que je donnerai dans ce chapitre, des opinions des Français sur l'existence et les causes des changements économiques et sociaux survenus depuis 1946, ne sont donc pas assises sur des dénombrements représentatifs, j'en avertis clairement le lecteur. Mais elles ne m'en paraissent pas moins évoquer correctement les types d'attitudes qui sont courantes dans la population.

Les informations me sont venues d'innombrables conversations sur ces sujets avec quantité de personnes de toutes résidences et de tous milieux, de questionnaires remis à des générations d'élèves et d'auditeurs de centaines de conférences, et surtout de la lecture des journaux, de l'écoute de la T.V. et notamment des campagnes électorales, où journalistes, syndicalistes et hommes politiques expriment les opinions de groupes importants de la population... ou du moins ce qu'ils pensent devoir leur assurer la sympathie de ces groupes...

Bien entendu, je schématiserai ce qui me paraît ainsi comme caractéristique des opinions dominantes et d'abord en une seule phrase, évidemment trop brutale : très peu de Français ont une conscience claire des changements qui pourtant viennent de se produire en France depuis trente ans ; la majorité de ceux qui en ont une conscience vague les considèrent comme allant de soi ; presque tous les autres attribuent ces changements à des causes qu'un simple examen révèle inconsistantes.

*
**

Conversations types

« Vous avez fait faire une salle de bain cette année ? — Il faut bien. Tout le monde en a. »

Peu d'années après, on ajoute : « Une salle de bain, ce n'est pas suffisant, lorsqu'on est cinq à la maison. »

« Vous avez une automobile maintenant. — Il faut bien. On ne peut plus s'en passer... Pour aller à mon travail avec le train, ce n'était plus possible. »

« Vous avez le téléphone. — Oui, c'est bien commode ; on n'écrit plus maintenant. »

« Mais tout cela coûte cher ? — Oui. On a emprunté au Crédit agricole. »

Ce qui domine, dans ces types de comportements et d'opinion, c'est que le changement y apparaît non comme un progrès dont on jouit, dont on se félicite, dont on est heureux, mais comme une nécessité. On ne peut plus faire la cuisine dans l'âtre, ni sur un fourneau à charbon... alors, il faut bien avoir une cuisinière électrique avec thermostat, pendule et tourne-broche... On ne peut plus avoir un plancher de sapin, alors il faut moquettes et tapis. On ne peut plus porter de gros vêtements de draps ou de laine, on ne peut plus coucher dans des chambres glaciales... alors il faut un chauffage permanent dans toutes les pièces...

Et si l'on dit : « Mais il n'en était pas ainsi autrefois ? », l'impression reçue est d'abord qu'il s'agit là d'un passé ancien, périmé, disparu, vécu par une espèce animale sans rapport ressenti avec le Français d'aujourd'hui — maintenant est différent d'hier. « C'est ainsi. C'est comme ça. »

Le fait du changement — changement très peu précisé et très mal daté — élimine toute réflexion sur sa possibilité et sa procédure. Lorsque l'on pose ensuite des questions comme : « Mais il a bien fallu les fabriquer ces téléphones, ces machines à laver, ces chauffe-eau électriques ? » l'on reçoit des réponses qui montrent que les gens ne sont pas habitués à confronter le phénomène production et le phénomène consommation. Si l'on insiste, on obtient des réponses du genre de celles dont M. Marchais a souvent parlé à la télévision : c'est la moindre des choses *dans un pays comme le nôtre.*

Si l'on pousse encore, on trouve : « C'est un minimum pour des travailleurs qui travaillent comme nous. La France est riche, et loin de nous étonner de pouvoir consommer autant, nous devons savoir pourquoi nous ne pouvons consommer davantage ; c'est que d'autres, les gros, "se sucrent", etc. »

Et si l'on poursuit encore, on n'aboutit qu'au désarroi, en disant par exemple : « Mais vous qui êtes dactylo — ou vous qui êtes employé de banque —, croyez-vous que le service que vous rendez à la nation soit très supérieur à celui que vous en recevez sous forme de carottes, de beefsteak et de téléphone ? Quelques feuillets, par jour ouvrable, de papiers frappés de lettres et de mots vous paraissent-ils vraiment valoir plus que vous ne recevez en aliments, en vêtements, en logement, en chauffage, en voyages, en soins médicaux..., sans oublier la création et l'entretien des villes, des routes... ? »

J'apprécie à près de la moitié des adultes français ceux qui n'ayant ainsi aucune conscience de « progrès », voient le changement comme allant de soi, nécessaire, fatal, et par conséquent n'en retirent ni plaisir durable, ni bonheur, et ne s'interrogent ni sur ses conditions, ni sur ses procédures. Ils demandent seulement à l'Etat, comme à une entité métaphysique et par des pouvoirs qui ne pourraient être que magiques, de leur permettre de continuer à imiter les plus riches, d'acheter la T.V. couleurs après la T.V. en noir et blanc, etc. ; et cela non pas tant pour être plus heureux, mais seulement pour être comme les autres, pour ne pas figurer parmi les minables.

Ces gens ne retirent de l'évolution qu'une satisfaction à peine positive, faute de se représenter clairement la situation qui aurait été la leur sans cette évolution. Ils ne se posent jamais la condition « et si j'étais né indien ou égyptien ? » que s'est posée Georges Douart [1]. Ils n'ont ainsi que la seule satisfaction relative (on pourrait presque dire négative) du simple « comblement » de frustrations indéfiniment surgissantes : puisque tout change, tout doit changer, et plus vite ; du moment que 65 % des hommes ont une auto, alors je dois en avoir une ; du moment que l'on voit partout des 504 et des R 16, alors ces voitures sont pour tous normales... Le grand nombre des Français ayant cette mentalité explique ce fait majeur (qui étonnera nos descendants et aurait stupéfait nos ancêtres s'ils avaient pu le savoir) que cette période glorieuse de l'histoire, la suppression des famines et l'accès de l'homme moyen au confort matériel et à la vie intellectuelle, ait pu être vécue dans la revendication hargneuse, et au mieux dans la morosité.

*
* *

Mais il reste une autre moitié — une forte moitié — de la population, pour laquelle il y a conscience de progrès, et qui, par conséquent, peut s'interroger sur les causes de ce progrès. Elle n'en est pas moins morose pour cela, parce qu'elle se trompe sur les facteurs du progrès, orientant ainsi à contre-courant bien des énergies nationales, et décourageant par contrepartie celles qui vont dans le bon sens.

*
* *

Posons maintenant des questions au grand nombre de ceux qui sont conscients que le changement est *un progrès*, je veux dire qui l'appellent ainsi ; qui savent que les hommes l'ont voulu et le veulent, qui se plaignent même souvent de sa lenteur, qui parlent volontiers de la transformation de la nature par le

1. Voir ci-dessus (p. 53) le texte de Georges Douart.

travail humain, qui considèrent que « l'avenir sera ce que nous le ferons », et que l'homme peut et doit « maîtriser » la vie économique et sociale, « prendre en main son destin ». Demandons donc à ces hommes qui croient que le progrès de la condition humaine — du moins de sa condition matérielle — est possible et dépend de la volonté et de l'action de l'homme, et notamment du pouvoir politique, demandons-leur quels sont les facteurs concrets qui permettent ce progrès, quels sont *les moyens* concrets, les *actes* qui engendrent ce progrès.

On s'attend — du moins je m'attendais autrefois — à ce qu'ils répondent : la connaissance scientifique de la nature ; l'application de la science à l'industrie ; l'organisation du travail... En fait, ce n'est qu'un faible pourcentage qui répond ainsi.

*
**

Les réponses les plus courantes ont varié avec le temps, mais celles qui dominent aujourd'hui ne sont pas meilleures que les anciennes.

Je ne puis étudier ici toutes ces réponses de manière approfondie. Je n'évoquerai que les plus caractéristiques et les plus courantes.

*
**

Vers 1935, ce n'était (en France) qu'une minorité (marxistes, socialistes) qui voyait la propriété publique des moyens de production, le Plan, la rationalité politique, comme les moyens de promouvoir un progrès social rapide, et donc voyait dans la liberté d'entreprise et le « capitalisme », non pas des facteurs de progrès, mais des obstacles, générateurs de crises, qui devaient devenir de plus en plus graves, jusqu'à l'inéluctable et bienfaisante révolution. Pendant ce temps, la majorité des économistes s'épuisait à découvrir les causes des crises cycliques et les moyens de les supprimer ; ils ne s'intéressaient qu'aux « fluctuations » du court terme. Le long terme était déconsidéré et ridiculisé (on sait la boutade de Keynes). Les rares personnes qui envisageaient le mouvement économique et social à long terme parlaient de *révolution industrielle*, mais pour dire qu'elle était terminée depuis longtemps, et de *dépopulation des campagnes*, mais pour la déplorer seulement, en l'attribuant au fallacieux attrait des villes sur de naïfs paysans ; personne ne s'était aperçu que les rendements croissants des meilleures terres ruinaient les paysans établis sur les moins bonnes et les contraignaient à partir.

Les moins inconscients parlaient des « richesses naturelles ». Les Etats-Unis avaient — malgré les crises — un haut niveau de vie, le plus haut du monde, parce qu'ils étaient « un pays riche » : beaucoup de terres, de charbon, de pétrole, de matières premières par tête d'habitant. Cela n'expliquait pas pourquoi des pays sans « richesses naturelles », comme la Suisse et les Pays-Bas, pouvaient se classer, dans l'échelle des nations, beaucoup plus haut que d'autres pourtant abondamment dotés. Mais cela conduisait les théoriciens imperturbables à envisager que la planète était arrivée à un état de développement maximum, qui ne pourrait nulle part être dépassé.

***

Après la guerre, les idées marxistes gagnèrent beaucoup d'esprits. L'accent fut mis sur l'impérialisme et la colonisation. Les peuples riches l'étaient parce qu'ils exploitaient les richesses des pays pauvres ; ces pays n'étaient pas pauvres en eux-mêmes ; mais leurs habitants indigènes étaient maintenus dans la pauvreté par la force militaire des pays qui les exploitaient. C'était donc de la pauvreté forcée des uns que venait la richesse exorbitante, « impérialiste » des autres.

Cette théorie avait le défaut de ne pas expliquer pourquoi les pays pauvres l'étaient déjà avant la colonisation, ni pourquoi les pays riches étaient devenus riches dès avant la colonisation (au point de devenir capables de conquérir effectivement des colonies). Le fait que, de 1945 à 1975, tous les pays européens ont perdu leurs colonies et pourtant triplé leur niveau de vie — et le fait que la plupart des pays pauvres le sont restés malgré quinze à trente ans d'indépendance politique —, ont fait décliner quelque peu, du moins en France, ce type d'explication.

*
* *

Aujourd'hui, les opinions dominantes se groupent autour de deux thèmes.

1. L'augmentaiton du niveau de vie du peuple vient d'une meilleure justice sociale. C'est en prenant au riche que l'on améliore la condition du pauvre.

2. L'amélioration du niveau de vie et du genre de vie des masses provient de la force syndicale de revendication, et de la force politique de l'opposition de gauche.

Je serais évidemment tout prêt à reconnaître ces critères si le plus simple examen des faits ne s'y opposait pas radicalement.

Le S.M.I.C. d'aujourd'hui représente un pouvoir d'achat de 612 600 F de 1951 par tête et par an ; or ce chiffre est supérieur au revenu moyen national par tête de 1951, qui était de 485 000 F et, naturellement, encore plus au revenu moyen de 1831 qui était de cinq fois inférieur (voir *tableau 42*, p. 196). On voit ainsi de combien le partage équitable du revenu national d'une certaine date aurait été impuissant à donner aux hommes de l'époque le minimum vital d'aujourd'hui : le S.M.I.C. d'aujourd'hui exige la production et donc la productivité d'aujourd'hui.

S'il suffisait de la revendication syndicale ou politique pour obtenir l'élévation du niveau de vie des smicards et des manœuvres, on ne voit pas pourquoi cette solution ne serait pas applicable aussi bien en Algérie, à Cuba, en Egypte ou en Inde qu'en France : ainsi toutes les classes ouvrières du monde auraient obtenu ce qu'ont obtenu les Français.

*
* *

Reprenons ces deux points en les précisant :

1. A supposer qu'une égalisation absolue des revenus ait pu être obtenue en 1829, sans aboutir à une désorganisation radicale de la production, le salaire du manœuvre n'aurait pratiquement pas varié, puisqu'il touchait alors à peu près le revenu moyen (520 F 1829 par an). Or ce manœuvre gagne aujourd'hui (1976) huit fois plus.

Les mêmes chiffres en F de pouvoir d'achat 1976

sont pour 1951 : salaire annuel effectif du manœuvre : 11 100 F ; salaire à attendre de l'égalité absolue des revenus (à supposer qu'elle puisse être obtenue sans la moindre baisse de la production nationale) : 18 500 F ; salaire effectif du manœuvre en 1975 : 25 600 F (voir plus loin tableau 42). Ces chiffres montrent de façon indubitable que le progrès enregistré n'a pu venir que pour une faible part de l'égalisation des revenus (laquelle est d'ailleurs très relative), et qu'elle a dû venir dans une très forte proportion de *l'accroissement absolu* du salaire réel moyen, c'est-à-dire du volume physique de la consommation moyenne par tête, et donc du volume physique *de la production.*

2. Si l'amélioration du pouvoir d'achat des salariés venait des revendications sociales, les pays où ces revendications sont les plus vives progresseraient le plus vite. Or, il n'en est rien. Des peuples comme la Suisse et les Pays-Bas, où les revendications politiques et syndicales sont faibles, des pays comme l'Allemagne, où les grèves sont relativement peu nombreuses, ont progressé aussi vite ou plus vite que la France, et ont donné à leur classe ouvrière un niveau de vie supérieur au nôtre.

A l'inverse, des nations comme l'Argentine et l'Uruguay, où, pendant des dizaines d'années, la revendication sociale a été intense et incessante, sont parvenues à des effondrements : le pouvoir d'achat des salariés y est inférieur à ce qu'il y était il y a trente ans.

L'exemple de l'Angleterre, sans être aussi catastrophique, montre non moins clairement, depuis 1945, que la revendication, la puissance syndicale et la puissance politique ne suffisent pas à faire progresser une nation. Une chose est de revendiquer. Une autre chose est de réaliser.

*
* *

L'auteur de ces lignes n'a aucune prévention contre les syndicats de salariés ni contre la gauche politique. Pendant près de vingt ans, j'ai présidé au commissariat au Plan de grandes commissions sociales, avec la confiance de tous ces syndicats. Aucun des rapports des commissions que j'ai présidées n'a jamais été publié sans leur accord global. Je sais que les syndicats de salariés sont dévoués à leurs adhérents, actifs et féconds ; personne n'a jamais contesté, à ma connaissance, le bon travail que nous avons fait alors ensemble, sous des gouvernements de gauche comme sous des gouvernements de droite. Mais autant je reconnais la valeur et l'utilité — la nécessité même — de leurs actions dans quantité de domaines, autant les faits que je viens de rapporter m'interdisent de penser que la seule revendication ait pu engendrer le doublement en vingt-cinq ans du pouvoir d'achat des salaires les plus faibles, ni leur multiplication par 10 en cent ans. L'action syndicale et la revendication peuvent avoir, et ont souvent, des effets catégoriels sur les salaires, notamment dans des services publics où la grève est très sensible pour le public (électricité, transports en commun, service des poubelles...), mais elles n'ont pu et ne peuvent pas avoir d'effet sensible sur le salaire national moyen.

La grève et la revendication sociale ne suffisent pas — et de loin — à expliquer l'ampleur de l'élévation du niveau de vie enregistrée depuis trente ans, et depuis deux cents ans, par l'ensemble des salariés en France et en Occident. Il reste donc à expliciter la ou les causes prépondérantes de ce progrès.

CHAPITRE VII

Les facteurs de changement

Le problème posé est d'identifier les facteurs qui ont permis d'augmenter le niveau de vie de la population française depuis 1946, et plus généralement depuis 1700 ou 1800.

Nous avons vu que toutes les statistiques (corroborées à chaque époque par les récits des « témoins du peuple » et notamment par les écrits des socialistes), conduisent à représenter par les ordres de grandeur suivants la hausse du pouvoir d'achat du salaire annuel, considéré comme minimum vital :

— multiplication par 1,5 de 1700 à 1831 ;
— multiplication par 2,2 de 1831 à 1939 et de 1831 à 1949 ;
— multiplication par 3 de 1949 à 1975 [1].

Les salaires effectifs les plus faibles ont augmenté plus encore, parce que les salariés qui gagnaient moins que le minimum vital de l'époque étaient très nombreux autrefois, tandis qu'ils sont presque inexistants de nos jours (aujourd'hui, s'ils sont au-dessous du S.M.I.C., ce ne peut être qu'illégalement). En 1700, Vauban, en 1830, Villermé, écrivent qu'en année

1. Veuillez noter qu'il s'agit ici de salaires *annuels*. Les salaires *horaires* ont évidemment augmenté davantage (dans la proportion de la réduction de la durée annuelle du travail).

TABLEAU 42

Minimum vital et production nationale, 1829-1976

	1829	1913	1939	1946	1951	1976
1. Valeur (en milliards de F courants), de la production nationale	9,4	41,8	396	1 850	9 350	1 350
2. Revenu national par tête de population active (F courants) [1]	520	2 150	20 500	97 000	485 000	60 000
3. Salaire annuel total du manœuvre de l'industrie de province (F courants)	540	1 020	11 900	78 000	290 000	25 600
3 *bis*. Salaire annuel moyen total des femmes adultes journalières des campagnes (F courants)	270	700	8 000	50 000	245 000	25 600
4. Indice du coût de la vie (1914 = 100) [2]	68	100	717	4 119	14 116	53 000
5. Salaire total min. vital idéal de l'époque (F courants) [3]	450	—	—	—	235 000	23 000
6. Salaire total minimum vital idéal de l'époque (F de 1975)	3 500	—	—	—	9 000	23 000
7. Salaire total minimum vital effectif de 1975 (F de l'époque)	2 950	—	—	—	612 600	23 000

On voit par la ligne 6 que le volume physique des consommations annuelles dénommées à chaque époque « minimum vital », a été multiplié par 6,6 de 1829 à 1976 ; par 2,6 en 120 ans, de 1829 (Villermé) à 1951, puis encore par 2,6 en 25 ans de 1951 à 1976. On sait que le salaire total est la somme du salaire direct et des prestations sociales.

Bien entendu, de tels chiffres peuvent être contestés à 5 ou à 10 % près. Leur ordre de grandeur n'en est pas moins certain ; ce qui veut dire qu'il est et sera retrouvé par tout calcul de base scientifiquement correcte.

1. *Pouvoir d'achat, prix et salaires*, p. 43.
2. I.N.S.E.E., *Annuaire 1977*, p. 762.
3. Minimum vital pour un adulte vivant seul. 1829 : Villermé ; 1951 à 1976 : S.M.I.G., puis S.M.I.C. Cf. *Machinisme et Bien-Etre*, ch. 1er, section 2. Cf. également Jacqueline Fourastié, *Les Formules d'indices de prix*, p. 44 sq et p. 88.

moyenne la majorité des salariés ne gagnent qu'environ la moitié, ou les deux tiers, du salaire qu'ils considèrent comme minimum vital (*tableau 42*).

Le « minimum vital » de Vauban était, nous l'avons dit, non pas le salaire minimum effectif, mais *le revenu moyen* de l'époque. Ce minimum vital, si faible fût-il, était, pour près des deux tiers du peuple, un idéal hors d'atteinte en 1700, et, pour un bon tiers encore, en 1830 ; si important (relativement au passé) qu'il soit devenu aujourd'hui, il est un plancher au-dessous duquel il n'y a qu'un très petit nombre de salariés (peut-être 2 à 3 %) ; les retraités même, qui n'avaient aucune pension sociale autrefois, et une infime en 1946 encore, les chômeurs, qui ne touchaient rien autrefois et très peu encore en 1946, ont aujourd'hui un revenu social de l'ordre du S.M.I.C., et, bien entendu, souvent beaucoup plus.

Comment une amélioration si radicale, de tout temps si désirée et si désirable, mais millénairement hors de portée de l'humanité, a-t-elle pu devenir possible et être réalisée, en fait, à un rythme fantastiquement rapide au cours des « trente glorieuses » ?

La réponse

La réponse est connue depuis longtemps. J'ai déjà dit plus haut que, pour ma part, je l'ai exprimée le plus clairement que j'ai pu dans mon livre *Le Grand Espoir du XXe siècle*, publié en 1949, sans cesse réédité depuis, et qui prévoyait clairement les mouvements économiques majeurs qui se sont en fait produits en France et en Occident de 1946 à 1973. J'ai explicité cette réponse dans un livre plus strictement scientifique, destiné à un public d'historiens, d'économistes et de sociologues [1].

Non seulement cette réponse n'a été contestée ni par les « marxistes », ni par les « capitalistes », mais elle est devenue si classique, en Europe, aux Etats-Unis, au Japon, en U.R.S.S. et ailleurs, que tous les auteurs qui traitent du « développement » et de la

1. *Machinisme et Bien-Etre.*

« croissance » en sont pénétrés sans savoir, souvent, quels hommes et quels livres en ont été les pionniers. Cela est bien naturel, et marque que c'est bien la réalité même qui a été découverte.

Sur le plan scientifique, la cause est donc entendue. Mais sur le plan de l'opinion publique, l'ignorance ou l'erreur restent la règle. Et, parmi les économistes mêmes, la plupart oublient, dans leurs constructions sophistiquées, ces réalités élémentaires que pourtant ils ne contestent pas, mais qu'ils considèrent comme trop simples pour être dignes de leur haute science, de leur haut enseignement et de leurs hauts projets. Le malheur est que les astronomes qui ne regardent pas le sol tombent couramment sinon dans des puits (nous manquons de puits aujourd'hui), du moins dans des escaliers, et que les constructions les plus sophistiquées, lorsqu'elles sont dépourvues de bases élémentaires, ne sont pas *science,* ne sont pas outils d'action sur le réel, mais fruits de l'imagination, sans prise sur la réalité.

*
* *

Je n'ai donc qu'à reprendre ici, en l'exposant le plus succinctement et le plus clairement possible, ce que l'on trouvera plus longuement prouvé dans *Le Grand Espoir,* dans *Machinisme et Bien-Etre,* dans plusieurs de mes autres livres et dans maint autre ouvrage de maint autre auteur.

*
* *

Tout ce qui a été dit au chapitre précédent, et au début de celui-ci, a dû montrer au lecteur qu'il est impossible d'expliquer la croissance de la consommation sans parler de la croissance de la production.

Même en égalisant rigoureusement les revenus de tous les Français en 1700 (ce qui eût impliqué une contrainte politique dramatique, une bureaucratie omniprésente, une police oppressante), on n'aurait pu donner à chaque Français que le minimum vital de Vauban, c'est-à-dire un douzième de minot de sel et deux setiers et demi de méteil. — Pourquoi ? Parce que la terre de France ne produisait, en année moyenne, que 40 millions de setiers de céréales, tant blé que seigle et sarrasin, pour 20 millions d'habitants. Et de même en 1831, comment aurait-on pu donner au salarié le moins payé 2 950 F de l'époque (qui lui auraient donné un pouvoir d'achat de même ordre que le S.M.I.C. d'aujourd'hui), alors que la valeur de la production nationale n'était que de 10 milliards de F, soit 520 F par tête de population active ? Et de même en 1951, comment aurait-on pu porter le S.M.I.G. à 612 600 F de l'époque, alors que le revenu national moyen par tête n'était que de 485 000 F. (Voir *tableau 42*, p. 196.)

*
**

La production est la condition de la consommation. Pour consommer, il faut d'abord avoir produit soi-même, ou bien il faut que quelqu'un ait d'abord produit pour vous. La nature est la source de la production, mais, sauf l'oxygène, rien n'est directement consommable. L'eau, il faut en vérifier la pureté (la fièvre typhoïde était courante au temps des sources naturelles et même au temps des puits et des fontaines bâties) et l'acheminer jusqu'à la cuisine ; dans les villes, un seau d'eau rendu à l'étage coûtait un tiers de salaire horaire de manœuvre. Les champignons ? Il faut les connaître, les ramasser, et rares sont les jours où la cueillette nourrit son homme ! — Fruits sauvages, limaçons, crustacés et fruits de mer... même chose ; cela peut nourrir, en travaillant à les ramasser, au plus 10 000 Français. Moins encore par la chasse, qui n'est qu'un loisir sur lequel on ne compte pas pour subsister. Quant à la pêche, elle devient un métier, et dur, dès lors qu'il faut vivre d'elle (et ce n'est possible que pour 35 000 Français). La nature nous donne gratuitement l'émotion, la beauté, un cadre d'action et de vie. Mais pratiquement rien de ce qu'elle produit naturellement, c'est-à-dire sans travail humain, sauf l'oxygène de l'air, ne peut être directement consommé par l'homme et servir à sa subsistance. L'homme doit, pour vivre de la nature, la transformer par son travail, et ce que l'homme consomme, c'est le *produit* de ce travail de transformation que l'on appelle production.

*
**

La production obtenue à l'intérieur d'une nation s'appelle *production nationale.* Le commerce extérieur permet l'échange de produits nationaux contre des produits exotiques, mais il est clair qu'en année moyenne on ne peut recevoir plus qu'on ne donne : l'équilibre du commerce extérieur est le test le plus dur et le plus rapide des gouvernements révolutionnaires néophytes (exemples récents : le Chili, le Portugal...).

La consommation nationale ne peut dépasser durablement (ni même, à court terme, substantiellement) la production nationale. Comme le nombre de la population est, évidemment, en question, comme à l'inverse, on ne produit pas durablement ce qui n'est pas consommé, comme le jeu des stocks est très faible par rapport aux flux, on peut exprimer les deux sentences suivantes :

— la consommation moyenne par tête d'habitant ne peut excéder la production nationale par tête ;

— le revenu moyen par tête de population active ne peut dépasser la valeur de la production nationale par tête de population active.

Consommation par tête et production par tête seraient *égales* s'il n'y avait pas à *investir,* c'est-à-dire à construire des usines, des machines, des bâtiments, des routes nécessaires à la production ultérieure, et à *entretenir* ce capital productif en bon état de marche en le réparant et le renouvelant un peu chaque année (amortissement). En fait, l'on a les deux équations fondamentales :

Revenu national = valeur de la production nationale.

Consommation nationale = production nationale — investissement national.

*
**

On voit donc que le facteur décisif est la production nationale par tête, et plus exactement puisqu'on appelle « population active » la population qui produit, le facteur décisif est la *production nationale par tête de population active.* Si cette production par tête est forte, si donc le travail de transformation de la nature est efficace, alors le salaire réel peut être élevé, le niveau de vie est fort, la nation est riche. Dans le cas inverse, la nation, même si elle dispose de grands territoires et de richesses naturelles, est sous-développée et son peuple est pauvre.

***

L'efficacité du travail se mesure donc par la quantité de produit obtenu par tête de travailleur, soit en une année de travail, soit en un jour, soit en une heure ; on appelle *productivité du travail* ce rapport du volume physique de la production à la durée du travail nécessaire à cette production.

Cette notion de productivité, ainsi que les techniques de mesure qu'elle requiert, n'ont pas à être précisées ici [1]. Nous avons seulement à rappeler les six principes fondamentaux.

1. L'élévation du niveau de vie de grandes masses d'hommes, l'élévation du pouvoir d'achat de grands nombres de salariés, exigent une élévation concomitante de la productivité du travail de ces hommes, de ces salariés.

2. Cette condition est nécessaire ; elle n'est pas suffisante ; cependant, en fait, partout en Occident depuis deux cents ans, l'élévation du niveau de la productivité nationale s'est accompagnée de l'élévation du niveau de vie national et d'une élévation plus forte encore du pouvoir d'achat des salaires les plus bas.

3. La productivité ne s'élève pas par un plus grand effort du travailleur, mais par l'effet de procédures techniques plus efficaces : organisation du travail, organisation de l'entreprise et de la nation, emploi de procédures plus simples et plus rapides, déduites des « inventions » et « découvertes » des sciences expéri-

1. Cf. par exemple, J. Fourastié, *La Productivité*, coll. « Que sais-je ? » P.U.F. (édité en huit langues).

mentales, emploi de machines et d'installations, emploi d'énergie mécanique...

Le progrès global d'efficacité, qui résulte de ces facteurs, s'appelle *progrès technique* (progrès des techniques de production : fabrication, transformation, transport, échange...). Ce progrès a d'abord pour origine un minimum de paix sociale et de consensus politique (il est clair que l'on ne peut espérer une grande efficacité technique dans les périodes de guerre civile ou de grands déchirements comme la guerre de Cent Ans, la Fronde, l'Occupation allemande de la France, la guerre civile de l'Indochine et du Cambodge...). Mais sa cause fondamentale — en Occident depuis deux cents ans et par imitation, de proche en proche dans le monde — est le *progrès des sciences expérimentales,* notamment la physique, la chimie, l'informatique —, qui accroît sans cesse les pouvoirs de l'homme sur la nature, en découvrant *les propriétés* de cette nature et en les utilisant au bénéfice de l'homme.

« Le facteur essentiel du développement n'est pas *le capital,* comme on l'a cru longtemps, mais le savoir des hommes... Le constructeur d'un barrage ne maudit pas les lois de la pesanteur et de l'hydraulique : il leur obéit et par là leur commande » (Alfred Sauvy).

Ainsi la chaîne, progrès technique — progrès économique, a pour moteur le progrès scientifique et pour conséquence le progrès social.

4. Les progrès de productivité sont fantastiques dans certaines productions, faibles, voire nuls, dans d'autres.

Exemples de progrès énormes :

— Les vitres, les glaces et les miroirs.

— Les appareils ménagers (réfrigérateurs, machines à laver, etc.). Les ampoules électriques et de manière générale les moteurs et cuiseurs électriques.

Pour donner une idée de ces progrès énormes, je citerai le cas d'un miroir de 4 m^2, dont la fabrication exigeait 30 à 40 000 heures de travail en 1702 et en demande moins de 160 aujourd'hui.

Exemples de grands progrès :

— Les céréales.

— L'élevage des poulets et du porc.

— La bicyclette, les vélomoteurs ; les appareils de photographie.

— Les objets manufacturés en général ; les objets fabriqués en grande quantité par des procédés « de grande série ».

— Les produits chimiques en général.

— La construction, les travaux publics.

Pour montrer l'importance de ces grands progrès, je citerai le blé. Sa production exigeait, en année moyenne, 200 heures de travail dans les premières années du XIXe siècle, 55 à 60 vers 1925, 35 vers 1946 et moins de 10 heures aujourd'hui en moyenne nationale française et y compris tous les travaux *indirects*, nécessaires à la fabrication des engrais utilisés, des machines (tracteurs, moissonneuses-batteuses), des installations (silos)...

Exemples de progrès faibles :

— Les pommes de terre, le vin, le tabac.

— L'élevage des bœufs, vaches et moutons.

— L'ameublement.

— Les produits artisanaux et autres objets fabriqués en petite série.

Exemples de progrès presque nuls ou nuls :

— Les objets d'art, les tapisseries, les toiles de maîtres... Plus généralement, les objets fabriqués à l'unité, ou en très faible nombre, « à la main ».

— Lire un livre, le comprendre, en corriger les épreuves... préparer et prononcer une conférence...

— Les représentations théâtrales, le concert, le ballet, l'opéra.

— Les services de coiffure, les soins esthétiques ou médicaux qui, quoique produits au total en très grande quantité, exigent un travail humain individualisé, personnalisé, excluant la série et la mécanisation globale. Un coiffeur ne traite, à l'heure, pas plus de clients qu'au XVIIIe siècle.

On sait qu'en gros, la majeure partie de l'agriculture (primaire) est, *sur longue période,* à progrès technique moyen. L'agriculture française dans son ensemble a toutefois, depuis 1955, progressé presque aussi vite que l'ensemble de l'industrie. Sur très longue période pourtant (un siècle) la majeure partie de l'industrie (secondaire) a marqué un progrès technique plus rapide que l'agriculture. La majeure partie des services n'a enregistré qu'un progrès technique nettement plus lent (tertiaire). Mais bien entendu, à certaines périodes, certains éléments de chaque secteur peuvent marquer des poussées, ou au contraire des stagnations. La réalité est que *chaque produit a son histoire technique propre.*

5. La productivité croissante est un facteur qui se confond, à durée du travail constante, avec la croissance de la production par tête.

Cette croissance de la productivité est la condition nécessaire à la croissance de la consommation par tête, c'est-à-dire du niveau de vie et du pouvoir d'achat des salariés. Si elle est assez forte, elle permet en outre la réduction de la durée du travail et l'amélioration des conditions de travail.

6. Mais la consommation individuelle croissante *change de structure :* ces mots veulent dire que la personne dont le pouvoir d'achat double ne consomme pas deux fois plus de *chacun* des produits et services qu'elle consommait antérieurement ; au contraire, les statistiques montrent qu'elle consomme, en moyenne, *moins* de pain et de céréales, de pot-au-feu, de plat de côtes et beaucoup plus de beefsteak et d'huîtres... Et beaucoup plus aussi d'objets manufacturés (vélomoteurs, automobiles, machines ménagères, radio, T.V., appareils à casette...), et de services (voyages, séjours de mer et de neige).

Si la consommation croissante change de structure, alors la production croissante doit aussi changer de structure. Cela ne peut se faire à moyen terme, et cela ne se fait que par des *migrations professionnelles.* Les producteurs de blé à productivité croissante deviennent trop nombreux, puisque la consommation ne « suit » pas ; ils doivent changer de métier et devenir producteurs des objets manufacturés et des services sur lesquels se porte la demande croissante des consommateurs.

Ces migrations professionnelles sont douloureuses pour ceux qui les subissent. Ainsi se révèle un « revers de médaille » dont nous avons déjà parlé...

*
**

L'ampleur globale des progrès de productivité peut être évoquée par la production nationale ou le revenu national évalués à prix constants et ramenés à l'unité de production en la rapportant au nombre de la population active :

$$\frac{\text{production nationale à prix constants}}{\text{nombre de la population active}}$$

La série retenue à long terme par l'I.N.S.E.E. est, depuis 1950, issue de la comptabilité nationale, et résulte, de 1901 à 1949, des travaux d'Alfred Sauvy. J'ai moi-même remonté cette série par les évaluations du revenu national à quelques dates repères. Ces chiffres ne peuvent être tenus pour exacts à moins de 20 % près, mais la variation de leurs ordres de grandeurs est si forte qu'ils n'en sont pas moins significatifs. La France nourrissait fort mal 21 millions d'habitants au début du XVIIIe siècle ; elle en nourrit fort bien 53 aujourd'hui. C'est la même nature, c'est le même sol, mais ce sont des hommes moins mal informés du réel, plus capables de « transformer » cette nature (plus capables aussi de la détruire !). Le volume physique des biens et services produits sur ce sol est passé environ de 7 à 400 !

Parallèlement (il s'agit du même phénomène vu par et pour le consommateur), le nombre des habitants du territoire et leur consommation par tête ont pu augmenter énormément. Mais la croissance est plus faible si l'on compte par tête ou si l'on compte pour l'ensemble de la nation ; évidemment l'on doit compter par tête pour juger du niveau de vie : le niveau de vie moyen, d'après le *tableau 43*, a été multiplié par un chiffre de l'ordre de 12 de 1701 à 1975 ; par 2,5 en un siècle, de 1830 à 1939, puis par 3 au cours des « trente glorieuses ». Nous retrouvons les ordres de

TABLEAU 43

Indices, 1938 = 100, du volume du revenu national, 1700-1975

Date	Revenu national réel	Revenu national réel par tête de population totale
Vers 1700	7	27
Vers 1829-35	14	38
1850-59	35	40
1901	63	67
1913	86	90
1929	119	120
1938	*100*	*100*
1946	83	87
1949	109	111
1959	172	163
1970	333	270
1975	400	315

grandeurs déjà donnés plus haut, mais avec d'autres bases de calcul, et cette fois *en les expliquant.*

Et ce changement radical du niveau de consommation, qui a donné à l'ouvrier professionnel le pouvoir d'achat qu'avait, en 1830, le conseiller d'Etat, a pu se faire avec une durée de travail par individu fortement réduite ! C'est en travaillant 300 jours par an et 12 heures par jour en moyenne, de sa huitième année à sa mort, que l'ouvrier avait en 1830 un niveau de vie de 38 ; c'est en travaillant 237 jours et 8 heures par jour, de 16 ans à 60 ou 65, que l'ouvrier d'aujourd'hui a son niveau de vie de 315 [1].

La productivité du travail s'avère ainsi la clef

1. Au total, un ouvrier moyen de 1830, ayant commencé à travailler à 8 ans, vivait jusqu'à 45 ans et travaillait 300 × 12 × 37 = 113 000 h ; aujourd'hui, dans une vie de 75 ans, il travaillera 237 × 8 × 45 = 85 320 h. Le volume de consommation par vie est dans le rapport de 1 à 16 et la quantité de travail dans le rapport de 1 à 0,8.

majeure pour la compréhension économique et sociale de notre temps. Nous allons ici en donner quelques exemples.

1. *Les rendements et la productivité agricole*

Nous avons dit plus haut que pour nourrir 25 millions d'habitants, la France du XVIIe siècle était trop petite, et que 10 millions de travailleurs n'y suffisaient pas. D'où à la fois la ration minimum vitale idéale de Vauban, et le travail des enfants dès 8 ans. Sur cent personnes actives, plus de quatre-vingts étaient aux champs ; les autres se partageaient presque également entre l'artisanat (maçons, charpentiers, menuisiers, tonneliers, tisseurs, tailleurs, forgerons, bourreliers, potiers, faïenciers...) et les services (clergé, administration, commerce, transports, armée et police...). Il est clair qu'avec une telle structure de la population et donc de la production, la consommation d'objets manufacturés et le confort du logement devaient être, à l'échelle des masses, presque nuls. Seule une immense inégalité sociale pouvait permettre à des classes dirigeantes très peu nombreuses de nous laisser le témoignage magnifique de leurs châteaux et de leurs parcs (le revenu annuel des personnes riches de l'aristocratie et de la haute bourgeoisie se montait parfois à plusieurs milliers de salaires annuels de manœuvres ; ainsi non seulement ils avaient de vastes propriétés, mais encore ils employaient, outre leurs dépenses de nourriture, de vêtement, d'éclairage et de chauffage, outre leurs dépenses de chevaux, de voyage, de construction, d'ameublement, des centaines de domestiques [1]). Au total, on l'a dit, 40 millions d'hectares ne produisaient en année moyenne que 40 millions de setiers,

1. Inutile d'insister, après ce que nous avons dit plus haut, sur le fait que la confiscation de ces revenus somptuaires n'eût pas amélioré le pouvoir d'achat des pauvres. D'abord, ce n'est pas en supprimant la loge à l'Opéra de M. de Breteuil que l'on produit le blé qui manque au paysan. Ensuite ces gens immensément riches n'étaient que quelques dizaines. D'après Vauban, le nombre total des familles riches ne dépassait pas dix mille.

c'est-à-dire de quoi donner 8 setiers en moyenne par famille de 4 personnes. Le faible rendement des terres, les jachères, la pitoyable efficacité du travail agricole, voilà le « goulot d'étranglement » des pays pauvres. Améliorer d'une manière ou d'une autre ce rendement par hectare et cette productivité du travail, telle est la condition absolue de l'amélioration du niveau de vie. Tout le reste est littérature, faux-semblant, erreur ou illusion.

J'ai dit plus haut comment certains hommes ont publié un gros volume d'histoire rurale de la France sans y donner la moindre information sur la croissance des rendements et de l'efficacité du travail : c'est faire le portrait d'un homme en lui coupant la tête. Heureusement, les historiens d'aujourd'hui ne font que rarement de tels massacres. Emmanuel Leroy-Ladurie a très correctement traité le problème des rendements agricoles au XVIIIe siècle dans la grande histoire économique de Braudel et Labrousse [1]. Il y donne, avec raison, une place notable à un troisième rendement : celui de la semence. Il indique que pendant des siècles, du Moyen Age aux alentours de 1840, ces rendements sont restés stables. Le blé produisait en année moyenne 4 pour 1 dans le Midi de la France, et 5 pour 1 dans les plaines du Nord. Aujourd'hui, nos agronomes et nos chimistes nous donnent du 25 à 30 pour 1, et les jachères ne sont plus nécessaires !

Depuis 1815, les statistiques agricoles sont bien tenues en France. Donnons les exemples du blé et du vin [2]. La moyenne des dix années 1815-1824 a donné 8,7 quintaux de blé à l'hectare. De 1845 à 1884, toutes les moyennes décennales sont comprises entre 10 et 11 quintaux. La décennie 1905-1914 a donné 13,5. L'année 1907 avec 15,8 quintaux donne le record d'avant-guerre.

L'année 1938, avec 19,4 a donné le record d'avant 1952 (mais 1938 fut vraiment une exception, car les cinq années 1935-1939 n'ont pour moyenne que 15,4).

---

1. Presses Universitaires de France, p. 573 sq.
2. *Annuaires statistiques.* Cf. notamment *Annuaire statistique 1951* (rétrospectif), p. 573 sq.

Les « trente glorieuses » commencent avec 14,8 quintaux à l'hectare en 1945-1949 et finissent avec 42,7 en 1970-1974. La vingtaine fut atteinte en 1953 ; la trentaine en 1962 ; la quarantaine, en 1972, est d'emblée très dépassée avec 45,7. (Il s'agit là de moyennes nationales, bien entendu, les meilleures terres (Aisne, Nord, Beauce) atteignent et dépassent 60 depuis 1970.)

Pour le vin, l'*Annuaire* rétrospectif donne un rendement de 15 hectolitres pour six années dispersées ayant fait l'objet de relevés entre 1788 et 1848. Les données annuelles ne commencent qu'en 1849. La moyenne des dix années 1850-1859 est de 14,3 quintaux. On y constate d'une année à l'autre une irrégularité beaucoup plus forte encore que pour le blé (1850 = 21 ; 1854 = 5). Il y eut un vif essor des moyennes quinquennales après 1860, avec un maximum de 25 hectolitres en 1865-1869 (ce furent les années heureuses des campagnes françaises, celles où la consommation de vin comme celle de blé suivaient bien la production croissante, celles qui conduisirent aux « sept millions cinq cent mille oui » [1]).

Le phylloxéra fait retomber le score à moins de 14 hectolitres de 1885 à 1889, mais on atteint ensuite 34,6 en 1905-1909, 41 en 1920-1924 ; on stagne ensuite un peu en dessous de 40 jusqu'en 1939. On tombe à 28 en 1945-1949, et... l'on monte à 60,4 en 1970-1974.

Le *tableau 44* retrace l'évolution pour quelques autres produits agricoles. Chacun a une histoire technique différente ; les progrès des rendements sont donc irréguliers, mais toujours forts de 1946 à 1975.

*
* *

Mais la productivité du travail agricole a augmenté plus encore que les rendements, parce que cet hectare qui produit plus requiert, non pas plus, mais moins de travail humain ; — même (et cela doit être

1. Nombre approximatif des voix obtenues au référendum du 8 mai 1870 par l'Empereur. On doit connaître le texte fameux de Victor Hugo : « Et s'il n'en reste qu'un (opposant), je serai celui-là. »

TABLEAU 44

Rendements à l'hectare, 1935-1975

	1935-38	1945-47	1974-75
Maïs	16	8	44
Betterave	260	230	400
Pomme de terre	110	95	245
Tabac	?	15	27

bien entendu) compte tenu du travail indirect d'investissement (travail nécessaire à la construction des machines et des installations), du travail nécessaire à la production des matières consommées (engrais, pétrole, électricité...), du travail nécessaire à l'administration et au commandement. Par exemple, l'on peut estimer aujourd'hui en France à quelque 7 heures le nombre moyen total d'heures de travail direct et indirect nécessaire à la production et à la conservation d'un quintal de blé jusqu'à sa mouture, contre 200 (en année moyenne) au XVIIIe siècle, et 35 encore avant la dernière guerre et en 1943-1947 [1].

On a dit, et il faut y réfléchir, que le facteur majeur de « décollage » du niveau de vie d'un peuple est là : dans l'accroissement de la productivité du travail des céréales consommées par les masses pauvres : car c'est seulement l'accroissement du pouvoir d'achat des calories alimentaires *les moins chères*, qui libère pour d'autres consommations un pouvoir d'achat excédentaire.

*
**

La productivité globale du travail agricole peut être mesurée aisément en nombre de personnes nourries par le rapprochement du nombre de la population active dans l'agriculture et du nombre de la population totale (avec la correction du solde du commerce extérieur). C'est ainsi qu'ont été obtenus les chiffres

1. C'est donc une division par 30 depuis le XVIIIe siècle, alors que les rendements à l'hectare n'ont été multipliés que par 7.

du chapitre 1, qui montrent qu'en France le nombre de personnes, nourries par un travailleur agricole, est passé de 1,7 au XVIIIe siècle à 5,5 lors des recensements de 1931 et de 1946, et à 26 en 1975.

On sait que les chiffres correspondants sont 80 aux Etats-Unis et 6 à 8 en U.R.S.S.

*
* *

Mais la productivité en volume physique des produits agricoles a crû assez différemment.

D'une part, en effet, la quantité et la qualité des nourritures absorbées par chaque personne ont elles-mêmes nettement progressé (d'abord presque doublé de 1700 à 1850, puis monté encore de 30 à 40 % de 1850 à 1930, enfin progressé d'environ 20 % en 1975 sur le niveau d'avant la guerre de 1940). Et d'autre part, la mesure en nombre de personnes nourries par les agriculteurs ne tient pas compte du travail indirect, qui était presque nul autrefois (l'agriculture nourrissait elle-même les rares bêtes de somme qu'elle employait et n'utilisait aucune énergie mécanique ni chimique industrielle). Si l'on tient, en outre, compte de la durée annuelle du travail, les mesures quantitatives à prix constants fournissent de la productivité par heure de travail agricole l'image d'une multiplication par 7 du début du XIXe siècle à 1949, et depuis par près de 3.

Les migrations de la population active

Les migrations de la population active se comprennent dès lors fort bien. Elles résultent des divergences courantes entre la productivité croissante et la consommation croissante. Si, par exemple, les producteurs de céréales étaient restés aussi nombreux aujourd'hui que dans la France de 1700, nous en produirions trente fois plus, tout en consommant cinq fois moins, et en étant plus de deux fois plus nombreux. Si les vignerons étaient restés aussi nombreux qu'en 1850 (et s'ils avaient réalisé les mêmes progrès techniques), nous aurions une production de vin permettant à chaque Français d'en boire trois litres par jour, alors que les vignerons eux-mêmes refusent (heureusement) d'en boire plus d'un.

Tous les mouvements, décrits au chapitre 1, s'expliquent ainsi. Leur explication ne leur enlève pas leur caractère douloureux pour les hommes qui voient dépérir leur entreprise (alors même qu'elle a réalisé de grands progrès, mais pas assez pour rester dans le lot des « rentables », c'est-à-dire des plus efficaces suffisant à satisfaire la consommation) ; et pour les hommes qui doivent changer non seulement d'entreprise, mais souvent de profession et de résidence. Mais elle permet de comprendre que l'on ne peut jouer à la fois sur les deux tableaux de la hausse continue du pouvoir d'achat et de la stabilité de l'emploi.

L'emploi, dans la production d'une marchandise ou d'un service, est régi par l'équation.

$$\text{Emploi} = \frac{\text{consommation}}{\text{productivité}}$$

Si la productivité croît, par exemple, de 5 % par an (ce taux a été fréquent au cours des « trente glorieuses » pour certains produits), et si la consommation ne progresse que de 2 % (par exemple), alors l'emploi devient excédentaire de 3 %.

Or il est arrivé souvent que non seulement la consommation ne progresse pas autant que la productivité, mais qu'elle stagne. Ce fut nettement le cas en agriculture depuis 1970 notamment. Une productivité toujours croissante, au rythme de 5 % environ par an (doublement en 15 ans), a engendré, de 1968 à 1975, une baisse des effectifs agricoles du même ordre de grandeur (baisse, on l'a vu plus haut, de 3 à 2 millions, du nombre des personnes actives).

Ce cas est spectaculaire, mais n'est pas unique. Le chapitre I (notamment p. 92) l'a bien montré.

2. *La montée du tertiaire*

La croissance des effectifs tertiaires (administration, commerce, enseignement, services...) s'explique aisément par la même équation : quoique la progression de la productivité soit loin d'y être nulle, et soit souvent en fait de l'ordre de 3 % par an, l'emploi y est fortement croissant parce que les besoins croissent nettement plus vite.

On se rappelle que la place du tertiaire dans la population active française est passée de 10 % environ vers 1800, à 32 % en 1946 et 51 % en 1975.

Ainsi nous avons eu, au recensement de 1975, 11 200 000 « tertiaires » contre seulement 2 000 000 d'agriculteurs. Et la croissance du tertiaire a continué de s'accélérer depuis 1975.

3. *La consommation d'énergie mécanique*

Les progrès de productivité, on le sait, exigent des procédures scientifiques, des investissements, une organisation rationnelle du travail.

Et en outre, elle dépend largement, non du travail corporel de l'homme, mais de l'emploi d'énergie mécanique (électricité, pétrole, charbon, gaz...), suppléant non seulement aux forces de l'homme, mais les multipliant.

En 1900, chaque travailleur français avait déjà 25 esclaves mécaniques à sa disposition (essentiellement par la combustion de la houille) ; en 1938, 40 ; en 1965, 85 ; en 1975 : 124 [1]. Le graphique (p. 284) décrit l'évolution, depuis 1958, de l'énergie mécanique consommée en France. On voit l'énorme importance de cette énergie — et la vulnérabilité de la France — du fait que près des trois quarts de cette énergie sont importés de l'étranger.

Le même graphique marque nettement le coût d'arrêt à la croissance apporté par la hausse des cours du pétrole, décrétée en 1973 par l'assemblée des pays exportateurs (O.P.E.P.).

---

1. En comptant qu'une tonne d'équivalent-charbon fournit un travail physique équivalent à celui d'un homme actif pendant une année.

4. *La production industrielle*

Evidemment, la production industrielle n'a pas « boudé » cette énergie mise massivement à sa disposition. La production industrielle a bénéficié à plein, pendant toute la période, d'une conjonction de la productivité et de la « consumativité ». L'emploi n'y a progressé que de 32 à 38 % de la population active (passant de 6,56 à 8,41 millions), mais le « volume physique de la production » (valeur de la production évaluée à prix constants) y a bondi (en indices de base 1938 = 100) de 99 en 1947 à 499 en 1974 et 464 en 1975.

Le *tableau 45* donne quelques repères à long terme, qui ne peuvent être que des images grossières étant donné l'arbitraire inéluctable du système de pondérations des produits, lié au système de mesure à prix constants ; mais ces chiffres n'en donnent pas moins

TABLEAU 45

Indices de la production industrielle et de la productivité du travail dans l'industrie, 1898-1975

Année	Volume de la production	Indice du nombre d'heures de travail fournies dans l'ensemble de l'industrie	Productivité horaire du travail
1898	66	138	48
1913	109	130	84
1921	60	—	—
1930	133	—	—
1938	100	100	100
1946	84	—	—
1947	99	—	—
1974	499	—	—
1975	464	130	360

Source : *Annuaire statistique 1977*, p. 762. 1938 = 100

une image utile de la fantastique croissance de la productivité du travail dans l'industrie.

De nombreux lecteurs seront sans doute surpris de constater (ou de se rappeler) que la production industrielle française, après être passée par un sommet en 1929 et 1930, était retombée en 1938 nettement en dessous de 1913 ! La productivité n'avait monté que de 16 % et l'on travaillait beaucoup moins d'heures par an.

Au contraire, en 1975 la productivité se trouve 3,6 fois plus forte qu'en 1938, et l'emploi a été cependant non seulement maintenu mais accru. Ainsi la production a pu être multipliée par 4,6 et la consommation globale par tête multipliée par $4{,}6 \times \frac{42}{53} =$ 3,6, alors que de 1913 à 1938 elle ne l'avait été que par... 0,88 [1].

1. Elle était donc inférieure de 12 % à celle de 1913. Alors que l'Allemagne... La population française était de 42 millions en 1938 et de 40 en 1913. L'indice de la production totale étant à $\frac{100}{109}$, celui de la consommation par tête (égale à la production par tête) est à $\frac{100}{109} \times \frac{40}{42} = 0{,}88$.

CHAPITRE VIII

Les moyens

La plupart des gens pensent que, lorsque le pouvoir d'achat du salaire augmente (ou diminue), il le fait pour tous les biens et services achetés. Cela paraît, de bon sens, certain, évident. Et cependant telle n'est pas la réalité. Prendre information de cette réalité, qui confirme la théorie de la croissance que nous venons d'exposer au chapitre VII, est un élément essentiel pour la compréhension de notre temps et de son évolution économique.

*
**

Sur la réalité, il n'y a aucun doute. Il suffit d'un exemple pour le montrer (car un seul cas infirme une règle générale, ou du moins oblige à la restreindre ou à la préciser).

Nous avons vu que le pouvoir d'achat des salaires ouvriers a beaucoup monté au cours des « trente glorieuses », et, plus généralement, depuis 50 et 100 ans. Prenons les dates 1925, 1950 et 1975. A ces trois dates, le salaire *horaire* moyen total du manœuvre, qui nous a servi et nous sert souvent de référence, a été successivement (en monnaie courante), de 2,12 F ; 93 F et 11,30 F (nouveaux). Le coût de la vie ayant beaucoup augmenté, le pouvoir d'achat n'est évidemment pas passé de 2,12 à 1 130, ce qui aurait fait une multiplication par 530 ! Mais ce coût de la vie n'a cependant pas « grimpé » aussi vite que le salaire. En base : 1938 = 100, l'indice I.N.S.E.E. du coût de la vie est 60 pour 1925, 1 804 pour 1950 et 7 324 pour 1975 (multiplication par 122). Il en résulte pour ce salaire *horaire* un pouvoir d'achat multiplié par 1,46 de 1925 à 1950, et par 4,37 de 1925 à 1975.

Or, une coupe de cheveux pour homme chez un coiffeur de catégorie D valait, en 1925, 2 F et, en 1975, 12 F.

*
* *

Cet exemple du coiffeur a fait le tour du monde. Il se vérifie en effet dans tous les pays et à toutes les époques, à la seule condition de ne pas mélanger les prix des coiffeurs des grands hôtels avec les coiffeurs de catégorie populaire dont les manœuvres sont les clients. Partout dans le monde et à toutes les époques, une coupe de cheveux chez un coiffeur sans luxe vaut, à peu de chose près, *un salaire horaire total de manœuvre.*

Cet exemple est classique dans le monde entier, mais la plupart des Français semblent l'ignorer (et surtout en période d'élections, où les partis promettent d'élever le niveau de vie du peuple en majorant les salaires courants !).

*
* *

Comment cela est-il possible ? Comment peut-on concilier cette multiplication par 6 avec cette stagnation ? Tout simplement en constatant deux faits :

1\. La coupe de cheveux se fait selon les mêmes techniques depuis cent et cent cinquante ans ; il faut toujours en moyenne de 10 à 15 minutes pour traiter un client (coupe seulement). La productivité est constante. Donc le prix réel est aussi constant. A ce temps de travail direct constant, s'ajoutent des durées de travail indirect également constantes (local, appareillage, blanchissage, accueil, paiement...).

A l'échelle mondiale, la productivité étant la même à Paris, New York, Moscou et Calcutta, le prix réel est le même. (Si vous avez oublié ce qu'est le prix réel, voyez p. 141.)

2. Par contre, beaucoup de produits consommés (et donc inclus dans l'indice du coût de la vie) sont à progrès technique intense, et donc voient augmenter de beaucoup le pouvoir de *leur* achat.

La moyenne pondérée des prix de cet ensemble d'objets et de services baisse beaucoup par rapport au salaire, s'il y a progrès technique intense dans la nation. Ainsi, de 1950 à 1975 le pouvoir moyen d'achat du manœuvre a pu, en France, être multiplié par 4,4, *quoiqu*'il n'ait gagné en rien sur le coiffeur.

Par contre, il a gagné de 1 à 10 ou 12 sur beaucoup de produits.

*
* *

L'I.N.S.E.E. suit depuis 1949 un grand nombre d'objets manufacturés et de produits chimiques de grande consommation. Le *tableau 46* reprend quelques-uns des indices de prix courants ainsi publiés et permet leur comparaison aux salaires moyens des manœuvres.

TABLEAU 46

Valeurs en 1975, pour 1949 = 100, des indices des prix des appareils ménagers et du salaire horaire moyen total des manœuvres

Ensemble des appareils d'équipement ménager	238
Salaire horaire moyen total du manœuvre	1 524
Appareils de chauffage	338
Réfrigérateurs	90
Aspirateurs, cireuses	212
Machines à laver	221
Petits appareils électriques	267
Machines à coudre	304
Récepteurs de radio	176

On voit que le salaire est monté plus de six fois plus vite que les prix (écart entre 1 524 et 238). Le cas des réfrigérateurs est particulièrement étonnant : leurs prix *courants* étaient moins élevés en 1975 qu'en 1949 et la durée de travail, nécessaire à un manœuvre pour acheter un réfrigérateur de 50 litres, était 17 fois plus faible en 1975 qu'en 1949.

Les produits pharmaceutiques sont aujourd'hui remboursés par la Sécurité sociale, alors qu'ils ne l'étaient guère en 1949. Mais il faut, de plus, noter leur baisse de prix très sensible par rapport aux salaires. Là encore, la baisse a pour cause la forte hausse de la productivité du travail de leur fabrication. Sur la base 1962 = 100, on trouve, par raccordement des deux indices publiés depuis lors par l'I.N.S.E.E., 1975 = 135, alors qu'entre les deux dates l'indice général du coût de la vie est passé de 100 à 213 et le salaire moyen horaire total des manœuvres de 2,72 F à 11,30 F, c'est-à-dire à l'indice $\frac{11,30}{2,72} = 415$.

Cet indice des prix des produits pharmaceutiques est calculé par l'I.N.S.E.E. sur 400 produits, remboursables ou non par la Sécurité sociale.

On pourrait multiplier les tests montrant que les produits à grand progrès technique ont tous engendré de fortes hausses du pouvoir d'achat, tandis que les prix de produits ou services à faible progrès ont augmenté presque aussi vite que les salaires. J'ai publié trois gros volumes sur le sujet et une série de treize volumes intitulés *Prix de vente et prix de revient. Recherches sur l'évolution des prix en période de progrès techniques*[1]. Ces travaux sont bien connus des spécialistes. Le grand public en a eu connaissance par plusieurs de mes livres, et notamment par *Pouvoir d'achat, prix et salaires*[2]. Il n'y a donc plus le moindre doute scientifique sur le sujet. Je n'ajouterai ici que quelques exemples.

Les voitures automobiles — notamment les voitures particulières — se sont beaucoup perfectionnées depuis 1900, et surtout depuis 1950, elles ont néanmoins, par le bénéfice de la très grande série, baissé de beaucoup par rapport aux salaires. L'indice

1. Domat-Montchrestien, éd.
2. Collection « Idées », n° 374, Gallimard.

I.N.S.E.E. raccordé assigne aux prix de 1975, sur la base 1962 = 100, la valeur 331. Mais c'est avant 1962 que la baisse des prix réels a été la plus forte. Le prix réel des automobiles (c'est-à-dire le prix exprimé en salaire horaire) a été divisé par 4 de 1949 à 1962. Personne aujourd'hui ne voudrait de cette Renault « populaire », qui était vendue 7 800 salaires horaires de manœuvre en 1930, et presque autant en 1939. Aujourd'hui une voiture, aussi spacieuse, beaucoup plus sûre et maniable, vaut 2 000 salaires horaires. C'est cela qui permet à 65 % des ménages d'avoir une voiture aujourd'hui (contre 10 % en 1939). Mais les produits, dont le prix a baissé encore plus que les automobiles, abondent (chambres à air, ampoules électriques, pellicules et appareils-photo, lames de rasoir, crayons et stylos à bille, couverts en métal, casseroles et plats en aluminium et inox...).

*
**

Le blé mérite un paragraphe distinct. Nous avons dit qu'il est l'élément majeur de la grande métamorphose de l'humanité occidentale : 200 heures de travail au XVIIIe siècle pour produire un quintal de blé en année moyenne ; 35 h en 1938-1939 ; 7 h aujourd'hui.

Les prix ont baissé dans la mesure même où la productivité s'est accrue. Le *tableau 47* donne les prix courants du quintal, les salaires horaires moyens des manœuvres et les prix réels (prix salariaux) [1].

Voici la page la plus glorieuse de l'histoire de la France. Comme nous l'avons déjà dit, le prix du pain a connu ce mouvement de baisse, passant de 2 salaires horaires le kilo en moyenne de longue durée au XVIIIe siècle — et encore en maintes années de la première moitié du XIXe siècle — à 0,52 en 1939, 0,47 en 1949 et 0,20 en 1975. Mais la baisse est moins forte que celle du blé, car la vente artisanale du pain au détail implique des frais tertiaires qui sont loin

---

1. *Documents pour l'histoire et la théorie des prix,* tome I, p. 8 sq. Pour la période récente, *Annuaires statistiques* de l'I.N.S.E.E.

TABLEAU 47

Les prix réels du blé, du XVIIIe siècle à 1975

Période	Prix (francs courants)	Salaires horaires (francs courants)	Prix réels (salaires horaires)
Moyenne de longue durée au XVIIIe siècle : (1748-1787)	18,10	0,09	201
1828-32	29,6	0,17	174
1853-57	35,8	0,20	181
1898-1907	21,5	0,30	72
1933-37	127	3,75	34
1946-49	1 945	57,20	34
1951-55	3 530	44,10	24,5
1975	70	11,30	6,2

Sources : Voir note p. 221.

d'avoir chuté dans la même proportion que le prix du blé au quintal, à la production et à la vente « en gros ».

A l'inverse, en effet, on trouve de nombreux produits et services « tertiaires » dont les prix réels ne baissent pas, ou baissent peu, parce que leur productivité croît peu : objets d'art, tapisseries d'art, toiles de maîtres... mais aussi objets ou services courants, mais cependant produits à l'unité (coiffure donc, mais aussi hôtesses de tourisme, acteurs et artistes de théâtre, concert, conférence)...

L'un des exemples les plus caractéristiques, après le coiffeur, est sans doute la domestique, femme de chambre ou bonne à tout faire, dont le prix horaire s'élève évidemment dans la mesure même de son propre salaire total. Il est donc vain d'espérer une hausse du pouvoir d'achat pour les services domestiques. Tout le monde a acquis un niveau de vie tel qu'il envisagerait de « se payer » une femme de ménage, si... la femme de ménage même ne gagnait pas autant que « tout le monde ». Les cadres très supérieurs restent donc les rares à pouvoir employer des domestiques, mais de plus en plus rarement, car leur salaire monte beaucoup moins vite que celui de la femme de ménage. J'ai montré ailleurs qu'un salaire de directeur de ministère équivalait, en 1865-1875, à 110 000 heures de femme de chambre ou de cuisinière qualifiée — et en 1976 à 10 500 heures [1].

Ce renchérissement, relatif, du tertiaire se répercute sur l'ensemble du commerce, de l'hôtellerie, des restaurants, les taxis, la poste (par opposition au téléphone, qui est très « secondaire »), l'administration, la santé, l'enseignement (que nous payons par les impôts, mais que nous payons tout de même)...

***

Ainsi le pouvoir d'achat vient au salaire *non par la hausse du salaire,* mais par la baisse des prix de certaines consommations — baisse due au progrès technique et à la croissance de la productivité du travail.

On voit, en effet, combien ce qui vient d'être constaté s'oppose aux fausses explications examinées au chapitre VI. Notamment, on ne voit pas comment l'action syndicale pourrait être tant efficace lorsqu'il s'agit de réfrigérateurs et si peu lorsqu'il s'agit de coiffure ; autant lorsqu'il s'agit de blé et si peu pour les pommes de terre, le beefsteak ou le lapin [2], si efficace lorsqu'il s'agit des glaces de Saint-Gobain et si peu lorsqu'il s'agit des tapisseries des Gobelins. Etc.

***

Ainsi, niveau de vie et pouvoir d'achat sont commandés par la productivité du travail, non seulement globalement et en principe, mais en pratique et ana-

1. *Pouvoir d'achat, prix et salaires,* p. 166.

2. Le lecteur pourra trouver dans *Pouvoir d'achat, prix et salaires* les chiffres qui montrent que le pouvoir d'achat s'est peu amélioré en ce qui concerne les pommes de terre et le lapin, dont les techniques de production ont beaucoup moins progressé que celles des céréales et du poulet. Par ailleurs, on sait que les deux compagnies de Saint-Gobain et des Gobelins furent créées par l'autorité royale, et que la seconde, restée nationale, ne fait pas de « profits ».

lytiquement, consommation par consommation, produit par produit... Une même nature fournit à toutes les nations, à tous les hommes les mêmes ressources naturelles, mais ils ne s'en servent pas, ils ne savent pas s'en servir avec une égale efficacité !

*
* *

Bien entendu, le lecteur aurait tort d'en déduire que seule la productivité importe à la vie des hommes et des nations, qu'il faut l'accroître à tout prix, qu'il faut être *productiviste* à tous crins...

En fait, la totalité des livres que j'ai écrits s'oppose à une opinion aussi sommaire, aussi abusive. Le but de la vie, le but de la société n'est pas de consommer des réfrigérateurs ni des machines à laver, pas même des bouteilles de champagne, ni des heures de professeur ou de femme de ménage. Je ne vais pas commencer ici un cours de philosophie ou de morale, mais tout le monde doit savoir que je mets, au-dessus de la quantité, la qualité, et au-dessus de la qualité, l'émotion, la sensibilité, la spiritualité [1]. Mon cœur est au musée des *Offices* à Florence, à l'*Ermitage* de Léningrad, sur les causses du Quercy ; il n'est ni à Saint-Gobain, ni chez Renault. Mais j'écris ici un livre d'histoire économique et de science économique ; je ne peux pas parler de tout à la fois. De même, un homme qui écrit un livre sur le tétrachlorure de benzène et ses dérivés peut-il être accusé de manquer d'humanité ?

Mon problème est ici d'expliquer comment un peuple peut élever son niveau de vie. Je ne dis pas qu'il le doive, et encore moins qu'il parviendra ainsi au bonheur. Je dis seulement : voilà comment cela se fait. Je dis seulement : si vous voulez élever le pouvoir d'achat des salariés, voilà une mauvaise méthode et en voilà une bonne. Voilà ce qui ne conduit qu'à des échecs et à l'inflation, voire souvent à la pagaille et à de graves régressions ; et voilà ce qui mène au

1. Cf. par exemple mes livres : *Le Long Chemin des hommes — L'Eglise a-t-elle trahi ? — Essais de morale prospective.*

succès. Voilà des promesses électorales fallacieuses, et voici un programme réalisable...

*
**

De plus, les activités économiques sont trop diverses et trop complexes pour être toutes ramenées — comme oblitérées — à la productivité du travail et au pouvoir d'achat des salaires... J'ai déjà assez longuement décrit le genre de vie et ses différents éléments pour que le lecteur ait ces aspects de la réalité humaine présents à l'esprit... s'il n'y pensait pas de lui-même. D'autre part, les soins d'un gouvernement, en matière économique, excèdent largement les soins qu'il peut et doit donner au progrès technique et à la promotion de la productivité : monnaie, crédit, inflation, commerce extérieur, crises, répartition de la consommation privée et de la consommation publique, budget de l'Etat et de la Sécurité sociale, impôts et « prélèvements » sociaux, investissements, etc. Loin de nous l'idée de ramener à la productivité du travail tous les problèmes économiques, et *a fortiori* tous les problèmes politiques.

*
**

Il n'en est pas moins certain que, le pouvoir d'achat des salaires étant une préoccupation très forte de l'ensemble des citoyens, et en particulier des masses populaires, une attention sérieuse doit lui être donnée. Et inversement, il est indispensable que les citoyens et surtout, bien sûr, leurs leaders politiques et syndicaux, aient une idée claire des procédures qui l'assurent, et aussi une claire idée des conséquences inéluctables de ces procédures, dont certaines sont douloureuses (migrations de la population active, instabilité de l'emploi...).

Le progrès technique est, pour le niveau de vie, le facteur central ; et pour le genre de vie, un des facteurs prépondérants. Mais en amont de lui, et en aval, se manifestent comme causes ou effets — causes partielles et effets complexes interférant entre eux — de nombreux autres facteurs : la compétence de la population active, sa motivation sociale et politique, sa conscience d'appartenir à une entreprise utile à la nation, son esprit d'initiative, son invention, son esprit expérimental, mais aussi son esprit d'équipe, son attention aux autres, sa compréhension des autres, les relations humaines ; et aussi les investissements, les machines, leur implantation, l'organisation du bureau, de l'atelier, de l'établissement ; les horaires de travail et les jours de congés ; la définition des rôles ; le montant et la hiérarchie des salaires ; le marché, le crédit, etc. Loin de nous l'idée de ramener la vie économique à un quelconque « monisme ». Mais aussi, mais cependant, si l'on veut élever le pouvoir d'achat, ne jamais oublier que l'accroissement du pouvoir d'achat, à durée de travail constante ou réduite, ne peut se faire que par accroissement de la productivité.

Il faut savoir qu'aucune action politique, économique et sociale n'a d'effet sur le pouvoir d'achat des salariés pris dans leur ensemble, n'a d'effet sur le niveau de vie du peuple, que si — et dans la mesure où — elle a d'abord un effet favorable sur la productivité du travail dans un large secteur de la production nationale.

Les problèmes majeurs, et souvent débattus, de la propriété publique ou privée des moyens de production, de la part respective des profits et des salaires, de la hiérarchie du salaire des cadres supérieurs, des cadres moyens... des ouvriers professionnels, des O.S. et des manœuvres, l'initiative privée et la libre entreprise ou le monopole de l'Etat, la formation professionnelle de la population active, l'organisation économique nationale et celle des entreprises... tous ces problèmes, et bien d'autres encore, ne doivent pas être envisagés sans considérer *les répercussions sur la productivité du travail de telle ou telle solution.* Il ne faut pas oublier que c'est l'entreprise qui valorise son personnel, par la qualité de son organisation. Il ne faut pas oublier que c'est le *cadre qui valorise le manœuvre,* comme on le voit bien pour ces manœuvres algériens ou portugais, à qui il suffit de venir travailler en France pour tripler ou quadrupler leurs salaires.

On peut fixer par décret beaucoup de choses, depuis le taux des salaires jusqu'au crédit alloué aux entreprises — nationales ou non — pour combler un déficit ; on peut fixer le taux des impôts ; on peut instaurer des cours forcés pour les monnaies et imposer le contrôle des changes. On peut même « bloquer » les prix et imposer le contrôle des prix.

Mais on ne peut commander par décret ni le volume de la production nationale, ni le progrès de la productivité du travail, ni donc le niveau de vie du peuple.

La procédure du progrès

On peut donc résumer ainsi qu'il suit les facteurs et les conditions du progrès.

1. Améliorer le niveau de vie et le genre de vie d'un peuple, c'est *accroître la production nationale.*

2. Cet accroissement exige une augmentation concomitante de l'*efficacité,* de *la productivité du travail.*

L'accroissement de la productivité du travail national provient lui-même du progrès des techniques de production, des progrès de l'organisation du travail et des investissements, dans l'entreprise et dans la nation.

Ces progrès eux-mêmes ont pour sources *le progrès des sciences expérimentales,* le progrès du savoir, du savoir-faire et du savoir-agir ensemble, d'abord des entrepreneurs, ingénieurs et cadres, puis de l'ensemble des citoyens.

3. L'augmentation du volume de la consommation par tête engendre spontanément un *changement de structure de cette consommation.*

Ce changement de structure impose une évolution parallèle de la structure *de la production;* mais celle-ci n'est nullement spontanée ; elle est difficile et douloureuse. Elle ne peut se faire que par le changement de structure *de la population active,* lequel exige des migrations professionnelles et géographiques.

4. Le progrès économique et social consomme donc du temps, du travail, des efforts, des souffrances.

Il a, en outre de ses effets attendus et voulus, des effets inattendus et donc involontaires, dont certains sont « pervers ».

TROISIEME PARTIE

ET MAINTENANT ?

Si nos ancêtres avaient pu penser une telle métamorphose — disparition des disettes et des épidémies, réduction de la durée du travail à 2 000 heures par an, assistance de plusieurs dizaines d'esclaves-mécaniques à chaque travailleur humain, multiplication par trois, en trente ans, du pouvoir d'achat des salariés les moins payés —, ils auraient sans nul doute pensé qu'elle se ferait dans une atmosphère d'enthousiasme ininterrompu, d'euphorie sociale et politique. Ils auraient aussi presque tous pensé que ces grands drames de la misère et de la dureté de vivre étant résolus, l'humanité vivrait dans la joie et dans la paix, les problèmes et les maux qui pourraient subsister n'étant que dérisoires, à la mesure des anciens. La preuve de ces attitudes de nos ancêtres est donnée par maints écrits des socialistes du XIXe siècle et du début du XXe...

De tels faits sont usuels en matière de futurologie. L'homme ne voit l'avenir — lorsqu'il le voit ou croit le voir — qu'avec ses préoccupations à lui, donc avec les attitudes, comportements ou mentalités du passé. Si nos ancêtres se trompaient sur les satisfactions que devait nous donner notre présent, c'est qu'ils pensaient comme si les hommes du nouveau monde devaient garder les besoins, désirs et aspirations de l'ancien. En fait ces hommes du nouveau monde sont aussi des nouveaux hommes ; ils ressentent eux aussi des privations et des contraintes, peut-être moins essentielles que celles de la subsistance physique, mais non moins sensibles. La plupart refusent de s'attarder indéfiniment sur la situation passée, ou même sur la situation présente, qu'ils en viennent à juger absolument insupportable, « aujourd'hui », à la fin du XXe siècle, « dans un pays comme le nôtre ».

Ainsi surgissent sans cesse de nouvelles frustrations et de nouvelles revendications, qui sont d'autant plus virulentes que l'homme qui les porte est mieux nourri, qu'il a de grands temps libres, et qu'il est habitué à voir reculer sans cesse les bornes du possible.

L'insatisfaction, l'impatience, ce que l'on a appelé la morosité, *sont ainsi des traits majeurs, et, jusqu'en 1968, assez inopinés, de la situation présente de ces pays que l'on avait pu jusqu'alors considérer comme comblés, — et qui restent modèles et objets d'envie pour les pays qui sont et se veulent « en voie de développement ».*

L'examen de cette situation et de ce qu'elle implique pour notre avenir formera le premier chapitre de cette troisième partie. Cet examen sera une première prise de conscience du fait que les « trente glorieuses » ne seront pas suivies d'années qui leur ressemblent. Le dernier quart du XXe siècle sera fort différent du troisième.

Nous le verrons d'abord dans le domaine économique en parlant de la fin des temps faciles, *puis, ce qui est plus troublant encore, dans le domaine culturel, en parlant de* la révision des idées dominantes.

CHAPITRE IX

La morosité

Les historiens qui, tôt ou tard, dépouilleront les journaux de la période 1946-1975 y trouveront peu de témoignages de l'ardeur de vie et de la joie du peuple français. Les grandes mutations du niveau de vie et du genre de vie n'y apparaissent pas (on n'en parle guère qu'*a contrario* pour se plaindre de leur inexistence ou de leur lenteur) ; la morosité, l'inquiétude, l'annonce ou le récit de catastrophes, accidents et troubles dominent de beaucoup (allant des grèves, conflits sociaux et luttes politiques intérieures, aux crises et guerres internationales...).

Le théâtre, le cinéma, la musique, la peinture, la sculpture, l'art en général, sont de même un témoignage, non de triomphe et d'enthousiasme, mais de dérision et de décomposition. Sans parler ici davantage ni de politique étrangère, ni de politique intérieure, ni des guerres plus ou moins froides, ni des accidents et faits divers quotidiens, nous avons à évoquer le climat moral qui a prévalu en France au cours de nos trente récentes années : climat si peu glorieux, si peu accordé à leur glorieux succès matériel.

*
* *

Il faudrait évidemment un gros livre pour étudier d'une manière tant soit peu sérieuse des phénomènes aussi complexes, où les statistiques sont muettes, où rien n'est simple, où tout est nuancé, où toute tendance est toujours accompagnée de tendances différentes, et parfois opposées, où, en un mot, l'homme apparaît dans son originalité et sa diversité.

Je me bornerai donc, en ces quelques pages, à une évocation ouvertement subjective, ouvertement incomplète et je dirai même sporadique, mais dans laquelle j'essaierai de dire ce qui m'a le plus frappé au cours de cette histoire, qui au total fait qu'un grand peuple a vécu, dans la grisaille, l'inquiétude ou la hargne, la splendide réalisation du plus long espoir de ses ancêtres.

Je grouperai ces images sous cinq rubriques : la revendication, le sentiment d'injustice, l'insatisfaction, le « ras le bol », l'inquiétude.

1. *La revendication*

J'entends par « revendication » la *réclamation, classique* depuis toujours, d'un niveau de vie et d'un genre de vie meilleurs. Cette réclamation se confond donc dans son objectif avec le grand espoir qui en est venu à se réaliser au XXe siècle en France. Mais la revendication marque une attitude d'impatience et d'agitation, qui fit qu'au fur et à mesure que l'espérance se réalisait, la réclamation, loin de se modérer, devenait plus fréquente, incessante et je dirais presque méchante ; la revendication perfectionna peu à peu ses techniques, utilisant les avantages mêmes qui avaient été antérieurement conquis (haut niveau de vie, lendemains assurés, garantie d'emploi, statuts, dispositions politiques et constitutionnelles...) et les procédures peu à peu expérimentées (grèves « tournantes », occupations d'usines et de bureaux, séquestrations de dirigeants, pressions sur la presse et les hommes politiques...) ; de sorte que l'on en est venu aujourd'hui au point que ce sont les salariés privilégiés (fonction publique, services publics, sociétés nationalisées) et les secteurs les plus directement en rapport avec le public et dont dépend le plus immédiatement la vie quotidienne (E.D.F., P.T.T., transports en commun, enseignement, services de nettoiement et de poubelles...), qui sont, de beaucoup, les plus souvent en « arrêts de travail ».

Inversement, il est incroyable et pourtant vrai, qu'après des dizaines d'années de ces jeux, l'Etat ne fasse pas connaître au public et le coût, pour les contribuables, de chaque grève, et de combien devra être majoré le port d'une lettre, le kWh d'électricité ou la taxe des ordures ménagères pour couvrir les hausses de salaires ou les réductions d'horaires envisagées. Mais la notion de prix de revient semble aussi ignorée des ministres et des maires que des citoyens.

*
* *

Les thèmes majeurs de la revendication au cours des années 1946-1975, ont été le pouvoir d'achat des salaires, la réduction de la durée du travail et *l'égalité* des revenus. Les deux premiers de ces thèmes sont typiques du grand espoir millénaire, et se sont donc, nous venons de le dire, épanouis pendant les « trente glorieuses » dans la ligne même du XIXe et du début du XXe siècle.

J'ai déjà dit que cette revendication ne pouvait en rien être tenue pour la cause de la réalisation de ses objectifs. Dans bien des pays où la revendication est faible, le niveau de vie et le genre de vie se sont accrus plus vite qu'en France où elle est forte.

Dans bien des pays où elle est forte, elle a abouti à des désorganisations ou à des scléroses nationales et donc à des stagnations ou à des régressions, souvent graves et longues, du pouvoir d'achat. Il n'est pas rare non plus de voir des branches d'entreprises, ou même des entreprises, définitivement ruinées par l'intransigeance de leurs salariés qui, alors, en viennent à souffrir eux-mêmes bien plus qu'il n'était d'abord prévu.

Mais inversement l'absence totale de revendication laisse sans contrepartie la puissance patronale. M. de Jouvenel a bien montré le problème difficile de l'ajustement des salaires, en période de progrès technique intense, entre les branches d'activités à grand progrès et les branches à progrès faible ou moyen. Ces ajustements ne peuvent se faire que par des compromis auxquels il est normal que les syndicats ouvriers soient parties prenantes. Mais il serait nécessaire que les syndicats français, à l'instar des syndicats belges, suisses, allemands, néerlandais ou scandinaves, et aujourd'hui espagnols et italiens même, aient une certaine conscience des lois élémentaires de l'activité économique, et sachent ne pas éreinter une entreprise dans l'intention de la rendre plus féconde [1].

*
**

Au demeurant, notre objet n'est pas ici de dire ce qui aurait dû être, mais ce qui est. Je dirai donc seulement que la grève a, dans la vie politique et psychologique du pays, une place plus grande que dans l'économie. Bien sûr, elle agit toujours dans le sens d'une hausse des salaires supérieure au progrès de la productivité, et donc participe au mouvement d'inflation, mais elle n'en est pas le facteur principal ; elle n'a plus d'action réelle ni sur le niveau de vie, ni sur la durée du travail ; elle n'est qu'un moyen grossier et coûteux d'arrangements discontinus, moyen très inférieur pour les salariés et pour l'entreprise comme pour la nation, à une concertation permanente et correctement informée.

*
**

Mais il est un domaine où la revendication a pris, au cours des trente dernières années, une voie moins classique que les précédentes, et à la vérité plus diffuse : c'est la revendication d'égalité, et plus précisément de lutte contre « les excès » de l'inégalité des revenus.

Au cours des années 1970 à 1977, un mouvement d'opinion passionné a présenté la France comme le

1. Que penser en effet de grèves telles que celles de novembre 1978 dans la S.N.C.F. et dans la marine marchande qui détournent les clients et les dirigent vers des concurrents ? En novembre 1978, des dirigeants même de la S.N.C.F. durent recourir à l'avion pour assurer leurs déplacements ; les fleurs, fruits et légumes du Midi de la France prirent les transports routiers... Bien sûr, les premiers sont revenus au rail, mais une part des seconds est restée à la route.

pays occidental et parfois comme le pays du monde, où l'inégalité était la plus forte, par des indices effectivement monstrueux. Des hebdomadaires et les livres publiaient à longueur de colonnes des articles et des chapitres chiffrant cette inégalité à des chiffres effectivement monstrueux. Des compilations médiocres, publiées par l'O.N.U. et par l'O.C.D.E., rassemblant des statistiques sans homogénéité, alimentaient une polémique de surenchères. Un haut fonctionnaire, professeur éminent, bien connu par son crédit auprès du parti socialiste, en vint même à publier, dans un livre imprimé aux Presses Universitaires de France, un tableau issu « des statistiques des Nations Unies [1] », où la France, avec un indice de 76, apparaissait championne mondiale de l'inégalité des revenus, alors que des pays comme l'Inde étaient à 36, et le Mexique à 26. Qu'un auteur (et ses lecteurs ?) puisse avaler de pareilles couleuvres est un signe des temps.

Cette crédulité frénétique est, heureusement, un peu passée de mode aujourd'hui.

Comme je l'ai dit, le déclassement des très hauts fonctionnaires est lié à la réduction générale des très gros revenus et des grandes fortunes. Nous avons tous vu de grands aristocrates ou de grands bourgeois vendre leurs châteaux à la Sécurité sociale ou à des institutions collectives, ou devenir agriculteurs sur un terroir dont leur grand-père était châtelain. Jean d'Ormesson a fait rêver, ou pleurer, plus de la moitié des Français sur la ruine du duc Sosthène de Plessis-Vaudreuil [2]. J'ai montré dans *Machinisme et Bien-Etre* [3] le mécanisme économique de ces ruines,

1. Il s'agissait, en fait, comme on l'a dit plus haut, non d'enquêtes statistiques conduites, contrôlées et publiées par l'O.N.U., mais d'une compilation reproduisant des *statistiques nationales*, chacune élaborée selon ses procédures propres. Dès le 14 février 1974, l'I.N.S.E.E. rappelait dans une note officielle que « toute comparaison internationale (de tels écarts) est actuellement dénuée de tout fondement ». Mais la calomnie l'emporte toujours à court terme sur la vérité. Pour un examen plus détaillé, cf. J. Fourastié, *L'Anti-économique en question, Revue d'économie politique,* 1976, n° 16, p. 807 sq.

2. Jean d'Ormesson, *Au Plaisir de Dieu,* Gallimard, 1974. Récit illustré par une « dramatique T.V. » de grand succès.

3. *Machinisme et Bien-Etre,* ch. IV.

qui tiennent à l'effondrement des rentes foncières en période de progrès technique. C'est le même facteur qui a chassé le paysan pauvre de son village (dépopulation des campagnes), et chassé le grand propriétaire de son château.

2. *L'inégalité et le sentiment d'injustice*

Le problème de l'égalité des revenus ne doit pas être déconsidéré par de telles observations. Il est l'un des problèmes majeurs de notre temps ; il mériterait un chapitre entier de ce livre, que peut-être j'écrirai pour une édition ultérieure.

Pour aujourd'hui, je ne veux tirer de l'énorme dossier qui s'est formé dans mes archives sur la question, que les simples données concrètes suivantes, dont j'ai déjà dit un mot au chapitre v (*tableau 36*, p. 147, et p. 165).

La hiérarchie salariale de l'Etat est connue avec certitude et exactitude depuis 1801. Parmi les très hauts fonctionnaires de l'Etat figurent, depuis cette date, les conseillers-maîtres à la Cour des comptes, les conseillers à la Cour de cassation et les conseillers d'Etat. A peine 200 hauts fonctionnaires (sur 1 800 000) gagnent plus qu'eux. A l'inverse, les gardiens de bureau et huissiers figurent au bas de la hiérarchie. L'écart entre les rémunérations de ces deux catégories de fonctionnaires est ainsi un bon indice des inégalités de revenus dans la fonction publique. L'osmose, toujours existante, entre la fonction publique et les rétributions privées par salaires ou par profits, en fait aussi un indice honorable des inégalités de l'ensemble des revenus en France.

Or, les rémunérations de ces hommes et leur écart ont varié ainsi à long terme, avant impôt :

Date	Huissier de ministère	Conseiller d'Etat	Ecart de 1 à
1801	1 000	25 000	25
1939	10 000	120 000	12
1976, oct. ..	28 000	190 000	6,8

Aucun impôt sur le revenu n'existait avant 1913 ; cet impôt, d'abord léger, est devenu lourd et fortement progressif. Pour un fonctionnaire marié, mais sans enfant à charge, les traitements nets d'impôts sur le revenu sont ainsi devenus les suivants (chiffres arrondis) :

Date	Huissier de ministère	Conseiller d'Etat	Ecart de 1 à
1801	1 000	25 000	25
1939	10 000	115 000	11,5
1976, oct. ..	26 000	150 000	5,8

Précisons quatre faits importants.

1. Les traitements des conseillers d'Etat sont calculés pour 1976 toutes indemnités, primes et avantages pécuniaires quelconques compris, alors que pour 1801 et 1939 seuls les traitements budgétaires sont donnés ici. Or ces hauts fonctionnaires avaient, en 1801 et pendant les deux empires, d'immenses avantages accessoires, dotations et cumuls ; en 1939 ces avantages et cumuls n'étaient plus que l'ombre des précédents, mais les suppléments moyens n'en étaient pas moins encore très forts.

2. Le conseiller d'Etat est un fonctionnaire en fin de carrière ; on peut par contre être huissier très jeune. En 1801, il n'y avait, pour l'un ni pour l'autre, d'avancement de « classe » ou « échelon » ; l'huissier restait toute sa vie à 1 000 F, le conseiller à 25 000 F, de leur nomination à leur mort (la retraite était tardive). Aujourd'hui, il y a des « avancements ». On a pris ici l'huissier « après six ans de service » et le conseiller d'Etat à l'échelon le plus haut de son traitement.

En 1939 encore, c'était pendant une trentaine d'années que le conseiller d'Etat gagnait douze fois plus que son huissier ; aujourd'hui, ce n'est que pendant cinq à six ans qu'il gagne six fois plus.

3. Ces traitements sont des salaires directs. Or les avantages issus de la Sécurité sociale ne sont pas proportionnels aux salaires directs ; une comparaison des *salaires totaux* amenuiserait encore l'écart de 1976.

4. L'huissier lui-même a vu son revenu fortement déclassé. En 1800-1830, il gagnait par an le double d'un ouvrier mineur travaillant 3 000 heures par an ; en 1976, il gagne moins qu'un O.S. de chez Renault et moins qu'un éboueur de ville.

Cela étant, le lecteur peut avoir, sur la situation actuelle de la hiérarchie, l'opinion qu'il veut ; il peut penser que l'écart de 1 à 5,8 est encore injuste, voire scandaleux ; il peut même penser que la République n'a pas besoin de conseillers, ou que c'est l'huissier qui devrait gagner le plus, et qu'alors la République serait mieux gouvernée ; mais je ne crois pas qu'il puisse penser que l'éventail des salaires ne s'est pas restreint en France.

En fait, il s'est restreint en 40 ans autant que dans les 140 années antérieures, et dans une étude assez connue des spécialistes, j'ai montré qu'au train où vont les choses, un O.S. (le salaire des O.S. est plus élevé que celui des huissiers) débutant vers 1970, et restant O.S. toute sa vie, aura acquis avant sa soixantième année, un pouvoir d'achat supérieur à celui qu'a gagné depuis son entrée au service un conseiller d'Etat prenant aujourd'hui sa retraite.

Mais le sentiment d'injustice et le problème des *exclus* de la croissance et du progrès sont assez graves pour que nous y revenions plus loin. Même si l'évolution de fait que nous venons de retracer est indubitable, l'insatisfaction n'en est pas moins aussi une réalité douloureuse.

3. *L'insatisfaction*

En fait, on peut se demander si cette extrême sensibilité pour des inégalités qui étaient autrefois beaucoup plus fortes et beaucoup mieux supportées, cette tendance à assimiler justice et égalité, concepts jusqu'alors entièrement distincts, ne sont pas le symptôme et la manifestation d'un malaise plus général, plus profond, plus dramatique... Mais avant de conclure ainsi, nous devons examiner divers autres chefs non plus de revendications précises et classiques, mais diffuses, souvent vagues et plus affectives que rationnelles.

A mesure que le niveau de vie et que l'état sanitaire de la population s'élevaient, s'est développée une vive sensibilité à l'égard des « exclus », handicapés, malchanceux, mal adaptés ; qu'il y eût des misérables au temps où la France était pauvre, voilà un fait connu, subi, accepté par tous ; ils étaient au XVIIIe siècle, d'après les études de nos historiens d'aujourd'hui, de 10 à 20 % de la population, qui ne subsistaient (quelques années chacun) que de quelques journées de travail par an (moisson, vendanges), de glandée, vaine pâture et mendicité. Il est caractéristique qu'un grand écrivain ne leur a consacré une grande œuvre qu'au moment où leur nombre commençait à se réduire et leur espérance de vie à augmenter un peu (Victor Hugo, *Les Misérables*).

Mais aujourd'hui où tant de choses ont changé, l'on s'étonne que tout n'ait pas changé. A la limite, je dirais que l'on ressent non plus comme une fatalité, mais comme une injustice sociale et politique, le fait qu'il existe parmi nous des étrangers qui parlent mal le français et dont les enfants suivent mal l'école élémentaire, des déficients mentaux, des malades, des aveugles, des paralytiques... On a donc institué une série de procédures et d'allocations pour pallier ces déficiences. Seul le mort est resté sans droit social — mais aussi est-il rayé de la mémoire, et ses enfants mêmes ne portent plus son deuil. Or il est clair que, pour les vivants déficients, les procédures de l'aide et de la Sécurité sociale restent d'autant plus insuffisantes qu'elles voudraient nier les différences entre les hommes et annuler la mort.

Quoi qu'il en soit, le sentiment chaleureux qui souffre des handicaps et des souffrances d'autrui, coexiste de nos jours avec une compétition très vive à l'égard de ceux qui ont plus que la moyenne, ou plus fréquemment avec ceux qui ont « plus que moi ». Les gens, à la fois, affichent leurs 8 chevaux auprès de ceux qui n'en ont que 5, et jalousent ceux qui en ont 10. L'état d'esprit est rare, et en général dure peu, qui se satisfait de 5 alors que récemment l'on prenait le métro. Tout ce qui est acquis est très rapidement considéré comme naturel, indispensable ; il paraît impensable d'en être privé. Par contre, ce que l'on est prêt d'avoir sans le posséder encore, est ressenti comme une frustration grave. De nombreux sondages d'opinion l'ont confirmé : 75 % des Français estiment ne pas avoir le revenu normal ou équitable ; mais presque tous estiment qu'il leur suffirait de 10 ou 15 % de revenu supplémentaire pour accéder au « normal ». Ces réponses sont malheureusement données aussi bien par ceux qui ne gagnent que 2 000 F par mois, que par ceux qui en gagnent 8 ou 10 000 (ce n'est qu'avec les très hauts revenus qu'une certaine détente se manifeste).

Le sentiment, latent ou explicite, du Français moyen est : ce que je gagne, ce que je consomme, je le mérite largement, et même je mérite plus. Si on lui demande par quelle opération il voit comme équivalentes les 1 850 heures par an qu'il passe au bureau ou à l'atelier, et l'infinie variété des biens et services qu'il consomme, la question l'étonne sans le toucher. Et si on lui demande en quoi il se trouve plus méritant que tel Egyptien ou Chinois ou Portugais, qui dans son pays fait le même métier que lui en France, et gagne cependant 3 ou 5 ou 10 fois moins ; — ou si on lui demande en quoi il se trouve plus méritant que son arrière-grand-père qui travaillait 3 500 heures par an pour quelques quintaux de blé... — alors, il s'en tire en disant que la France est la France et que nous sommes en 1980.

Mais le problème est précisément de dire en quoi et pourquoi la France de 1980 diffère de la France de 1900, et de l'Egypte de 1980.

Tant de choses ont changé que les notions de possible et d'impossible, si nettes et si tranchées naguère, se sont dissoutes, évanouies... Tout paraît possible, et le changement, autrefois craint comme inévitablement dangereux à long terme, est considéré comme nécessaire et naturel...

L'écart à la règle morale et sociale est sanctionné très individuellement, durement et rapidement dans les sociétés pauvres. Il ne l'est plus que faiblement, collectivement et à très long terme dans notre société riche. Par exemple, il fallait nécessairement faire naître de nombreux enfants et en élever plusieurs pour assurer son âge mûr et sa vieillesse... Aujourd'hui, l'on peut compter, et l'on compte, sur la Sécurité sociale, c'est-à-dire sur les enfants des autres... Ce n'est qu'au bout d'un demi-siècle au moins que la sanction (collective) viendra, si le nombre des enfants nés s'avère réellement trop faible (mais ce n'est pas sûr... on a le temps de voir !).

Par exemple, avant la pilule et l'avortement légal, la sanction de l'enfantement était pratiquement inéluctable pour la femme qui avait des relations sexuelles. Et si c'était hors mariage, cette sanction était dramatique pour des filles pauvres, sans soutien matrimonial ni marital...

On comprend ainsi l'effondrement récent de mainte règle morale, sans que l'on puisse savoir avant peut-être un siècle, lesquelles ne sont réellement plus nécessaires à la nouvelle condition humaine, et lesquelles le demeurent ; et encore moins, quelles nouvelles règles — ou quelles nouvelles modalités des règles traditionnelles s'imposeront...

L'insatisfaction semble donc ancrée dans des attitudes et des ignorances profondes ; tout se passe comme si la majorité des gens pensaient : du moment que « tout » a changé, « tout » doit changer encore plus, « tout » doit devenir conforme à nos désirs ; ceux qui n'ont pas de voitures ne disent pas : « Personne n'en avait il y a 35 ans, personne n'en a en Egypte » ; ils disent : « Du moment que deux Français sur trois en ont, je devrais en avoir. » — « Les autres ont plus que moi avec autant de travail que moi, ou avec moins... Je ne puis avoir moins. Je dois avoir plus. Il faut bien ça. On ne peut vivre autrement. » Et les jeunes : « Pourquoi les vieux ont-ils de l'argent et pas nous ? » Alors qu'ils devraient penser au travail que ces vieux ont fait, et à l'appareil de production qu'ils ont mis en place.

Un grand parti politique a pris pour slogan pendant plusieurs années : « Tout est possible » (sauf sans doute de parvenir au pouvoir). Le choix de ce slogan montre à quel point un grand nombre de citoyens ont perdu le sens du possible et de l'impossible, et combien leur sont étrangères les notions de production.

M. Georges Marchais résumait en 1973 et 1974 cette insatisfaction profonde et diffuse en disant : « Cela ne peut plus durer. » C'est malheureusement la prospérité qui n'a pas duré.

Pour consommer il faut produire ; et pour attribuer des produits à des non-producteurs, il faut les prélever sur la production des producteurs.

4. *Les insatisfactions du cœur*

Mais au-delà de ces insatisfactions strictement économiques ou matérielles, il y a ce que j'appellerai volontiers les « insatisfactions du cœur ». Les autres, et notamment le sentiment d'injustice et l'hypertrophie de la volonté d'égalité, n'en sont sans doute que des dérivés.

L'homme moyen d'aujourd'hui prend conscience du vide de son cœur et de ses mains.

Il suffit de parler (aujourd'hui c'est encore possible) avec des personnes nées aux alentours de 1890 ou de 1900, qui ont connu, au moins dans leur enfance, les restes de l'atmosphère de la vie traditionnelle, pour mesurer la distance séparant la morosité, la grisaille de notre temps de l'ardeur, du primesaut d'antan. La France était gaie ; les Français chantaient. Pauvreté, oui ; mais entrain, faculté d'admiration et d'enthousiasme ; ardeur de vivre... De belles émissions de T.V. nous ont montré ces vieillards, ces personnalités [1]. « C'était dur, mais on était content ! » — « Les femmes chantaient en faisant le ménage ; les éboueurs en enlevant les ordures. » Je puis écrire que ce n'est pas une illusion tardive, une construction *a posteriori*. J'ai vécu, j'ai observé cette force vitale dans mon village ; on était fier de vivre, fier de tout : de Douelle, de son curé, de son maire..., du chêne qui dominait sa « cévenne » et que l'on voyait de quatre cantons, de nos feux de Saint-Jean, de notre fête votive du 15 août, des grandes noces de nos parents où cent personnes étaient conviées [2], fier de nos parents eux-mêmes, si pauvres fussent-ils, et de

1. *Les conteurs. Ceux qui se souviennent.*
2. Noces moins étonnantes que celles qu'a décrites P. J. Hélias dans *Le Cheval d'Orgueil.* Mais l'atmosphère générale de mon pays quercynois était bien la même que celle de cette Bretagne.

notre *maison*[1]. On se « tenait bien », à l'église, au travail, à la fête, pour faire honneur à la maison et à Douelle (« Dérengas-vous, sen de Doela[2] ! »).

Aujourd'hui, finie la pauvreté, pléthore de biens, de services, d'informations ; frénésie de consommation et de voyage. Satiété (à seize ans, on a déjà « tout » vu).

« La France s'ennuie », avait écrit Vianson-Ponté dans un article célèbre, précédant de peu l'explosion imprévue de 1968 : « Métro, boulot, dodo. »

5. *L'inquiétude*

A ces espoirs infantiles (« Tout est possible »), à ces explosions, succèdent, en effet, des périodes grises, des inquiétudes qui, chez certains, vont jusqu'au désespoir.

« On ne réalisera pas ses rêves. Le monde est mal fait. La vie est absurde. »

Les « mass média » nous apportent chaque jour un flot d'informations décousues, complexes, instables, tragiques... Partout des revendications, des grèves, des conflits... A voir les grands de ce monde, d'aussi près que les caméras, on apprend qu'ils ne sont pas ces dieux tutélaires que nous imaginions quand nous les voyions seulement, en grand uniforme, figés et grandis par les estampes. Ce monde est incompréhensible, trop compliqué, trop immense. La France n'est qu'un bien petit peuple, divisé, pas courageux, pas sérieux...

On attendait trop du grand espoir du XXe siècle ; c'était, mais ce n'était que, un grand espoir *économique ;* il portait sur les faits, mais sur les seuls faits de production, de consommation, de durée du travail, d'hygiène, de durée de vie... Beaucoup y ont associé des facteurs bien différents : la misère et la pauvreté ne paraissaient-elles pas le seul obstacle à la plénitude de vie, au bonheur ? Alors, on a tout « misé »

---

1. On ne demandait pas aux enfants : « Comment t'appelles-tu ? » (le nom de famille était inusité et presque ignoré), — mais « Dé qual ès ? », c'est-à-dire « De quelle maison, de quelle souche ? »
2. « Laissez la place, nous sommes de Douelle. »

sur le salaire et la « société de consommation » : les huîtres, l'appellation contrôlée, la salle de bain, le réfrigérateur, la machine à laver, l'auto, la caravane... On a oublié l'harmonie et la grâce, « plus belle encore que la beauté », l'aménité, le dévouement, la vertu... On ne sent plus le charme des visages, des plantes et des plaines, des monuments et des villes, qu'à travers des images, des photographies, trop belles, trop peu liées à la continuité du temps et des espaces et mises trop nombreuses et trop vite sous des yeux trop jeunes...

Aujourd'hui l'homme moyen se défend d'être riche, il se dit, et se croit même souvent pauvre, (comme si on était pauvre en ayant 10 fois le revenu moyen mondial par tête d'humain !) — mais on sait déjà qu'il est plus difficile d'être heureux en étant riche qu'en étant pauvre.

La plupart des riches d'hier s'agitaient déjà frénétiquement pour oublier leur être, mais cependant ils se sentaient des devoirs, des pouvoirs, un honneur, une noblesse [1]. Mais que penser de millions de riches, dont la seule richesse consiste en l'abondance de biens banals, obtenus souvent sans travail et sans mérite ? Que feront les hommes quand ils seront tous riches ? Que feront-ils quand ils seront égaux ? Que feront-ils quand la société sera juste ?

L'homme d'aujourd'hui, et surtout l'adolescent, se caractérise ainsi par une instabilité qui le fait passer, d'espoirs vagues et indéfinis où *l'action serait la sœur du rêve* et de la spontanéité, à la peur d'un monde immense et brutal, où n'existent que de fragiles facteurs de sécurité. Dans ses phases de dépression, l'adolescent interprète au plus mal les innombrables informations qui lui viennent de partout ; si on lui fait part de la faiblesse de la natalité française, il n'en déduit pas qu'il lui faut élever des enfants, mais qu'il ne faut plus en avoir du tout. S'il souffre, il faut qu'il se drogue ; s'il est contrarié, il violente ; s'il pense, il ressent son vide...

Ainsi commence à se dessiner la physionomie men-

1. Lorsque les riches et les puissants ont cessé d'être *nobles*, les temps actuels ont commencé.

tale d'un homme riche, sans foi et sans Dieu. Il n'est plus occupé que quelques dizaines de milliers d'heures sur sept cent mille, aux tâches traditionnelles de la prière et du travail [1]. Au-delà de la frénésie quotidienne, du bricolage, de la pelouse à tondre et des voyages organisés, il est seul, en face de lui-même, n'ayant (presque) rien à faire, sinon penser à des choses bizarres qu'il ne comprend pas.

1. 75 années de vie font 657 000 heures ; 40 années de travail à 1 800 heures par an font 72 000 heures. Heureusement, il y a le sommeil, mais combien d'heures par nuit dorment nos frénétiques ?
Mes grand-mères « priaient » plusieurs heures en moyenne par jour.

CHAPITRE X

La fin des temps faciles

Ce chapitre sera court, mais son sujet est capital. On y verra pourquoi, même si les trente années qui ont suivi la guerre n'appelaient pas un changement profond dans les attitudes et les comportements politiques, sociaux et moraux, cette époque est devenue caduque pour des motifs strictement économiques.

Depuis 1968 ou 1970, j'attendais la fin des « trente glorieuses ». Ma raison était bien simple et je l'avais exposée publiquement à plusieurs reprises : c'est que $2^{10} = 1\,024$ [1]. J'attendais donc, sans être capable d'en fixer la date, une inflexion radicale de la croissance occidentale et française ; à la vérité, je l'attendais plutôt de la désorganisation et de l'engorgement du crédit et du système monétaire international. Mais lorsque la décision de hausse des prix du pétrole fut prise, et que rien ne vint rompre le monopole, je n'eus aucun doute sur la fin irrémédiable des temps faciles [2].

***

1. Cf. J. Fourastié, *La Grande Métamorphose*, P.U.F. ; 1961, p. 55. Texte repris dans le livre « poche », *Idées majeures*, p. 63 (1re éd., 1963).
2. Cf. J. Fourastié, *La Fin des temps faciles*, éditorial du *Figaro* du 20 décembre 1973.

En effet, 2^{10} est un nombre supérieur à 1 000. Une grandeur qui double dix fois de suite, devient plus de 1 000 fois plus forte qu'à son origine.

Or nous avons vu, tout au cours de ce livre, quantité de facteurs en croissance très rapide, augmentant qui de 2 % par an, qui de 3, qui de 5 ou 6, parfois plus... et l'on doit savoir qu'un phénomène qui croît de n % par an double en $\frac{75}{n}$ années. Prenons l'exemple du niveau de vie (chapitre v). Nous avons vu les salaires horaires les plus faibles (salaires totaux, c'est-à-dire y compris les prestations sociales) plus que tripler en trente ans, c'est-à-dire croître au rythme du doublement chaque vingt ans. La perpétuation de ce mouvement serait une multiplication par 1 024 en 200 ans. Voyez-vous les gens consommer 1 000 fois, ou seulement 500, ou seulement 60 fois plus qu'aujourd'hui ? Voyez-vous le nombre que cela suppose d'automobiles, de machines à laver, d'appartements, de résidences secondaires ou tertiaires, de bateaux de plaisance, de sucettes à la menthe et de leçons de mathématiques ? De quels sarcasmes de telles consommations seraient-elles qualifiées, si elles étaient aujourd'hui le fait d'un multimilliardaire ? Or, pour multiplier par 64, il suffit de six doublements.

Plus encore, le revenu national réel (voir chapitre VII, *tableau 43*, p. 206) a été multiplié par 4 en 27 ans, de 1948 à 1975.

On pourrait multiplier les exemples, rendements des terres, nombre d'agriculteurs et nombre de personnes nourries, durée du travail, loisirs, tourisme... Donnons seulement un second exemple, celui de la production industrielle, celui que je donnais dès 1961. La production industrielle française a, d'après les indices de l'I.N.S.E.E. (cf. chapitre VII) été multipliée par 5 en 27 ans, de 1947 (niveau d'avant-guerre) à 1974. Cela fait une multiplication par 25 en 54 ans, par 125 en 81 ans, par 625 en 108 ans. Le maintien d'une telle croissance supposerait donc une production française de 100 milliards de tonnes d'acier vers l'an 2100, et mondiale de 10 ou 15 mille milliards de tonnes.

Je calculais, à ce train, la date à laquelle la masse même de la Lune, puis celle de Mars, de Vénus et encore de la Terre, seraient, en quelques années, transformées en réfrigérateurs, machines à laver, automobiles et immeubles de béton [1].

*
* *

Il n'est donc pas dans la nature d'un phénomène multimillénaire comme l'humanité de vivre des changements aussi brutaux. Des métamorphoses se font jour, mais elles sont courtes. Ou bien elles aboutissent à la destruction de ce qui ne devrait être qu'un changement. La nature et la durée du « phénomène humain » appellent des évolutions lentes.

*
* *

Il aurait pu se faire que l'engorgement du crédit, le désordre de l'instabilité des monnaies, détraquent la croissance glorieuse et soient l'accident qui impose à l'Occident un rythme moins explosif. En effet, les années 60 ont vu, partout dans le monde, mais notamment en France, des folies de crédit. En vive croissance de la consommation et du niveau de vie, on anticipait la croissance à venir, encore non échue. En pleine prospérité on anticipait la prospérité. Le gigantisme et le gâchis public (national et municipal) s'étendaient aux sociétés privées, garanties par l'inflation monétaire contre les strictes sanctions de la rentabilité des investissements, des amortissements et des prix de revient.

*
* *

La rareté (relative) à l'échelle mondiale des matières premières, et notamment de l'énergie mécanique, et les fols abus du crédit et des jeux financiers, sont ainsi aujourd'hui les deux premiers facteurs de la fin des temps faciles et du retour aux temps normaux.

---

1. *La Grande Métamorphose*, p. 58.

Le troisième des facteurs importants — celui qui s'affirmera certainement majeur à moyen terme — est le démarrage économique d'un nombre non négligeable de pays du tiers monde. Le temps est passé où le tiers monde n'était pour l'Occident qu'un réservoir pléthorique de matières premières (sans jamais devenir un concurrent, ni pour l'utilisation de ces matières, ni pour la vente d'objets manufacturés). Aujourd'hui, déjà plusieurs pays pauvres ont commencé de suivre la voie ouverte par le Japon dans les années vingt et trente. Ils commencent à produire, avec des techniques modernes et donc des productivités fortes, des textiles, des produits métallurgiques et divers objets manufacturés, dont les prix de revient sont évidemment très inférieurs aux nôtres par l'effet de l'écart (souvent encore de un à trois ou quatre) des salaires réels.

*
* *

Ces facteurs, simples et décisifs, sont pourtant mal ou trop lentement perçus par l'opinion publique en France, et même par les états-majors politiques. La réaction immédiate et vive qu'ont eue dès 1973 des pays comme la Suisse, l'Allemagne fédérale, le Japon, les Pays-Bas, n'a pas eu lieu en France. Une année a été perdue sous Pompidou, deux années sous Giscard. Il fallait sonner l'alarme, comprendre et faire comprendre que tout progrès de pouvoir d'achat s'avérerait impossible ou néfaste pendant trois ans au moins. La réaction Barre a été salutaire, mais reste, malgré lui, molle et comme ambiguë ; de plus, on ne peut rattraper trois années cruciales.

Les années à venir continueront donc d'être difficiles. La France n'assainira sa situation qu'à la longue ; elle ne pourra le faire qu'en reconnaissant qu'elle a vécu plusieurs années « au-dessus de ses moyens » (c'est-à-dire en distribuant des revenus plus élevés que sa production ne devrait le permettre) ; elle devra subir une baisse du pouvoir d'achat non pas seulement de ses cadres (comme cela a commencé d'être aujourd'hui), mais de la masse de ses salariés, ouvriers et employés, et de ses agriculteurs, commerçants et professions libérales.

L'économie française dans le monde des années 80

La majorité des Français ne se fait qu'une idée vague des réalités économiques et des conditions du progrès économique. La rédaction et le succès auprès de près de la moitié des Français du Programme commun de la gauche, signé en 1972, en témoignent clairement. On peut sans doute résumer la pensée latente d'une majorité de Français, au début des années 70, et notamment des militants politiques et syndicalistes et des intellectuels de gauche (la majorité de nos journalistes, de nos instituteurs et de nos professeurs), en disant que, du moment qu'un très grand progrès économique a été réalisé de 1950 à 1972, ce progrès doit, et se poursuivre, et s'accélérer. C'est seulement depuis 1973 que bon nombre de gens commencent à s'apercevoir que le progrès ne va pas de soi, que l'économie nationale est une machine complexe et fragile, et que « tout » n'est pas « possible ».

A. *La situation de base*

D'abord, si rapide qu'ait été et que puisse être le progrès économique, les structures essentielles d'une économie nationale faisant vivre 53 millions de personnes ne peuvent changer du tout au tout en quelques mois ni en quelques années.

Les traits majeurs de cette situation sont les suivants. Le niveau de vie des Français place la France au dixième rang des 160 nations entrant dans les statistiques de la Banque mondiale. Ce niveau de vie est le trois quarts de celui des Etats-Unis d'Amérique (le grand pays le plus riche), et au moins cinquante fois supérieur à celui des masses du tiers monde (on a dit avec raison que les chiens et chats d'appartement consomment en France plus que l'habitant moyen du Caire, de New Delhi ou de Calcutta).

Ce niveau de vie, hautement privilégié, est dû à une très forte production par tête de travailleur et par heure de travail. Cette forte production est elle-même due à l'efficacité de notre organisation économique et industrielle. La productivité de l'heure de travail moyen est en effet, en France, l'une des plus hautes du monde. Elle s'est accrue depuis 1951 au rythme moyen de 5 % par an.

Tels sont les points forts de la situation économique et sociale de la France. Les progrès des techniques de production, de l'organisation du travail et des entreprises ne devant, à vues humaines, ni s'arrêter ni même ralentir, au cours des prochaines années (sauf dérèglements politiques graves), les perspectives fondamentales de la France sont largement favorables.

B. *L'économie française dans le monde de 1980. La fin des temps faciles*

Cependant, la longue période de temps (1945-1973) où les progrès techniques se répercutaient presque immédiatement en progrès économique et en progrès social, est terminée. Les temps faciles sont interrompus depuis 1973, et pour une durée assez longue (qui pourra d'ailleurs comprendre quelques années brillantes, mais isolées) ; l'Occident ne connaîtra plus, d'ici plusieurs lustres, un progrès économique comparable à celui qu'il vient de vivre pendant ce quart de siècle.

Les raisons de ce changement profond sont mondiales ; à ces facteurs mondiaux s'ajoutent, en ce qui concerne la France, des facteurs nationaux.

1. La situation mondiale

De 1945 à 1973, l'économie française a été entraînée et valorisée par la croissance de l'économie occidentale. Le facteur fondamental de la croissance, le moyen concret de réaliser « le grand espoir du XXe siècle », avait été découvert, reconnu, et put être mis en œuvre partout en Occident. Le progrès des techniques de production permit d'accroître la production agricole, industrielle et tertiaire partout en Occident.

Et, bien sûr, une consommation croissante était avide d'absorber ces productions croissantes partout dans le monde. Sauf incidents de détail, vite résorbés par le courant irrésistible des croissances conjointes des productions et des consommations, l'immense appareil de la « société industrielle et commerciale » s'édifia sans heurt, du Japon et des Etats-Unis à l'Allemagne fédérale. Ce sont ces 25 années que j'ai appelées : *les temps faciles.* Aujourd'hui, des facteurs de blocage, ou du moins de freinage, d'inflexion, sont apparus.

1. Le premier, le moins immédiatement contraignant peut-être mais celui qui, pourtant, commande ou au moins influence grandement tous les autres, c'est la rareté (relative) de l'énergie et des matières premières.

Doubler tous les dix ans le volume de la production industrielle, comme nous l'avons fait de 1950 à 1975, c'est, nous venons de le dire, le multiplier par 1 000 en 100 ans. A ce train, l'Occident et même la France seule en viendraient à traiter chaque année la totalité des matières premières disponibles sur la planète.

On sait déjà que les Etats-Unis et l'Occident absorbent, pour une minorité d'habitants, la majeure part des ressources mondiales.

Cela ne peut pas aller beaucoup plus loin ; cela ne peut pas continuer ; cela ne peut pas durer.

Cette limite fondamentale à la croissance des pays occidentaux, à ce type de croissance des pays occidentaux, s'est manifestée concrètement par l'embargo monopolistique mis sur le pétrole par les pays de l'O.P.E.P. Ainsi, le pétrole des pays arabes peut-il être vendu 10 $ le baril, alors que son prix de revient est de 0,1 $ le baril. Mais cette stratégie des producteurs de pétrole n'est que l'exemple, peut-être le modèle, des stratégies qui caractérisent déjà, et vont désormais caractériser, les productions et les ventes de beaucoup de manières premières et de produits de base.

J'énumère maintenant les trois facteurs mondiaux qui naguère entraînaient la France dans sa croissance, aujourd'hui la contrarient et la freinent. Ce sont :

2. L'industrialisation de certains pays du tiers monde.

3. La désorganisation du commerce international.

4. La désorganisation du système monétaire international [1].

1. Ce dérèglement des monnaies est si grand que personne

Chacun de ces quatre facteurs fondamentaux rétroagit sur les autres, et engendre des facteurs secondaires, qui eux-mêmes agissent et rétroagissent en chaîne. Sans doute, l'extrême souplesse du régime libéral international et l'extrême créativité qui résulte de cette lutte pour la vie (ou pour la richesse), assurent que le système ne se bloquera pas, et que la croissance mondiale, engendrée par le progrès technique, se poursuivra. Mais on peut être certain que la machine aura des « ratés » ; elle sera bien moins alerte qu'au cours du troisième quart de ce siècle. Faute de régulation à l'échelle mondiale, tout porte à croire qu'elle sera plus dure encore que par le passé aux peuples qui n'auront pas les réflexes des forts.

2. *La situation de la France*

La situation de la France n'est forte ni par son poids démographique, ni par sa structure industrielle, ni par le comportement de ses citoyens.

Les principaux facteurs de la faiblesse industrielle de la France, sont, dans l'ensemble, bien connus et apparaissent clairement si l'on compare la France, par exemple, à l'Allemagne, à la Suisse ou au Japon. On peut ranger ces facteurs de faiblesse sous quatre chefs.

1. Des coûts salariaux trop élevés pour le niveau

---

ne semble, à l'échelle des nations, se proposer d'y mettre fin. On ne paraît même pas en avoir identifié les causes, si ce n'est l'abandon des étalons-or auxquels, pourtant, personne ne veut revenir (sauf peut-être la France qui ne le peut pas).

La tare des monnaies fiduciaires vient de ce qu'elles sont à la fois instrument d'échanges commerciaux et *instrument de crédit*. D'énormes quantités de dollars sont ainsi détenues par des personnes qui n'ont aucunement l'intention d'acheter des marchandises aux Etats-Unis ; elles n'ont que la volonté de placer des capitaux et trouvent le plus souvent mais non toujours avantageux de libeller leurs créances en dollars. Les cours du marché des capitaux se télescopent avec les cours du marché des marchandises, et la prédominance du premier marché, lui-même absurdement instable, déséquilibre radicalement le second. Le plus grave est que, si l'inflation cessait, ce que l'économie requiert, le marché financier, qui anticipe l'inflation et en vit, serait le théâtre d'immenses faillites, les débiteurs se trouvant incapables de rembourser leurs dettes en monnaies stables.

moyen de productivité de la nation. On en vient dans certains cas, disent des experts, à égaler les coûts salariaux des Etats-Unis, alors que les écarts de productivité sont de l'ordre de 6 contre 10.

2. Un commerce extérieur des plus fragiles, presque constamment en déficit en longue période. Les importations, très chargées par l'*énorme déficit énergétique* de la France, sont très sensibles à la croissance de la consommation intérieure et à celle des investissements intérieurs, de sorte que toute reprise rapide de la production et de la consommation se répercute immédiatement en hausse plus que proportionnelle des importations.

Les exportations portent presque toutes sur des produits que beaucoup d'autres pays que le nôtre savent produire ; très peu sont placées dans les « créneaux » où la demande internationale s'accroît.

Notamment notre commerce extérieur est très vulnérable à la concurrence des jeunes industries qui commencent à se développer dans quelques pays du tiers monde (textiles, sidérurgie, mécanique, etc.).

3. Plus généralement, notre industrie est mal armée pour résister aux temps difficiles. Elle utilise trop peu les aptitudes techniques et l'imagination créatrice d'une population active dont le niveau est l'un des plus élevés du monde. Trop d'entreprises, protégées mais ainsi sclérosées, par des protections, subventions et réglementations administratives, tendant par exemple à éviter les licenciements, se trouvent en désaccord avec la réalité. Une politique, exagérément sensible au court terme, a retardé, retarde et rend plus difficile la nécessaire, l'inéluctable adaptation au long terme.

Notamment, on l'a vu, l'interdiction de licencier, qui paraît, en bon sens, interdire le chômage, ne protège nullement un peuple contre lui. Il faut comprendre que l'économie est un ensemble complexe en évolution : maintenir des emplois inutiles, c'est ralentir et parfois bloquer le mouvement ; par contre, supprimer des emplois inutiles, c'est libérer des moyens de créer des emplois utiles.

4. Plus généralement encore, donc, l'économie française souffre sérieusement du manque de connaissances économiques du peuple français et de ses

classes dirigeantes, et du climat politique de revendications incessantes et de contestation ininterrompue qui en résulte. Sans cesse, dans ces luttes politico-sociales, le long terme se trouve sacrifié au court terme ; ces luttes usent stérilement des forces qui, en d'autres pays, se conjuguent dans la volonté de réussite.

C'est pourquoi la crise culturelle qui s'annonce depuis quelques années et qui s'affirme depuis plusieurs mois, est aujourd'hui le facteur majeur de l'évolution prochaine de l'industrie française même.

*
**

Le rapport « Interfuturs » que M. Jacques Lesourne a élaboré pour l'O.C.D.E. avec l'assistance d'un comité d'experts internationaux, conclut que l'hypothèse la plus probable pour les nations européennes est une croissance moyenne de 3 à 3,2 % d'ici à l'an 2000. Ces chiffres confirment bien que le dernier quart du XXe siècle ne sera pas aussi brillant que le troisième. Mais je crains une baisse plus accentuée encore ; je crains que la France ne puisse dépasser 2 à 2,5 % par an sur vingt ans. Les Etats-Unis pourraient rester au-dessus de 3 et le Japon entre 4 et 5. Par contre, certains pays du tiers monde pourraient accéder à des croissances aussi rapides que celles qui furent les nôtres au cours des glorieuses années cinquante et soixante : 6 % peut-être pour la Chine, la Corée, la Malaisie, les Philippines... 5 % pour le Brésil, le Mexique. Par contre, d'autres pays du tiers monde continueront à stagner, voire à régresser.

Tout cela annonce, d'ici vingt à vingt-cinq ans, une nouvelle et fantastique redistribution de la puissance économique et du commerce international.

La France peut se laisser aller à se figer dans ses structures actuelles, à tenter de limiter le chômage par le maintien des emplois existants, à productivité constante ou faiblement croissante, voire même décroissante, soutenus par des subventions publiques, financés par l'impôt ou par des crédits inflationnistes. Cela est possible, *mais cela implique inéluctablement une baisse du pouvoir d'achat du salaire horaire.* La voie du progrès rapide est maintenant fermée. Celle d'un progrès lent est ouverte, mais étroite et malaisée : progrès du pouvoir d'achat du salaire horaire de l'ordre de 1,5 par an — c'est-à-dire doublement en 50 ans, alors que nous l'avons doublé en 20 ans et triplé en 30 au cours des « trente glorieuses ». Cette voie implique cependant une intense activité créatrice, un fourmillement d'initiatives originales et d'efforts individuels, dont seule l'entreprise privée est capable ; elle exige un prudent mais instable équilibre entre l'utilisation maximale des compétences et des vertus rares, et la réduction globale de la durée du travail.

Plus d'efforts, plus d'intelligence pour un moindre résultat.

CHAPITRE XI ET CONCLUSION

Vers un nouveau siècle des Lumières ?

Au cours de ces trente années, la France a brillamment et rapidement terminé la réalisation de son espoir (légitime et devenu réaliste dès le XVIIIe siècle par les voies de la science expérimentale) d'affranchir son peuple des grands ravages physiques de l'humanité traditionnelle (famines, épidémies, disettes, misère, précarité de la masse des pauvres...) : c'est un succès.

Mais elle a tenté en outre — elle a cru le pouvoir — réaliser par ce progrès physique même, l'harmonie sociale et le bonheur personnel : c'est un échec.

J'exposerai dans un autre livre [1] ce que je pense des causes de cet échec. Je n'en donnerai ici qu'un exemple, celui du bonheur.

Les pauvres ont un tel désir de la richesse qu'elle leur paraît être la condition nécessaire et suffisante du bonheur. D'autre part, les « Lumières » du XVIIIe siècle conduisirent à appliquer au bonheur les mêmes types d'études et de pratiques qu'aux autres facteurs de la vie économique et sociale. Le bonheur devint une idée neuve en Europe.

Nous voyons aujourd'hui que cette idée neuve a consisté (selon des principes fort valables dans d'autres domaines) à décomposer le bonheur et le

1. *Ce que je crois,* à paraître début 1981, chez Grasset.

malheur en éléments, à rechercher et favoriser les premiers (niveau de vie, agrément du genre de vie et du travail, plaisir, loisirs, sécurité, suppression de la douleur...) et à fuir, restreindre ou, dès que possible, supprimer les seconds (misère, pauvreté, souffrance, sacrifice, abnégation, dévouement, effort, courage, vertu...).

Or, après deux cents années de cette procédure, nous en voyons les limites, sinon l'échec.

Par exemple, on a recherché et l'on recherche encore le bonheur par la sécurité, alors que l'on commence de ressentir qu'il ne se trouve que dans *l'effort* pour surmonter l'insécurité.

On commence à se rendre compte aujourd'hui que le bonheur, sentiment très lié à l'ardeur de vivre, est un sentiment global qui ne se constitue pas par apport d'éléments distincts, mais, à l'inverse, est donné sans calcul *à ceux qui ne le recherchent pas.* A l'inverse de ce que l'étude analytique de Saint-Just a pu faire penser, le bonheur n'est donné qu'à ceux qui acceptent les privations, les contraintes, la souffrance, le sacrifice ; à ceux qui possèdent l'abnégation, l'aménité, la courtoisie ; à ceux qui cultivent la charité ; à ceux qui se gênent et se dévouent, à ceux qui respectent et admirent, à ceux qui croient toujours recevoir plus qu'ils ne donnent ; à ceux qui ont du courage et de la *vertu.*

On voit combien ce discours est « démodé ». Mais je suis persuadé qu'il redeviendra non seulement « à la mode », mais au premier plan des résultats des sciences humaines d'aujourd'hui. Car il est devenu observable qu'en faisant du bonheur un objectif subordonné à l'échéance d'un certain nombre de facteurs concrets, voire quantitatifs, on en a fait un objectif social, hors de portée de chaque personne considérée individuellement, indéfiniment reculé par l'échéance de nouveaux manques, de nouvelles injustices, de nouvelles inégalités, de nouvelles insécurités, et par l'indéfinie survenance d'incidents, d'accidents, de maladies, de désaccords, d'incompréhensions, de divorces... Et l'on a peu à peu négligé puis oublié les conditions réelles du bonheur : l'effort individuel, une conception cohérente, réaliste et chaleureuse du monde, de la vie et de la condition humaine.

*
* *

Si nette, si caractéristique, si déterminante pour l'avenir de la France que soit la « crise » économique des années 73-80, la crise intellectuelle, morale et spirituelle la domine donc de haut.

Depuis 200 ans, l'esprit public et le jeu politique vivent sur les idées nées au XVIIIe siècle, issues de la première moisson des sciences expérimentales, développées et confirmées pendant tout le cours du XIXe siècle et les premières décennies du XXe — malgré les notes disparates, mais alors mal comprises, apportées par l'expérience de Michelson, les équations de Lorentz, la relativité d'Einstein.

Aujourd'hui, l'échec de la quête du bonheur dont nous venons de parler au chapitre IX, l'effondrement des croyances religieuses et des conceptions du monde populaires, la crise de la morale sexuelle traditionnelle, la « mise à jour » (malencontreuse ?) des religions chrétiennes, l'usure des idéologies politiques et plus généralement le désarroi des jeunes, la perte de l'enthousiasme, la chute de l'ardeur de vivre, l'effondrement de la natalité... constituent ce que la plupart des observateurs considèrent comme une crise de civilisation et obligent à l'examen critique des idées dominantes de cette civilisation.

La première moisson occidentale des sciences expérimentales a choqué les images séculaires que les Européens se faisaient de l'univers, de l'homme et de la condition humaine [1]. La prise de conscience s'en est faite au cours du XVIIIe siècle dans les classes dirigeantes ; ainsi fut-il appelé *le Siècle des Lumières.* Le XIXe accrut et confirma les lumières du XVIIIe, de sorte que les nouvelles conceptions du monde s'affirmèrent, que les conséquences en furent inventoriées, et que, progressivement, des millions d'hommes, d'abord en Occident, puis partout dans le monde adoptèrent des croyances et des comportements inspirés des nouvelles images. Cet immense mouvement a engendré la phase actuelle de notre civilisa-

1. Le texte qui suit a été lu au cours de la séance publique des cinq académies de l'Institut de France, le 25 octobre 1978.

tion ; il est encore en cours, et n'a pas fini de porter ses conséquences, quoiqu'il se soit déjà étendu à la plupart des peuples et diffusé du haut en bas des classes sociales.

Cependant, depuis 1875, sporadiquement d'abord, puis, depuis 1950, d'une manière continuelle et dans presque tous les domaines de recherche, les sciences expérimentales nous apportent sur l'univers, l'homme et la condition humaine, des *informations nouvelles*, dont beaucoup sont peu cohérentes avec les précédentes et dont on doit se demander si, à leur tour, elles n'impliquent pas *une nouvelle révolution de nos idées et de nos comportements*, de sorte que nous serions engagés, sans encore en avoir conscience, dans un nouveau siècle des Lumières.

L'Académie des sciences morales et politiques ne peut avoir le dessein d'apporter à cette question une réponse, qui ne pourra être donnée que dans une vingtaine ou une trentaine d'années. Mais elle a décidé d'envisager, au cours de ses séances de l'année 1979, au moins certaines des découvertes majeures de la recherche scientifique contemporaine, et de s'interroger sur les mouvements que ces informations nouvelles peuvent impliquer pour nos conceptions actuelles de l'univers, de la vie, de l'homme et des sociétés humaines.

*
* *

Je n'ai évidemment pas l'intention de préjuger ici des enseignements de cette enquête, ni même d'en définir le plan ni le cadre. Je me propose seulement de soumettre à l'examen critique du grand public quelques libres réflexions et hypothèses personnelles.

*
* *

Les idées les plus générales sur la vie et la condition humaine, ces idées générales que Dilthey a appelées « conceptions du monde », ont peu changé de la fin du XVIIIe siècle à nos jours. Elles se sont seulement diffusées de quelques dizaines de milliers de cerveaux en 1790, à peut-être plus de deux milliards aujourd'hui. Sans doute, la grande majorité d'entre eux n'ont pas une connaissance claire, et la plupart du temps pas même une conscience obscure, des idées de Locke, de Diderot ou de Condorcet, mais leurs opinions courantes et surtout leurs comportements de fait, n'en sont pas moins tributaires. De là viennent les notions banales de progrès, de science, d'efficacité, de raison, de sens de l'histoire, de bonheur terrestre, de rejet du mystère et du surnaturel... de là viennent les attitudes prométhéennes de l'homme, qui pense aujourd'hui maîtriser ce que l'on appelait naguère le destin, transformer lui-même, par une action rationnelle, la nature et sa nature même... La foi dans l'action et dans la révolution politique, les œuvres de Marx, de Nietzsche, de Freud sont les déductions et extensions logiques de celles de Rousseau, de Locke et de Hegel. L'histoire des idées dominantes, au XIXᵉ et jusqu'à nos jours, se laisse aisément décrire, me semble-t-il, comme le développement irrésistible des notions apparues au XVIIIᵉ siècle, — développement certes combattu par les fidèles des conceptions du monde antérieures — mais de moins en moins nombreux, de moins en moins sûrs d'eux, et finalement de plus en plus influencés par les idées mêmes qu'ils croient contredire.

Mon hypothèse est donc qu'aucune idée vraiment nouvelle n'a été, de 1790 à nos jours, ajoutée au stock initial, mais que l'accent est, peu à peu, passé des notions essentielles aux conséquences de ces notions, puis aux conséquences de ces conséquences et aux comportements de fait. Ainsi, nos comportements d'aujourd'hui seraient fortement commandés par les conceptions du monde nées au XVIIIᵉ siècle.

Or, il semble bien que ces conceptions du monde ne soient plus recevables, ou que du moins elles appellent *une révision* sérieuse, requise à la fois par les résultats pratiques de leur mise en œuvre, aujourd'hui en cours, mais déjà bien dessinée, et par les nouvelles informations que la science, toujours au travail, nous donne aujourd'hui sur l'univers et sur l'homme.

***

On écrit souvent que les artistes, musiciens, peintres et poètes, ressentent les premiers les troubles de leur temps. Alors, l'on peut faire remonter la crise du monde d'aujourd'hui au cubisme, au Picasso des *Demoiselles d'Avignon* et même à Rimbaud et à Baudelaire. Mais alors, il faudrait comprendre pourquoi l'art du XVIIIe siècle est resté si serein, élégant et ordonné jusque pendant et après la Révolution de 1789. Peut-être la réalité est-elle, au contraire, que l'art exprime l'ébranlement des valeurs, non pas avant, ou lorsque ces valeurs sont perçues par les philosophes, les hommes politiques et les hommes de science, mais lorsqu'elles commencent à l'être par les classes dirigées, par la masse du peuple ; alors les cassures et les affres que nous représentent — surtout depuis 1950 — nos artistes, seraient moins l'annonce d'une prochaine révolution de nos conceptions actuelles du monde, que l'expression du désarroi où a sombré l'homme moyen, depuis qu'il est vraiment privé des conceptions du monde traditionnelles, aujourd'hui seulement à peu près totalement détruites. Mais il faudrait alors admettre que ces nouvelles conceptions ont réussi à détruire, mais n'ont pas réussi à remplacer ; qu'elles nous ont apporté le progrès économique, mais en rien le progrès moral ; le confort matériel, mais aussi l'inquiétude intellectuelle et spirituelle ; qu'elles ont, malgré leurs brillants succès économiques et sociaux, affaibli, corrodé la confiance de l'homme en la nature, de l'homme en l'homme, l'ardeur de vivre...

Quoi qu'il en soit, que l'art contemporain annonce l'effondrement prochain de nos conceptions du monde, ou qu'il témoigne des catastrophes tardives de l'effondrement passé, ou de l'un et de l'autre à la fois, ou de bien d'autres faits encore, le moins que l'on puisse dire est qu'il ne témoigne pas du bonheur des temps et de l'éclat des Lumières.

***

Mais en fait, depuis quelques années, et en France même, où pourtant les idées du XVIIIe siècle ont été plus brillantes et plus tenaces que dans la plupart des autres pays occidentaux, se manifeste le sentiment d'usure des idéologies dominantes. De mon âge de raison jusque vers 1968, je n'ai vu aucun changement dans les attitudes politiques et culturelles des Français. De 1920 à 1978 même, les campagnes électorales voyaient s'affronter la droite et la gauche presque dans les mêmes termes et en fonction des mêmes enjeux. Probablement verrons-nous encore deux ou trois élections nationales se dérouler dans cette même atmosphère.

Cependant des symptômes annoncent des temps nouveaux ; depuis 1965 et surtout depuis 1968, la majorité de nos intellectuels ont commencé de s'affranchir de la peur du stalinisme, de la fascination de Lénine et de Marx ; depuis 1970, beaucoup ont acquis la liberté de leur pensée, la spontanéité de leur imagination. Les « nouveaux philosophes » ont lancé leurs feux d'artifices ; les « nouveaux économistes » ont, avec un succès naguère impossible, chanté la louange du capitalisme... Un homme politique de gauche a reconnu, avec un succès bien remarquable, *l'archaïsme* de l'atmosphère politique française...

On commence à ne plus parler *du* socialisme, mais *des* socialismes ; on juge chaque Etat socialiste non plus sur ses déclarations de principe, ni même sur la pureté des intentions de ses dirigeants, mais sur ses résultats concrets, sur les réalités humaines, sociales et politiques qu'on y trouve.

On n'en est plus à l'époque où l'on niait les réalités afin de « ne pas désespérer Billancourt ».

En vérité, on démontre moins ; on montre plus... La question doit être examinée de savoir si l'un des faits majeurs de la révision des idées dominantes n'est pas là.

***

Les « Lumières » du XVIIIe siècle, ce furent les premiers résultats de la science. Copernic, Galilée, Torricelli, Pascal. — Newton. — Priestley, Fahrenheit, Réaumur, Herschell. — Lavoisier, La Condamine, Maupertuis, Clairault. — Lagrange, Monge, Laplace. — Watt, Papin, Cugnot, Jouffroy, Franklin. — Linné, Jussieu, Tournefort, Buffon. — Locke, Vauban, Quesnay, Gournay. — Et Voltaire, d'Alembert, Diderot pour les faires connaître au public cultivé, aux classes dirigeantes : voilà les auteurs des découvertes qui ont fait sauter les conceptions du monde traditionnelles, d'abord dans le cerveau des « philosophes », puis, aujourd'hui, de cercle en cercle, jusqu'aux élèves des classes de sixième et aux spectateurs de la T.V. Le système solaire, la pression atmosphérique et le vide, la chute des corps, la vapeur et la force motrice, l'électricité, les corps purs, les espèces végétales et animales, leur évolution... sont les résultats de la science expérimentale.

Mais ces « Lumières », à la vérité bouleversantes pour qui les acquérait aux XVIIe et XVIIIe siècles, qu'ont-elles éclairé dans « les salons » d'abord, puis dans les classes dirigeantes, enfin dans les cerveaux des hommes moyens ?

Les hommes de science font les découvertes, mais ils ne font pas l'opinion. Ce sont les hommes de lettres, les « écrivains », les journalistes et les hommes politiques qui la font. Malgré la valeur scientifique des informations transmises au « grand public » par les Encyclopédistes, qu'est-il donc passé de l'esprit scientifique dans la tête de l'homme moyen ? Nous le savons aujourd'hui, toute transmission d'information implique des pertes et des déformations. Il y eut donc dès l'origine un écart, inéluctablement sensible, entre les *Lumières* perçues par les hommes de science et l'image qu'en reçoit ce que l'on peut appeler le grand public. Enfin, comme je l'ai dit, ce ne sont guère que des images partielles, dérivées et déformées qu'en ont acquises, à la longue, de grands nombres d'hommes.

***

Je donnerai ici un seul exemple. Les grands « découvreurs » du XVIIe et du XVIIIe siècle savaient ce qu'ils devraient à l'observation et à l'expérimentation ; des « expériences touchant le vide » de Blaise Pascal, à Réaumur, à Buffon, à Lavoisier, aucun doute ne peut naître sur leur sens expérimental.

Cependant qu'a retenu l'opinion publique de la méthode scientifique ? Une image à la fois simple, confuse et grandiose. Mme de Lambert la résume dans une phrase qui devint célèbre : « Philosopher, c'est rendre à la raison toute sa dignité et la faire rentrer dans ses droits. » Même si la Convention ne l'a pas voulu, même si Robespierre lui fut hostile, même si le culte n'en subsista guère après le 18 Brumaire où il naquit, ce n'est pas par accident que Chaumette et la Municipalité de Paris remplirent Notre-Dame en y célébrant la fête de *la Raison*. Ce qui est caractéristique, c'est que l'on a dit *Raison*, avec un R majuscule et au singulier, et non pas *Science*, et encore moins *Méthode* scientifique *expérimentale*.

L'on dit et l'on pensa *Raison*, et dès lors tout fut clair — tout *parut* limpide. L'homme est raisonnable, la nature est rationnelle ; tout homme a une raison, qui lui permet de comprendre, d'expliquer et de commander tout phénomène naturel. Il suffit d'affranchir l'homme des liens du despotisme et de l'autorité pour qu'il puisse exercer sa raison. Ainsi l'homme, maître de son destin, instaurera la bonne société, la société du bonheur, de la justice et de la paix.

*
**

Aujourd'hui, nos logiciens sont bien loin de ces notions euphoriques. Il suffit de lire les quelques pages qui ont rendu Kurt Gœdel célèbre dans le monde entier pour comprendre que, si l'homme a effectivement une raison, il ne lui est pas facile de *conduire* cette raison. Plus généralement encore, on reconnaît aujourd'hui les servitudes qui assujettissent la raison d'un homme à son cerveau, au nombre de ses neurones et de ses synapses, aux innombrables hormones qu'il produit en quantités variables. Nous ne voyons plus le réel comme objectivement rationnel. Nous voyons le cerveau comme auteur de « discours » plus ou moins rationnels, obligé, pour expliquer ou comprendre, ou même décrire le réel — et toujours mal ou très mal —, d'inventer ou d'adopter des logiques de plus en plus nombreuses, de plus en plus spécialisées, et, donc, de plus en plus éloignées de la spontanéité.

Enfin, fait plus grave encore, on a reconnu les erreurs fréquentes de la raison courante, et notamment de la raison politique. Lorsque Albert Camus a parlé, en 1945, des « crimes de la Raison », il n'engendra qu'une stupeur craintive ; mais aujourd'hui, chacun de nous sait que la confiance des hommes en leur raison peut les conduire, et les conduit souvent en fait, à des décisions absurdes et à des actes horribles.

Ces faits sont à l'origine de cette réflexion nouvelle sur la méthode scientifique qui commence à se faire jour et dont les deux bases me semblent être d'une part ce que j'ai appelé les « leçons d'ignorance », d'autre part la notion de « système » et la reconnaissance de l'autonomie et de la complexité évolutive de chaque « système » [1].

Si les conceptions, que les humains se faisaient du monde et d'eux-mêmes, ont été bouleversées par les découvertes du XVIIIe siècle sur la pesanteur, la vapeur, la lumière, l'hydrogène ou l'oxygène... combien plus vont l'être nos idées dominantes, par les découvertes de l'atome et de ses particules, par l'astrophysique, l'informatique, et plus encore la biologie, la zoologie, à quoi s'ajoutent les connaissances sans cesse plus nombreuses issues de l'anthropologie, de l'histoire, et de mainte science de l'homme et de ses sociétés ! Combien fortes de conséquences sont en effet les découvertes récentes du code génétique, de l'originalité de chaque être vivant... et de faits élémentaires comme l'unicité de la pensée claire dans le cerveau, la nécessité d'imaginer avant de percevoir, l'hétérogénéité du temps, la création effervescente dans l'univers d'objets nouveaux, engendrant sans cesse eux-mêmes des originalités nouvelles...

Quels sujets de réflexions, d'abord pour nos philosophes et nos théologiens, puis pour nos hommes politiques et pour la masse des peuples !

Plus profondes et plus rapides seront ces prises de conscience et ces réflexions, et plus vite notre pays pourra surmonter sa morosité et son désarroi ; et construire, sur l'acquis matériel des « trente glorieuses », une civilisation digne de la grandeur tragique de l'homme dans l'Univers.

---

1. Cf. Edgar Morin, *La Méthode*, Ed. du Seuil. J. Fourastié, *Les Conditions de l'esprit scientifique*, coll. « Idées », Gallimard.

Dans la même perspective a été publié, fin 1979, un livre important du prix Nobel, Ilya Prigogine, *La Nouvelle Alliance*, (Gallimard).

ANNEXE AU CHAPITRE XI

Exemples d'évolution des idées dominantes

Traits majeurs de l'idéologie dominante de 1920 à 1980	*En quoi la réalité contredit l'idéologie*	*L'idéologie des années 80*
Le réel est rationnel : la science, nécessairement rationnelle en même temps qu'expérimentale, permet le progrès humain.	De grands domaines du réel, complexes et évolutifs, résistent à la rationalité conventionnelle et à la science actuelle ou moderne.	Percevoir et « comprendre » la complexité évolutive du réel est pour l'homme une tâche ardue, ce qui explique pourquoi une humanité vieille de 50000 ans est encore si démunie.
L'homme peut « maîtriser » le destin, il peut « prendre en main » l'économie, la société.	L'homme ne maîtrise que très mal son destin ; les effets inattendus et souvent « pervers » de nos décisions sont chroniques ; les erreurs et les lacunes de la planification politique et économique sont fréquentes et souvent désastreuses.	L'homme doit élaborer, pour parvenir à orienter un peu moins mal son avenir, des techniques nouvelles de rationalité et de découverte du réel (théorie des systèmes, informatique, etc.). Mais cela exige du temps et des essais de *long terme.*

Traits majeurs de l'idéologie dominante de 1920 à 1980	*En quoi la réalité contredit l'idéologie*	*L'idéologie des années 80*
La science apporte solution et réponse à tous les problèmes de l'humanité.	La science actuelle ne suffit pas à donner ces solutions et ces réponses.	Le réel ne suffit pas à expliquer le réel et à donner un sens à la vie.
Les sciences physiques sont les modèles de toute science.	La biologie est un meilleur modèle de science.	Chaque « système » (ensemble de réalités liées) exige un modèle scientifique original.
Le changement, notamment le changement politique (révolutionnaire), guidé par la science et la spontanéité populaire, est inéluctable et bon pour le peuple.	Beaucoup de changements et de révolutions populaires sont mauvais pour le peuple.	Tout changement doit être observé longuement et librement expérimenté avant d'être généralisé, imposé.
L'égalité est l'objectif majeur du progrès social. La justice se confond pratiquement avec l'égalité.	L'inégalité est le fait majeur de la réalité biologique. L'égalité n'engendre pas le bonheur. Le cadre, l'ingénieur, l'homme de science, valorisent l'entreprise, l'ouvrier, le manœuvre. Une société de faibles, d'inadaptés, de mal instruits serait une société misérable.	Une action informée et prudente sur « le milieu » de vie peut corriger au moins certains excès de l'inégalité. Que feront les hommes quand ils seront égaux ? Que feront-ils quand la société sera juste ? La justice est beaucoup plus complexe que l'égalité.
Les salaires et le niveau de vie des salariés peuvent être fixés par dé-	Tous les pays pauvres le feraient si cela était possible. La hausse autori-	Le pouvoir d'achat des salaires résulte des techniques de production, de l'or-

Traits majeurs de l'idéologie dominante de 1920 à 1980	*En quoi la réalité contredit l'idéologie*	*L'idéologie des années 80*
cret, selon la volonté du peuple.	taire des salaires est annulée par l'inflation ou par le rationnement (absence des marchandises dans les magasins, files d'attente).	ganisation des entreprises et de l'économie nationale.
Le pauvre est pauvre parce que le riche est riche.	Dans les sociétés où il n'y a que très peu de riches, les pauvres sont plus pauvres que dans les sociétés où il y a beaucoup de riches.	Le pauvre est pauvre parce que son travail est peu efficace. Il ne sait pas utiliser ni transformer les forces et les biens naturels dont il dispose. Il manque d'ingénieurs et de cadres pour organiser son travail. Il n'est pas inséré dans un système efficace de production et se révèle inapte à promouvoir un tel système.
Les aspirations du peuple doivent être satisfaites.	Les peuples ont toujours aspiré à la richesse et au bonheur ; ils y sont rarement parvenus. Les peuples des pays sous-développés aspirent au niveau de vie occidental ; ils n'y parviennent pas.	Les aspirations ne suffisent pas à créer les moyens de les satisfaire.

Traits majeurs de l'idéologie dominante de 1920 à 1980	*En quoi la réalité contredit l'idéologie*	*L'idéologie des années 80*
L'homme ne peut vivre sans espérance. La seule espérance est socialiste.	L'homme contemporain perd l'espérance et effectivement des troubles graves en résultent pour lui et pour la société.	L'homme a besoin d'une explication du monde ; d'une réponse aux questions essentielles : pourquoi suis-je vivant ? pourquoi le cosmos et la vie existent-ils ? L'espérance ne peut se borner à des espoirs de société égale, juste et riche. Seul le surréel donne un sens au réel.
Les libertés « formelles », « bourgeoises » sont inutiles aux faibles, aux pauvres.	Elles sont nécessaires aux hommes politiques, aux cadres syndicaux, aux ingénieurs, cadres et entrepreneurs, qui font le progrès économique et social des pauvres et des faibles.	Le problème de la liberté reste un exemple de la complexité et de la difficulté de la condition humaine. Il ne doit pas être tranché par des considérations sommaires.

Postface

A la fin de ce livre, je tiens à faire part au lecteur de quelques remarques personnelles.

1. Dans ce livre, je n'ai parlé que de la France ; c'est seulement dans quelques pages que j'ai évoqué la place de la France dans le monde, la situation économique actuelle de l'Occident et du tiers monde.

Le lecteur doit savoir que l'Occident presque tout entier a eu ses « trente glorieuses » et que, notamment, le Japon, la Suisse et l'Allemagne fédérale ont fait mieux encore que nous. Dans plusieurs de mes autres livres, et notamment dans un livre constamment réédité et mis à jour depuis 1945, *L'Economie française dans le monde*, j'ai tenté de décrire les analogies et les différences, les solidarités et les dépendances, entre la France et les autres pays de l'Europe et des autres continents. Et ce que la France apprend et peut apprendre, à considérer les autres pays.

2. Je me suis borné ici à une description de l'évolution du niveau de vie et du genre de vie des Français, et des facteurs techniques de cette évolution, sans la porter au crédit ni au débit des gouvernements qui se sont succédé au cours de cette évolution. Il est clair toutefois que l'on doit reconnaître à ces gouvernements au moins le mérite d'avoir laissé jouer honorablement ces facteurs. Sinon, au lieu des « trente glorieuses », nous aurions eu trente années plus ou moins minables. Nombreuses sont les nations qui, techniquement, auraient pu *a priori* faire aussi

bien que nous, et qui ne l'ont pas fait (Grande-Bretagne, Norvège, U.R.S.S., Argentine...).

Parmi les facteurs institutionnels de progrès, il est nécessaire de citer au premier rang le *commissariat au Plan*, fondé et dirigé par Jean Monnet, auquel ont succédé Etienne Hirsch, Pierre Massé... et aujourd'hui Michel Albert. Quoiqu'un plan élaboré par quelques hauts fonctionnaires, si éclairés et savants soient-ils, m'ait toujours paru impuissant à promouvoir correctement une économie complexe et progressive, à l'inverse, un *plan* national, une *politique* économique nationale à moyen terme, m'a toujours paru et me paraît toujours nécessaire, d'une part pour orienter l'immense pouvoir économique de l'Etat, trop souvent utilisé selon les impulsions du court terme, et d'autre part pour corriger les erreurs et les lacunes du marché, lui aussi irremplaçable, mais lui aussi trop souvent faussé par les frénésies du profit, l'appât du bénéfice immédiat, les entraînements psychologiques et les insuffisances d'information...

Notamment, je crois que n'ont pas été inutiles l'œuvre menée au commissariat au Plan pour promouvoir en France la notion de productivité, les missions professionnelles d'information organisées aux Etats-Unis de 1948 à 1955, et plus généralement les travaux de prévision et de promotion de l'emploi conduits par la commission de la main-d'œuvre.

3. En écrivant ce livre, j'ai eu conscience de faire à la fois une œuvre d'histoire économique et de science économique. Car toute science, même la science physique, est histoire. La science est la description rationnelle du réel observé ou expérimenté. De même que l'on ne peut observer ce qui n'a pas eu lieu, de même on ne peut faire de science que de ce qui a eu lieu.

Mais, de la permanence dans le temps de certains facteurs, on peut déduire certaines conséquences pour l'avenir et certaines procédures, d'action et de décision, valables pour l'avenir.

C'est pourquoi je ne désespère pas que ce livre puisse être utile aux jeunes générations et à celles qui ont dès aujourd'hui les charges du pouvoir et de la critique du pouvoir. Mais, pour une réflexion d'ensemble sur la *réalité économique,* je renvoie le lecteur à mon livre portant ce titre, et qui vient d'être publié par Robert Laffont.

4. Si j'ai pu qualifier de « glorieuses » les trente années séparant les recensements de 1945 et de 1975, c'est parce que je les considérais quant à la promotion du niveau de vie et du genre de vie des Français ; je dois dire qu'elles ne me paraissent telles — et de loin — en aucun autre domaine, ni quant à la réflexion philosophique, ni quant à l'art, ni quant aux lettres, ni quant à la vie spirituelle, ni quant à la démographie, à la vitalité, à la vertu... Nous n'avons pas même reconstitué, à la faveur de notre prospérité économique, la personnalité de notre peuple et son consensus social ; une agression extérieure nous laisserait plus veules encore que celle de 1940.

Quant à la politique extérieure, malgré la brillante action de Jean Monnet, nous n'avons su prendre (ou garder), ni en Europe, ni par conséquent dans le monde, la place que, jusqu'en 1954, nos partenaires étaient *désireux de nous donner,* et que notre renouveau économique nous permettait de tenir.

Graphiques

Le triomphe du tertiaire

L'évolution de 1946 à 1975,
avec indication des tendances antérieures et postérieures

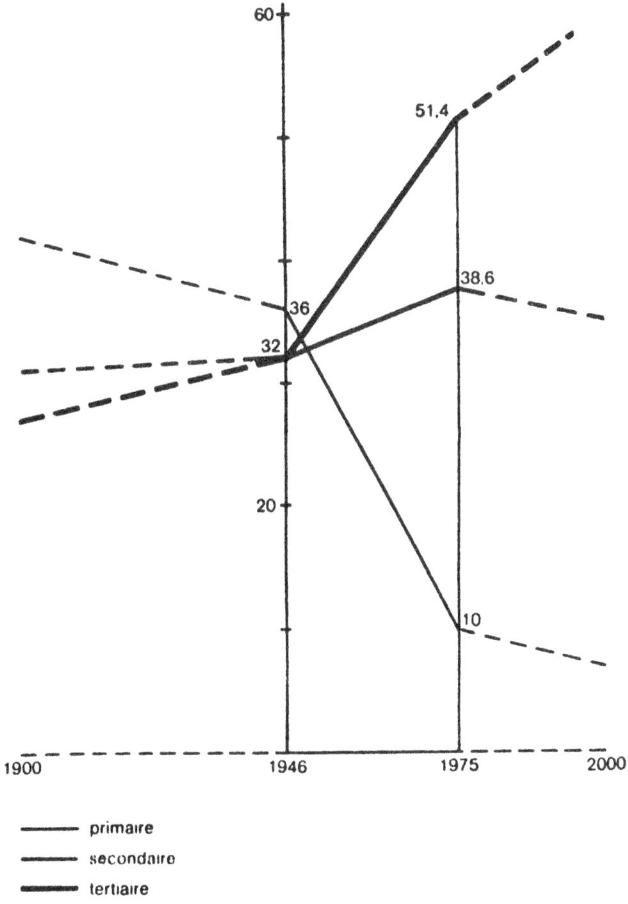

La population de la France de 1946 à 1975.

avec indication des tendances antérieures et postérieures

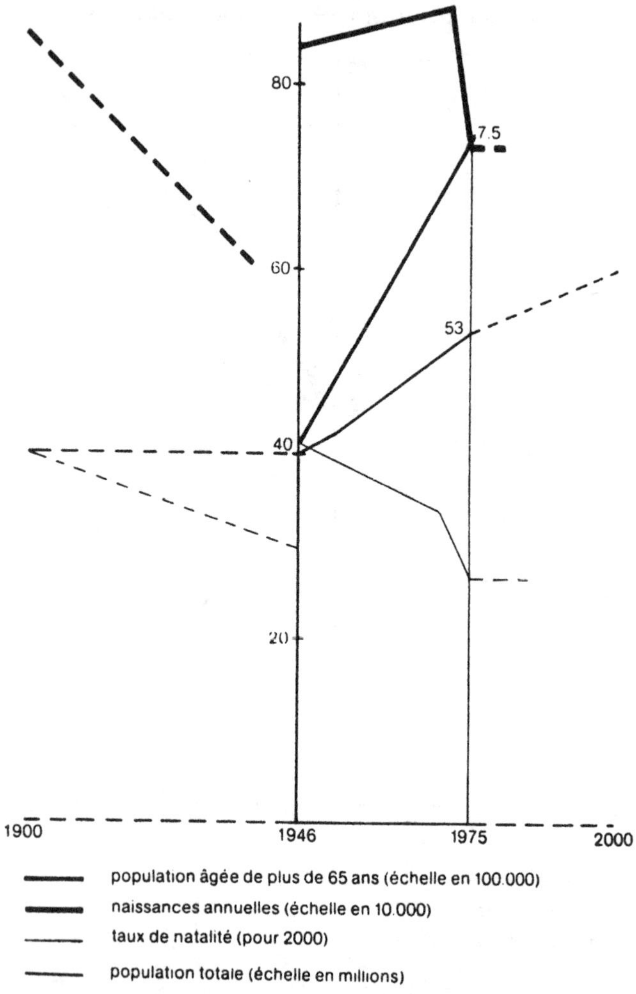

Natalité et mortalité infantiles en France de 1946 à 1975.

avec indication des tendances antérieures et postérieures

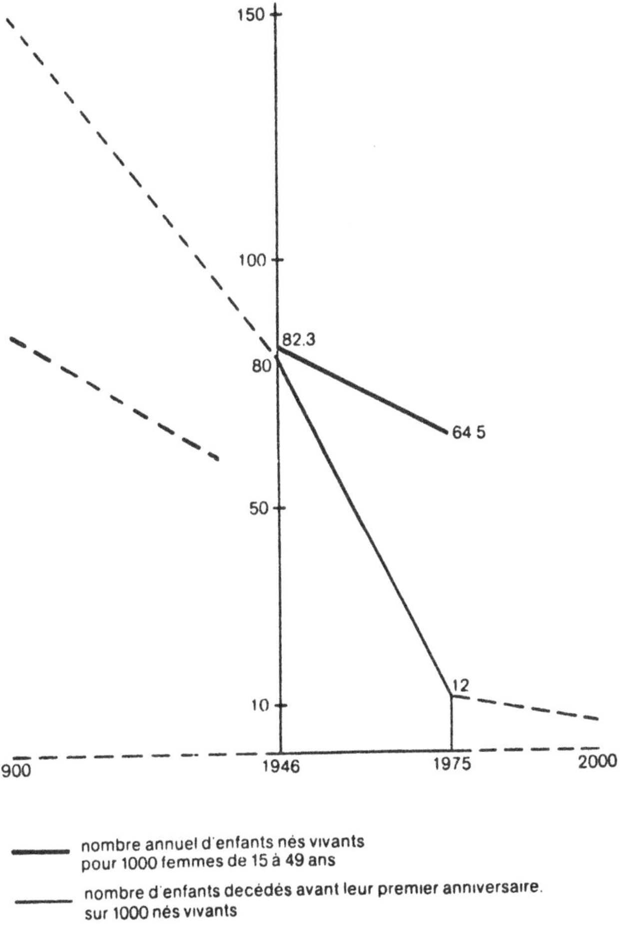

Evolution des taux d'équipement pour les principaux biens durables

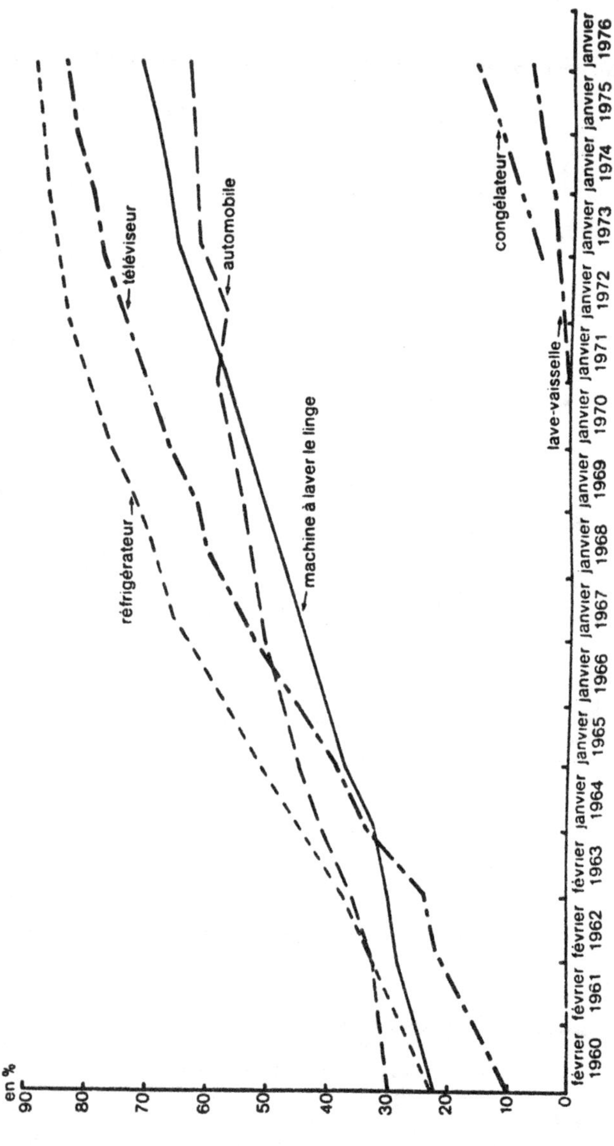

Consommation apparente d'énergie primaire.

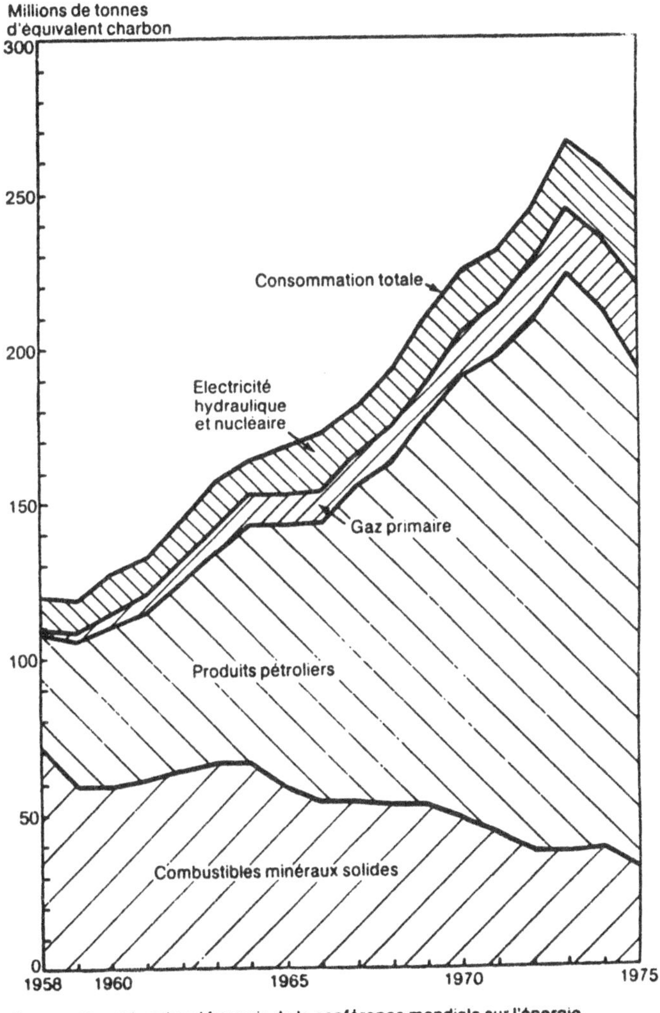

Source : Comité national français de la conférence mondiale sur l'énergie

Le raz de marée des enseignants.

(effectifs des agents de l'Etat)

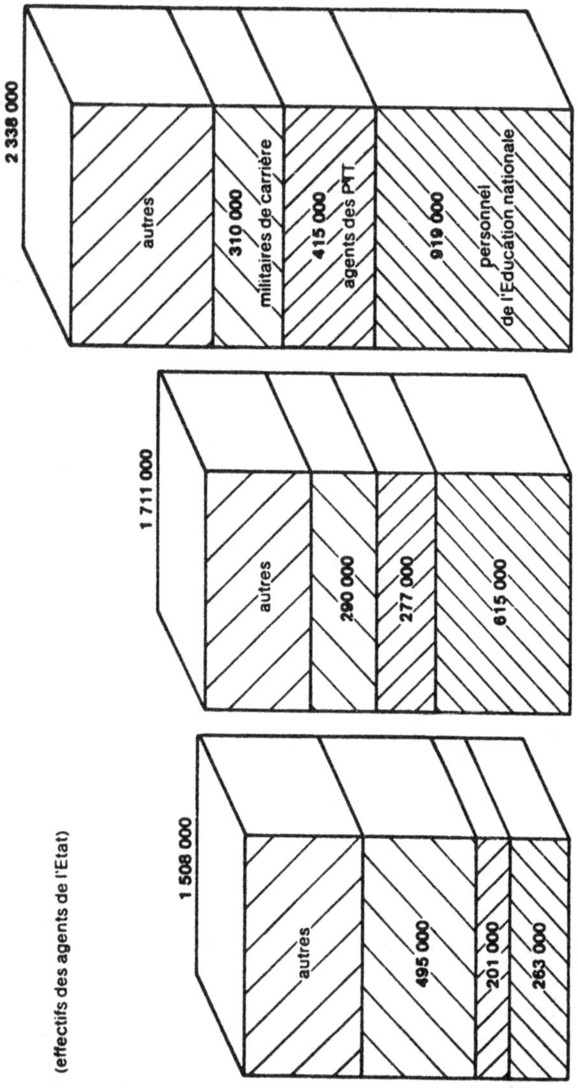

TABLE DES TABLEAUX

Fayard s'engage pour l'environnement en réduisant l'empreinte carbone de ses livres. Celle de cet exemplaire est de :
0,850 kg éq. CO_2
Rendez-vous sur www.fayard-durable.fr

PAPIER À BASE DE FIBRES CERTIFIÉES

Achevé d'imprimer
par Dupli-Print à Domont (95)
en septembre 2016

27-0781-8/07
Dépôt légal : octobre 2014
N° d'impression : 2016091090

Imprimé en France